교양을 위한 철학산책

교양을 위한 철학산책

안재훈 지음

문리사

머리말

인문학에 대한 관심이 새삼 높아지고 있다. 현대인들에게 있어 먹고사는 문제는 시대를 초월해서 가장 큰 관심사이겠지만 먹고사는 것만이 인생의 전부는 아닐 것이다. 자신은 누구이고, 어떻게 살아야 하고, 진리는 무엇인가에 대한 근원적인 문제는 자신의 의지와 무관하게 숙명처럼 따라다닌다. 이런 문제에 관심을 기울이는 것이 인문학이라 할 수 있고, 그 중에서도 가장 깊숙하게 근본을 탐구하는 분야가 바로 철학이다.

그렇기에 철학은 우리의 삶과 떨어질 수 없다. 누구든 단편적으로나마 철학과 접하게 되어 있기에 저명한 철학자들의 이름은 낯설지 않다. 동서양 고전의 문구들은 대화와 글의 내용을 풍부하게 하고 깊이를 더해준다.

그러나 본격적인 철학에 다가가기란 쉽지 않다. 철학은 어렵다는 선입견이 우선 있고, 철학이 실생활에 별 도움이 되지 않기에 일반인들이 철학에 접근하는 것을 망설이게 한다. 관심은 있으나 철학에 깊이 들어가기에는 여러 장벽이 있다고 여긴다.

철학이 어렵게 느껴지는 이유는 어째서일까? 철학 용어부터가 일상적이지 않은 언어로 되어 있기 때문이다. 그러나 동서양의 고전을 막상 펼쳐보면 어려운 용어가 그리 많지 않다. "배우고 때로

익히니 이 아니 기쁜가?"가 『논어』의 첫대목이다. 플라톤의 『국가』 첫대목을 보면 "어저께 나는 아리스톤의 아들 글라우콘과 함께 피레우스로 내려갔었네."로 되어 있다. 평이한 대화체로 에세이에 가깝다.

사실 어려운 철학 용어는 서양의 경우 근세 관념론에서 본격적으로 등장한다. 관념론은 사변적인 세계를 탐구하는 분야여서 현실 세계의 일상적인 언어로 설명할 수 없는 추상적인 용어가 만들어지고 사용된다. 동양의 경우도 신유학이나 성리학에서 관념적 용어가 구사된다. 관념적 세계를 논하기 위해서는 그들의 문법을 습득하는 것은 피할 수 없는 일이긴 하다. 그러나 관념론이 철학적 탐구의 전부는 아니다.

철학에 대한 또 하나의 장벽은 철학은 매우 논리적이어서 논리적 사고에 익숙하지 않은 일반인들이 접근하기 어렵다는 생각이다. 철학에서 논리적 사고는 중요하기는 하나, 논리적 사고는 비단 철학이 아니라 해도 어떤 학문을 하든 필수적인 덕목이다. 다만 논리의 뼈대를 추려서 다루다 보니 논리를 다루는 철학은 생경하게 느껴진다. 논리성만을 따진다면 수학만큼 논리적인 분야는 없을 것이다. 학문을 업으로 하는 사람이 아니라 해도 자신의 주장을 내세우고 설득력을 더하기 위해서는 논리적 사고와 논증은 필수적이다.

철학에 대해 일반인들이 느끼는 장벽이 존재하는 이유 중 하나는 중고등학교 때 철학을 접할 기회가 적었기 때문이다. 고등학교 교과 중에 철학을 다루는 과목이 없는 것은 아니나 선택 과목이고 실제 학교에서 정규 과목으로 채택하여 수업하는 경우도 드물다.

서양의 경우를 보면 철학적 소양과 논술은 학업의 본질적인 부분이 되고 있다. 가령 프랑스의 고등학교 졸업시험이자 대입 시험인 바칼로레아는 대부분 철학적 내용으로 구성되어 있다. 시험문제를 한번 들여다보자면 "모든 생명체를 존중하는 것은 도덕적 의무인가?"와 같다. 이런 답을 구성하기 위해서는 주제와 관련된 풍부한 독서편력과 지식이 있어야 하고 논증적 서술도 요구된다. 서양의 경우 중고등학교에서부터 이런 논증석 사고와 글쓰기가 일상화되어 있어 철학이 일반 교과에서 동떨어진 영역이 아니다.

이런 사정에 더하여 우리의 경우는 철학에 대한 여러 가지 곡해가 있어 철학을 더 주저하게 한다. 사주 명리를 다루는 곳이 철학관으로 간주되고, 철학을 하는 사람은 엉뚱한 기행이나 일삼는 별난 사람으로 치부된다. 철학이 여전히 제자리를 잡지 못하고 있기 때문에 나타나는 풍경이다.

이 책은 철학을 처음 접하는 사람들을 대상으로 철학을 알기 쉽게 소개하려고 했다. 기술 방식은 고대에서 현대에 이르기까지 대표적인 철학자들을 선정해 그들의 사상을 소개했다. 철학에 입문하는 사람들에게 철학을 체계적으로 소개하는 데 가장 무난한 방법이라고 생각했기 때문이다.

　고대에서부터 현대에 이르기까지 시대에 따라 철학자들을 소개하는 것은 철학자와 그 시대 사람들이 가지고 있던 세계관이 어떻게 변화해왔는가를 이해하는 데 도움을 준다. 독자들이 철학자의 사상을 처음 접할 때는 이들의 주장이 돌출적이라 여겨질 수 있다. 그러나 철학자들의 주장은 한 개인의 독단적인 발상이 아니라 앞선 시대의 유산이자 새로운 세계를 열어가는 선각자로서의 사상이다. 이런 역사적 변천 과정을 함께 살펴볼 때 오늘의 문명을 지탱하고 있는 세계관이 어떠한 역사적 과정을 통해 구축되었으며, 또 어떠한 한계를 지니고 있는지를 알게 될 것이다.

　그리고 이 책에서는 각 철학자의 사상을 소개하기에 앞서서 앞머리 부분에 해당 철학자의 시대적 배경과 생애를 소개했다. 학문에 큰 업적을 이룬 분들의 삶이 대개 그러하지만, 특히 위대한 철학자의 삶은 감동을 준다. 사상이란 뛰어난 머리도 필요로 하지만, 진리를 찾는 진지한 삶이 있기에 가능한 것이다.

　이 책은 철학을 전문가 수준으로 다루지는 않았으나 그렇다고 해서 피상적인 접근도 아니어서, 철학에 입문하거나 관심을 갖고자 하는 사람들에게 철학으로 인도해주는 나침반 역할을 하리라 생각한다. 이 책을 통독하면 철학의 개괄적인 윤곽을 어느 정도 그리게 될 것이고 교양 수준에서 크게 부족함이 없을 것으로 생각한다.

　이 책은 시대순에 따라 크게 여섯 파트로 구성되어 있다. 서양의 고대 철학, 서양의 중세 철학, 서양의 근세 철학, 현대 철학, 동양의 철학사상, 한국의 철학사상 등이다. 그리고 각각의 시대별 철학사상에 들어가기에 앞서 사상가들을 둘러싼 역사적 배경을 간략히 짚어보았다. 철학이란 한 사람의 특출한 발상에서 이루어진 것이 아니라 시대적 고민의 산물이기 때문이다.

　철학을 영어로는 'philosophy'라고 하는데, 곧 지혜를 사랑한다는 뜻을 가지고 있다. 그리고 한자로 '철(哲)'은 밝음 또는 지혜로움을 뜻하니, 바로 지혜로움을 추구하는 학문을 뜻한다. 학문 중에서 이보다 매력적인 명칭을 가진 학문이 있을까?

　철학을 접한다는 것은 지적인 기쁨을 찾는 일이다. 일상생활의 무게와 번잡함에서 벗어나 진리의 세계로 산책을 떠나보자.

차 례

머리말 … 5

1. 서양의 고대 철학 … 13
탈레스 - 만물은 물로 이루어졌다 / 23
헤라클레이토스와 파르메니데스 - 변화가 진리인가, 불변이 진리인가 / 33
소크라테스 - 너 자신을 알라 / 43
플라톤 - 진리는 초월적인 이데아의 세계에 있다 / 53
아리스토텔레스 - 현실에서 철학을 탐구한다 / 64

2. 서양의 중세 철학 … 77
아우구스티누스 - 알기 위해 믿는다 / 88
아퀴나스 - 신앙과 지식은 조화를 이룰 수 있다 / 101

3. 서양의 근세 철학 … 115
데카르트 - 나는 생각한다. 그러므로 나는 존재한다 / 128
스피노자 - 신은 곧 자연이다 / 141
라이프니츠 - 악이 있기에 세상은 선한다 / 154
베이컨 - 아는 것이 힘이다 / 164
로크 - 인간의 마음은 백지 상태로 태어난다 / 176
흄 - 경험적인 지식에는 필연성이 없다 / 189
칸트 - 인식 형식에 따라 대상을 인식한다 / 201
헤겔 - 이성적인 것은 현실적이고, 현실적인 것은 이성적이다 / 217
쇼펜하우어·키르케고르·니체 - 과연 인간의 이성은 합리적인가 / 232

4. 현대 철학의 조류 … 245

마르크스 - 철학자의 임무는 세계를 변혁시키는 것이다 / 256

러셀 - 철학은 논리학으로 환원될 수 있다 / 269

듀이 - 지식은 생활의 도구이다 / 280

하이데거 - 존재란 무엇인가 / 290

5. 동양의 철학 사상 … 301

공자 - 인간다워지는 것이 가장 중요한 윤리다 / 312

맹자 - 인간의 본성은 선하다 / 323

순자 - 인간의 본성은 악하다 / 334

노자 - 아무것도 하지 않으나 이루어지지 않는 것이 없다 / 343

장자 - 자연과 하나가 되어 자유를 누린다 / 353

주희 - 우주 만물의 원리는 무엇인가 / 364

6. 한국의 철학 사상 … 375

원효 - 민중과 더불어 불교종파를 통합하다 / 386

이황 - 인간의 심성을 어떻게 인식할 것인가 / 396

이이 - 실제적인 것에 힘써 세상을 다스린다 / 406

정약용 - 현실에 적용하여 실천으로 옮긴다 / 417

1
서양의 고대 철학

탈레스

헤라클레이토스와 파르메니데스

소크라테스

플라톤

아리스토텔레스

지금으로부터 200만 년 전쯤, 46억 년 역사의 지구상에 만물의 영장으로 일컬어지는 인류가 출현했다. 인류의 문명은 길게 잡아도 신석기시대가 열린 1만 년 전쯤 시작되었다. 그리고 5천 년 전인 기원전 3000년경에 인류는 본격적인 도시 문명을 만들어가기 시작했다. 장구한 역사 속에서 기술과 문명을 발전시킨 원동력은 바로 인간만이 가지고 있는 '생각하는 능력'이었다. 그렇기에 현생 인류를 '호모 사피엔스 사피엔스'라고 한다. 이처럼 인류의 역사는 바로 인류가 축적한 지혜의 역사이다.

그러면 '지혜의 학문'인 철학은 언제부터 시작되었을까? 이것은 결코 간단한 논의가 아니다. 인류가 남긴 모든 지적 유산을 바로 철학의 산물이라고 하지 않기 때문이다. 철학에는 바로 철학 나름의 영역이 있다. 그래서 어느 특정한 시점을 잡아서 이때부터 비로소 철학이 시작되었다고 말한다. 그러면 먼저 인류의 역사에서 철학이 등장하기까지의 여정을 잠시 더듬어보기로 한다.

이집트의 피라미드

신의 뜻에 사로잡힌 서양의 고대 문명

　서양의 문명은 이집트와 메소포타미아의 문명에서 시작한다. 기원전 3000년을 전후한 시기에 이 지역에는 기술상에서 커다란 진보가 나타난다. 금속 가공이나 도자기 기술, 관개 농업의 이용, 문자의 발명 등 기술과 지식에서 문명의 서막을 알리는 극히 중요한 발전이 일어난 것이다.

　이집트 사람들은 나일 강이 범람하는 시기를 예측하기 위해 일찍이 1년을 365일로 하는 태양력을 만들었으며, 토지 측량을 위해 기하학과 측량술을 발전시켰다. 미라를 만든 것에서 보듯이 이들은 의학 방면에도 상당한 지식을 가지고 있었으며, 파피루스 종이를 만들어서 여기에 상형 문자로 기록을 남겼다.

　메소포타미아 지역의 바빌로니아 사람들은 별을 관찰하여 1년의 길이를 알아냈고, 태음력을 만들었다. 나아가 일식과 월식이 일어나는 때를 알았고, 해와 달, 그리고 오늘날과 같은 일곱 요일을 만들었다. 하루를 스물 네 시간으로, 한 시간을 60분으로, 1분은 60초로 나눈 것이나, 원을 360도로 나눈 것도 고대 바빌로니아 사람

설형 문자

들이 고안해낸 것이다. 이들은 60진법을 이용한 수학 체계를 가지고 있었으며, 2차방정식의 해법도 이미 터득하고 있었다. 또한 설형 문자를 만들어서 점토판에 지식을 기록했다.

두 지역에서의 이 같은 기술상의 눈부신 발전은 곧 인류의 지혜가 이룩해낸 중요한 성과였다. 그렇지만 이러한 지혜의 발전에도 불구하고 학자들은 철학이나 과학이 이 무렵 이 지역에서 시작되었다고 말하지는 않는다. 그 시점은 그보다 훨씬 뒤에서 잡는다.

이 시대의 사람들은 관찰과 수많은 시행착오를 통해 지식과 기술을 터득하였지만, 이들이 알아낸 지식은 주로 '신의 뜻'을 헤아리기 위한 수단으로서의 지식이었다. 매우 정밀한 천문학의 기록은 하늘에서 일어나는 불길한 징조를 미리 알아내기 위한 것이었고, 일식과 월식의 시기를 계산해낸 것은 신이 언제 천재지변을 일으킬 것인지를 예측하기 위함이었다. 의술을 행할 때도 이들은 반드시 주문을 외워야 했다.

이처럼 이들이 발견한 많은 지식과 기술은 사물의 원리를 파악하는 데에는 미치지 못한 채 여전히 초자연적인 신의 뜻에 매여 있

전설 속의 스핑크스

었다. 그들은 단지 당장의 필요에 의해서 지식과 기술을 습득하였을 뿐, 우주의 본질이나 삶의 문제 등에 대해서는 알려고 하지 않았던 것이다. 왜냐하면 그들에게 닥친 많은 문제들을 자신들이 가지고 있었던 종교에 의지해 버리거나, 신의 뜻으로 돌려 버렸기 때문이다. 이 점에서 종교는 철학적 사고를 지연시켰다. 이렇게 이집트와 메소포타미아 지역의 위대한 문명은 철학적인 문제에 대해서는 여전히 높은 벽에 갇혀 있었던 셈이다.

그러면 이제부터 본격적으로 철학의 발생을 찾아서 그리스로 눈을 돌려보기로 하자.

고대 그리스인의 신화적 세계관

이집트와 바빌로니아의 문명은 지중해로 흘러들어가 에게 문명을 탄생시켰다. 이는 대략 기원전 2000년경에 일어난 일로서, 동방에서 문명이 발생한 이후 어느덧 1천 년의 세월이 경과한 즈음이었다. 이 에게 문명은 기원전 15세기 이후 지중해의 패권을 차지한 그리스가 이어받았고, 그리스는 이를 바탕으로 독자적인 문명을 발전

인간의 모습을 한 그리스신화의 신들

시켜서 오늘날 유럽 문명의 토대를 마련했다.

그러나 막상 그리스에서 철학이 태동하려면 기원전 7세기까지 시간이 더 흘러야 했다. 이때까지 그리스 사람들의 머리를 지배한 것은 여전히 신이었다. 신을 중심으로 세계를 바라보는 세계관은 종교임에는 틀림없는데, 그리스 사람들의 종교는 여러 면에서 특이한 것이었다.

잘 알려진 대로 그리스 사람들은 제우스를 중심으로 하는 열두 신을 가졌다. 그러나 그리스의 신들은 다른 종교에서와는 달리 인간의 위에서 초월적으로 군림하지 않았다. 그리스의 신들은 사람과 같은 모습의 얼굴을 가지고 있으며, 사람들처럼 가족을 이루면서 때로는 사랑하기도 하고 미워하기도 하는 감정을 지닌 신들이었다. 그렇지만 이들은 분명히 사람보다는 뛰어난 능력을 가졌고, 그 능력은 각자가 맡은 영역에서 발휘되었다. 최고의 신인 제우스는 하늘을 담당하면서 천둥과 번개를 관장하며, 대지와 곡식은 데메테르, 바다와 지진은 포세이돈, 태양은 아폴론이 맡고 있었다.

이렇듯 그리스 사람들은 이전의 민족들과 마찬가지로 모든 자

트로이전쟁 (영화의 한 장면)

연의 현상을 모두 신의 뜻으로 여기고 있었던 것이다. 그리스에서 가장 오래된 문학 작품인 호메로스의 「일리아드」와 「오디세이」를 보면, 여기에 기록된 트로이 전쟁은 결코 전설이 아닌 실제로 있었던 역사적 사실로서 기록의 정확성에 있어서도 매우 뛰어난 것으로 평가되고 있다. 그러나 트로이 성을 쟁탈하는 전투의 묘사에서는 공격군과 방어군 측에 저마다의 신들이 내려와서 함께 싸우고 있다. 시인 헤시오도스가 남긴 이야기에서도 혼돈으로부터 빛과 어둠, 하늘과 땅이 생겨났다고 전한다. 그리고 그도 역시 모든 자연을 관장하는 많은 신의 이름을 후세에 전하고 있다.

고대의 그리스 사람들은 이렇게 신과 호흡하면서 살아가고 있었다. 이들에게 벌어지는 모든 현상은 신의 뜻이므로, 신의 노여움을 사지 말아야 했고, 그들의 소원을 성취하기 위해서는 신의 도움을 받아야 했다. 이것은 그리스에서도 아직까지 세계관의 변화가 나타나지 않고 있음을 보여주는 것이다.

그러면 철학의 시작을 알리는 세계관의 변화란 도대체 무엇인가? 그것은 바로 사물을 인간의 이성으로 바라보고 생각하는 것이

이집트 상형문자

다. 인간의 이성적인 사유란 어떠한 초자연적인 힘을 빌어서 사물을 바라보지 않는 것이다. 인간이 스스로 생각하고 지혜를 만들어 갈 때 비로소 사물의 진정한 원리를 발견할 수가 있는 것이며, 이렇게 습득한 지식은 더 넓고 체계적인 지식으로 확장될 수가 있는 것이다. 그리고 인간의 사유는 어떠한 속박에도 구속되지 않음으로써, 지적인 세계를 자유롭고도 창조적으로 발전시킬 수가 있는 것이다. 이러한 사유 정신이 바로 진정한 지혜의 탐구, 즉 '철학'이고, '과학'인 것이다. 고대에 철학과 과학은 구분되지 않고 하나였는데, 일체의 학문이 곧 철학의 범주에 포괄되었다.

신화에서 철학으로 세계관의 변화

기원전 6세기로 접어들면서 고대 그리스 사람들의 세계관에는 큰 변화가 일고 있었다. 바로 이전까지의 신화적인 세계관이 서서히 붕괴되기 시작했던 것이다. 그 변화는 어떤 계기에서 비롯된 것인가? 여기에는 그리스의 특수한 몇 가지 조건이 작용했다.

고대 그리스는 하나의 단일한 왕국을 건설하지 못했다. 그리스

파르테논신전

본토는 산맥에 의해 분할된 지형적인 조건 때문에 곳곳에 많은 도시 국가들이 만들어지기는 했어도, 이집트나 바빌로니아, 페르시아와 같은 광대한 국가가 발전하지는 못했다. 따라서 그리스에는 강력한 통치권을 행사할 수 있는 전제적인 군주 국가가 나타나지 못했다.

그러나 지리적인 특성과 정치적인 전통 외에 역사적인 조건을 살펴보면, 기원전 6세기에 앞서서 그리스에서는 주목할 만한 경제적 조건의 변화가 일어났다. 기원전 8세기부터 그리스는 해양 진출을 활발히 도모했다. 토지가 좁은 그리스의 본토로는 불어나는 인구를 수용하지 못하자 그리스 사람들은 지중해 연안의 각지로 진출하여 식민도시를 건설했다. 이러한 해양 진출을 계기로 이들은 페니키아로부터 표음 문자와 주조된 화폐를 도입할 수 있었다. 이 두 가지는 원거리의 교역을 더욱 촉진시킬 수 있는 수단이 되면서, 지중해 연안의 여러 지역을 하나의 경제권으로 묶을 수 있었다.

경제적인 변화는 그리스의 도시 국가 내부에 계급 관계에도 변화를 몰고왔다. 형식적인 왕정체제하에서 실질적인 지배 권력을 가

아크로폴리스와 아고라 광장

지고 있었던 귀족들의 지위가 흔들리고, 평민들 가운데 부를 축적한 사람들이 세력을 강화하기 시작했다. 그리고 새로이 부를 축적한 상인들이 노예를 소유하면서 도시 국가 내에는 노예제가 자리잡게 되었다. 이렇게 해서 새로운 지배 계급은 이전의 귀족들과는 달리 육체적인 노동에서 벗어난 자유로운 신분 계급으로 성장하게 되었다. 그리고 이들 중에는 이제까지와는 달리 신화에 얽매이지 않고 우주의 근본을 찾으려는 전혀 새로운 사유 방식을 가진 사람들이 나타났다. 철학과 과학은 바로 이러한 사람들에 의해 처음 시작되었다.

이로써 우리는 마침내 철학의 길목에 다다르게 되었다. 이제 기나긴 여정 끝에 도달한 철학의 세계로 들어가 인류가 이룩해낸 지혜의 세계를 탐구하고 위대한 성현들과 대화해 보기로 하자.

먼저 철학이 발상한 그리스의 한 식민도시인 밀레토스로 찾아가 보자.

1
탈레스

Thales, B.C. 624?~546

만물은 물로 이루어졌다

서양 철학의 발원지를 찾아서 먼저 오늘날의 튀르키예 지역으로 눈을 돌려보자. 소아시아라고도 불리는 이곳은 지중해의 일부인 에게 해를 향해 반도의 형태로 돌출한 땅이다. 이 땅의 서해안을 끼고 남쪽으로 내려오면 2천5백 년 전에 번영을 누렸던 밀레토스라는 도시가 자리를 잡고 있다. 바로 이곳이 철학의 발원지로 이야기하고자 하는 곳이다.

밀레토스는 그리스 사람들이 바다를 건너 건설한 12개의 식민도시 중 하나였다. 그리스는 국토가 험한 산맥으로 분할되고 평지가 별로 없었기 때문에 이 나라 사람들은 일찍이 식민지를 건설하기 위해 해외로 진출할 수밖에 없었다. 이렇게 기원전 8세기 중엽부터 시작된 식민지 건설의 결과 그리스는 서쪽으로는 이탈리아의 남부 및 시칠리아 섬으로, 동쪽으로는 흑해 연안에 이르는 광대한 지역에 많은 식민도시들을 건설했다.

이러한 식민도시들 가운데 밀레토스는 이집트와 동방 및 지중해 연안의 여러 도시 국가들과 연결되는 곳에 위치하여 무역의 중심지로 발전했으며, 그리스 전역을 통해 가장 번영을 누린 도시였다. 밀레토스의 항구에는 세계 곳곳에서 산출된 곡식을 비롯하여 향료, 기름, 금속, 파피루스 등 진귀한 물건들이 끊이지 않고 들락거렸다. 그런 까닭에 밀레토스 사람들은 항상 새로운 문물을 접할 수 있었고, 또 세계 각지로 나아가 다른 지역을 직접 눈으로 돌아보는 데 익숙해져 있었다.

이처럼 언제나 새로운 것에 젖어들 수밖에 없는 밀레토스의 분위기는 이 도시 사람들의 기질을 자유롭게 만들었다. 그리스 본토와는 달리 이곳 사람들은 전통에 구애받지 않고 독창적인 사고를 할 수 있었다. 이러한 분위기에서 철학과 과학의 시조인 이 도시 출신의 탈레스가 나타날 수 있었던 것이다. 또 탈레스 외에도 비슷한 시기에 여러 명의 철학자가 나타났는데, 이러한 사실을 보아도 밀레토스가 철학의 발원지로 꼽히는 데에는 조금도 부족함이 없다고 할 것이다.

만물의 근원을 추구한 최초의 철학자

탈레스는 최초의 철학자이자 과학자로 불린다. 그는 '고대 그리스의 일곱 현인' 중에서도 으뜸으로 꼽힌다. 이 일곱 현인에 대해서는 전해져오는 내력과 사람들에 따라서 다르게 꼽히고 있지만, 탈레스는 어떠한 경우에도 반드시 포함되기 때문에 그의 인물됨이 얼마나 큰지 알 수 있다.

탈레스는 어린 시절부터 이집트와 중동 지역을 여러 차례 방문하여 상당한 견문을 쌓았다. 그리고 명석한 두뇌를 가진 젊은이로서 당대의 지식에 두루 통달했다고 한다. 그는 그리스 사람들 중에서 가장 먼저 기하학을 배웠다고 한다. 기하학에 대한 그의 조예는 상당하여, 자연의 여러 가지 현상을 탐구할 때에도 그는 기하학의 지식을 이용했다. 그의 천재적인 재능에 대해서는 많은 일화가 전해져오고 있다.

그는 태양의 지름을 측정하였고, 일식이 일어날 때를 알아내어 예언했으며, 1년이 365일임을 알았냈다. 이집트를 방문했을 때에는 피라미드의 높이를 측정했다고 한다. 그가 피라미드의 높이를 알아낸 방법은 사람의 키와 그림자의 길이가 같은 시점에 피라미드 그림자의 끝 지점을 표시한 다음, 그 피라미드 그림자의 길이를 재어서 높이를 알아낸 것이다. 이등변 삼각형의 원리를 이용해 그때까지 아무도 엄두를 내지 못한 거대한 피라미드의 높이를 간단히 측정해낸 것이다.

탈레스는 또 기후의 변화를 잘 예측했다고 한다. 주위 사람들이 그에게 돈을 벌어보라고 비아냥거리자, 곧 올리브가 풍작을 거둘 것을 예견하고 올리브 기름을 짜는 기계를 모조리 끌어모았다. 과연 올리브는 전에 없는 풍작을 거두었으나, 기름을 짜는 기계는 모두 탈레스의 수중에 있었기 때문에 사람들은 그에게 비싼 돈을 주

내 키와 그림자의 길이가 같을 때
피라미드 그림자를 재면 높이가 되겠군

고 기계를 이용할 수밖에 없었다. 그는 이렇게 철학자도 마음만 먹으면 얼마든지 돈을 벌 수 있음을 보여주었다고 한다.

천재적인 재능을 발휘하는 사람들에게는 대개 엉뚱한 일화가 따라다니게 마련인데, 그에게도 그런 에피소드가 있다. 그는 밤하늘의 별을 관찰하다가 너무나 몰두한 나머지 우물에 빠져 하인에게 구출된 일이 있었다. 그런 그에게 하인은 자기의 발밑도 보지 못하는 사람이 어찌 하늘을 보느냐고 비웃었다고 한다.

만물은 물로 이루어져 있다

이제 철학자로서의 탈레스로 돌아가 보기로 하자. 그런데 이 최초의 철학자가 남긴 철학은 너무도 간단하다. 여러 분야에서 뛰어난 재능을 보인 그였지만, 철학 분야에서 전해져 오는 내용은 너무나 짧아서 다소 실망스러운 느낌마저 든다.

탈레스가 남긴 철학의 명제는 "만물은 물로 이루어져 있다."는 것이다. 즉, 세계가 제아무리 복잡하게 보인다 할지라도 결국 물이 변화한 것에 지나지 않는다고 생각한 것이다. 물이 증발하여 구름이 되고, 그 구름에서 비가 오며, 또 물이 얼어서 얼음이 된다는 주변의 자연현상과, 모든 생물에게 있어서 물이 필수적이라는 사실을 생각한다면 탈레스의 주장에 대해 어느 정도 수긍이 갈 것이다.

그런데 철학을 거창한 것으로 생각한 독자라면, 탈레스의 이러한 주장이 왜 그렇게도 중요한 가치를 가지는가에 대해 의아해 할 것이다. 사실 우리가 가진 상식의 차원에서 볼 때 그의 주장은 대단히 소박해 보이며, 더구나 만물을 단지 물 한 가지만으로 설명하려는 그의 주장은 오늘날의 과학지식에 비추어 보아도 옳은 것은 아니다.

그러나 앞서 '서양 고대 철학의 탄생 배경'에서 살펴본 바와 같이, 탈레스 이전의 그리스인들의 세계관과 비교해 본다면 그 주장은 매우 의미심장한 의의를 가진다. 즉, 그리스인들은 만물에는 저마다 고유한 신이 있다고 믿었는데, 탈레스는 이러한 신화적인 세계관을 과감하게 집어던지고 복잡한 현상을 하나의 원리로 사고했다는 사실은 사상사적으로 획기적인 의의가 있다. 그리고 그의 사고방식이 이후의 사상가들에게 영향을 주어 세계관에서 혁명적인 변화가 일기 시작했다는 점을 상기한다면 그는 철학의 역사에서 하나의 분명한 전기를 마련한 인물임에 틀림없다.

아낙시만드로스 ─ 만물의 근원과 생성에 대한 체계적인 학설

탈레스의 철학이 최초라는 점에서 역사적인 의의를 갖는다면,

아낙시만드로스(Anaximandros, BC 610~546)에 이르러서는 보다 체계적인 형태의 철학을 만나게 된다. 탈레스는 만물의 근본이 무엇인가에 대해 물음을 던졌다. 만물의 궁극을 찾으려는 이러한 물음은 밀레토스의 철학자들에게는 공통의 문제였는데, 아낙시만드로스의 철학도 이 물음에 대한 답을 구하고자 하면서 시작한다.

아낙시만드로스는 자연의 근본을 보다 대담하면서도 체계적으로 설명하려 했다. 그는 물이나 불, 흙, 공기 따위는 만물의 근본이 아니며, 이러한 것들보다 더 근본적인 실체가 있다고 보았다. 그것은 눈에 보이는 물질이 아니라 '한정할 수 없는 어떤 것'(무한정자)이라고 생각했다. 그가 이렇게 표현한 이유는 이것의 변화에 의해 다양한 형태의 물질들이 생겨난다고 보았기 때문이다. 그는 이것을 '아페이론(apeiron)'이라고 불렀다.

아낙시만드로스에 따르면, 이 '무한정자'에서 마른 것, 찬 것, 더운 것, 젖은 것 등이 분화되어 나온다. 이러한 것에 대응하는 물질들이 바로 흙, 공기, 불, 물 등이다. 이 네 가지 요소들은 서로 다른 것들에 대해 침해하는 경향이 있기 때문에 어느 한 가지가 지배적일 수 없으며, 서로 균형을 유지하면서 조화를 이루고 있다고 한다. 그리고 그 조화는 고정된 상태에서 이루어지는 것이 아니라, 끊임없는 생성과 소멸의 변화 과정을 거치면서 이루어지는 것이라고 한다.

아낙시만드로스는 만물의 근본에 대한 설명에 이어서 우주의 모습을 설명했다. 여기서 그의 직관은 이전의 그리스 사람들이 가지고 있던 우주의 모습을 완전히 뛰어넘었다. 그에 따르면, 지구는 자유롭게 떠다니는 원통 모양을 하고 있으며, 그 한쪽 끝 표면에 사람들이 살고 있다고 한다. 탈레스를 비롯한 이전의 사람들은 그들이 사는 땅덩어리는 바다 위에 떠있다고 생각했는데, 아낙시만드로스는 땅덩어리를 공간에 떠 있는 지구로 묘사했다. 그에게서 지구는 우주 속의 일부로 이해했다.

그는 이어서 지구의 주위는 물과 공기, 불 등이 둘러싸고 있다고 생각했다. 그런데 사람들은 하늘을 쳐다보아도 그 불을 볼 수가 없다. 그 까닭은 지구 주위에 있는 불은 많은 물을 증발시켰고, 이 때 생겨난 안개는 불을 감쌌으며, 이렇게 감싸인 불덩이는 지구 밖에 있는 거대한 수레바퀴 속에 가두어졌기 때문이라고 한다. 그리고 이 수레바퀴는 세 개인데, 이 수레바퀴의 구멍을 통해서 빛이 새어 나온다. 하나는 수많은 별빛이 쏟아져내리는 수레바퀴로서 지구에서 가장 가까우며, 또 하나는 달의 수레바퀴로 그 다음에 위치하고 있다. 그리고 가장 먼 수레바퀴는 바로 태양이라는 것이다. 그는 월식이나 일식은 바로 그 수레바퀴의 구멍이 막힘으로써 나타나는 현상이라고 설명했다.

아낙시만드로스의 놀라운 상상력은 우주에 대한 설명에 그치지 않고, 인간을 포함한 생명체의 근원에 대해서까지 이어졌다. 그에 따르면 지구는 처음에는 유동 물질로 이루어져 있었으나 점차 건조해지면서 생명체가 나타났다고 한다. 생물은 처음에는 물속에서 서식했으나, 물이 증발하면서 바다 밑이 드러나자 그 생물도 뭍 위로 옮겨갔다고 한다. 그 중 살아남은 생물은 새로운 종의 생물이 되어 발전해 갔으며, 인간도 그 과정에서 생겨났다고 한다. 그는 인간의 조상은 바다 속의 물고기라고 주장했는데, 보호와 양육이 필요한 시간이 다른 동물보다 인간에게서 유난히 길다는 사실은 인간이 유구한 세월을 경과하면서 발전해온 것을 증명해주는 것이라고 생각했다. 생명체의 근원에 대한 그의 주장은 오늘날의 진화론과 매우 유사한 것으로서, 그의 뛰어난 과학적 통찰력에 놀랄 뿐이다.

아낙시메네스 — 만물의 근본은 공기이다

밀레토스의 또다른 철학자 아낙시메네스(Anaximenes, BC 585?~525)는 공기를 만물의 근원이라고 보았다. 아낙시메네스에 따르면 공기가 희박해지면 불이 되고, 공기가 짙어지면 바람, 구름, 물, 흙, 돌이 된다고 했다. 그리고 열도 공기가 희박해져서 만들어지는 것이며, 반대로 공기가 짙어지면 차가워진다고 보았다.

그런데 그가 말하는 공기의 개념은 오늘날 우리가 알고 있는 공기와는 차이가 있다. 그의 공기는 세계의 궁극적인 힘이자 생명의 원천이기도 하다. 그는 숨을 쉴 때 공기를 들이마시는 것에 착안하여, 공기에는 영혼까지도 깃들여 있는 것으로 보았다. 물질은 단지 죽어 있는 물질이 아니라 생명을 포함하고 있다고 보는 것은 근대적인 지식체계와는 거리가 있지만, 생물을 포함하여 만물을 하나의 근본으로 설명하려 했다는 점에서는 역시 철학적인 의의가 있다 할 것이다.

아낙시메네스와 같이 물질 속에 생명이 있다고 보는 견해는 '물활론(物活論)'이라고 하는데, 고대 철학자들은 각자에 따라 정도와 형태는 달리하긴 했지만 대체로 이러한 견해를 가지고 있었다.

한편 그리스 시칠리 출신의 엠페도클레스(Empedocles, BC 490?~430?)는 만물을 구성하는 원소를 네 가지로 보았다. 물, 공기, 불, 흙이라는 물질이 만물을 구성한다고 보았는데, 이들이 서로를 사랑하거나 다투는 과정에서 세상 만물이 생겨났다고 한다. 이런 네 가지 원소는 다른 철학자들도 주목한 물질이기도 한데, 아낙시만드로스나 아낙시메네스는 보다 근원적인 하나의 원소를 주장한 반면 엠페도클레스는 네 가지 원소를 대등한 위치에서 바라보았다는 차이점이 있다.

밀레토스 학파의 철학사적 의의

탈레스, 아낙시만드로스, 아낙시메네는 밀레토스 출신으로서 모두 만물을 하나의 원소로써 설명하려 했다는 공통점을 가지고 있다. 그래서 이들을 가리켜 '밀레토스 학파'라고 하며, 또 그 주변 지역을 이오니아 지방이라고 부르기 때문에 '이오니아 학파'라고도 한다. 그리고 그들이 철학적 탐구의 대상으로 삼은 것은 주로 자연이었기 때문에 이들의 철학을 가리켜서 '자연 철학'이라고 일컫는다. 자연 철학은 오늘날 자연과학과 비슷하기 때문에, 이들은 과학 분야에서도 최초의 학자들로 평가받는다.

이들의 주장이 최초의 철학과 과학으로 여겨지는 까닭은 이들의 주장이 오늘날 생각하는 우주관과 유사하기 때문이 결코 아니다. 그들의 주장이 오늘날의 과학과 얼마나 비슷한가는 전혀 문제가 되지 않는다. 다만 이들은 신화나 종교적인 세계관에서와 같은 초자연적인 세계관을 타파하고, 세계의 기원과 본질에 대하여 합리적인 설명을 구하려 했으며, 그러한 정신을 후세에 남겼다는 점에서 철학이나 과학의 역사에서 중요한 의의를 가지는 것이다.

2

헤라클레이토스와 파르메니데스

Heracleitos, B.C. 540?~480?
Parmenides, B.C. 520~440

변화가 진리인가, 불변이 진리인가

밀레토스 학파의 철학자들은 자연세계의 궁극적인 물질이 무엇인가에 대해서만 관심을 가졌을 뿐, 사람들이 가지고 있는 지식이 과연 올바른가에 대해서는 관심을 기울이지 않았다. 그러나 그리스 철학이 서서히 무르익으면서 지식의 인식 그 자체에 대해 의문을 제기한 사람들이 있었다.

헤라클레이토스와 파르메니데스는 바로 이러한 문제에 대해 최초로 관심을 기울인 철학자들이다. 이 두 철학자는 비슷한 시기에 활동하면서 서로 상반된 주장을 폈기 때문에 바늘과 실처럼 항상 함께 거론된다. 즉, 헤라클레이토스는 변화야말로 만물의 본질이라고 주장한 반면에, 파르메니데스는 변화한다는 것은 착각일 뿐이며 '존재'야말로 영원불변하다고 주장한 것이다.

이렇게 지식에 대한 철학적인 관심이 생겨나면서 이제 철학의 대상은 자연에서 인식의 정당성 문제로 옮겨갔다. 오늘날 철학이라고 하면 이와 같이 인식의 문제를 다루는 경우가 많은데, 이러한 철학적 탐구는 이 두 철학자들에 의해 본격적으로 발전되어 가기 시작한 것이다.

만물은 변화한다 ― 헤라클레이토스

헤라클레이토스는 밀레토스 북쪽에 인접한 에페소스 출신의 철학자이다. 에페소스는 밀레토스가 페르시아에 의해 파괴된 뒤 소아시아 지방에서 새로운 중심지로 부상한 그리스의 식민도시이다. 헤라클레이토스는 이 도시의 귀족으로 태어났으나, 공적인 직위에는 별다른 미련을 가지지 않고 은둔 생활을 즐겼다.

그는 비록 세속적인 귀족의 특권을 누리지는 않았지만, 정신적으로는 여전히 귀족적인 성향을 가지고 있었다. 대중들의 생활과 사고방식을 경멸했고, '민주정치'라는 것도 우매한 짓이라고 생각했다. 그는 고집스런 성격과 냉소적인 태도 때문에 사람들로부터 '스코티노스(어두운 사람)'라는 별명을 들었다.

헤라클레이토스의 철학은 불에 비유되고 있다. 그 자신도 만물의 근원을 가리켜 불이라고 말한 바 있으나, 밀레토스 학파의 철학자들처럼 원소로서의 불을 강조하지는 않았다. 그는 활활 타오르는 불의 모습을 통해서 만물의 운동을 설명하려 했던 것이다.

불은 그저 존재하는 것이 아니다. 불은 격렬한 변화의 과정이다.

물질을 태우면 재와 연기로 변화되듯이, 불은 물질을 다른 물질로 변화시킨다. 그래서 그는 "상품이 금으로 교환되고 금이 상품으로 교환되듯이, 모든 것이 불과 교환되고 불이 만물로 교환된다."고 말했다.

헤라클레이토스는 이 세상의 모든 사물은 불과 같다고 생각했다. 그래서 그는 "만물은 변화한다."고 주장했다. 그에 따르면 이 세상에 변화하지 않는 것은 아무것도 없다. 쇳덩어리처럼 아무리 단단한 것이라 할지라도 그것은 변화하고 있으며, 인간들 자신도 끊임없이 변화한다. 그는 "당신은 같은 강물에 두 번 발을 담글 수 없다."고 말했다. 왜냐하면 새로운 물이 계속 흘러오고 있기 때문이며, 바로 앞에서 물에 잠기었던 나 자신과 지금의 나 자신은 결코 같을 수가 없다는 것이다.

이렇게 모든 사물이 변화한다면, 이 세상의 만물은 모두 해체되어 버려야 할 텐데, 저마다 어떤 형체를 간직하고 있는 것은 어떤

이 물은 조금 전의 물이 아니다

이유에서일까? 그 까닭은 모든 사물은 운동을 하면서도 통일을 이루고 있기 때문이다. 밝은 것과 어두운 것은 서로 대립하는 것이지만, 대립하는 것이 존재함으로써 서로가 존재할 수 있는 것이다. 추운 것과 더운 것, 건조한 것과 습기찬 것, 남자와 여자도 마찬가지다.

모든 사물은 변화의 운동을 하면서 대립물과 투쟁하며, 이 투쟁을 통해서 서로의 모습을 간직할 수가 있다. 그렇기 때문에 변화하는 운동이야말로 이 세상의 진정한 본질이라고 할 수 있다. 그래서 그는 투쟁을 '만물의 아버지이고, 만물의 왕'이라고 불렀다. 투쟁이 없으면 창조도 있을 수 없다. 그는 전쟁이나 인간의 충족되지 않은 욕망도 창조적인 긴장의 일종이라고 보고, 이러한 것들을 긍정적으로 평가했다.

또한 그는 모든 사물의 변화 운동은 제멋대로 무질서하게 움직이는 것이 아니라고 한다. 이 세상의 모든 변화는 일정한 법칙에 따르고 있다. 감각적으로 그 법칙을 볼 수 없으나, 이성을 통해서 살펴보면 그러한 법칙을 찾아낼 수 있다. 그 법칙을 가리켜 헤라클레이토스는 '로고스(logos)'라고 불렀다. 로고스는 그리스어로는 '말'이라는 뜻을 가지고 있지만, 후에 '이성(理性)'을 뜻하는 것으로 사용되었고, 그리스도교 신학에서는 '하느님의 말씀'으로 사용되기도 했다.

이처럼 헤라클레이토스의 철학은 그보다 한 세기 전에 활동했던 밀레토스의 자연 철학자들보다는 확실히 다른 면모를 보여주었다. 그는 인간의 인식 그 자체에 관심을 가졌다. 그 자신도 "나는 나 자신을 탐구했다."는 말을 했는데, 이후에 등장하는 철학에서는 자연 그 자체보다는 "우리가 사물을 올바르게 볼 수 있는 인식의 근거는 무엇인가?"에 관심이 집중된다. 그리고 그의 '변화의 철학'은 2,300년 후 헤겔에게서 '변증법'이라는 보다 체계화된 모습으로 재현되어 다시 각광을 받게 된다.

변화하는 것은 아무것도 없다 ─ 파르메니데스

 변화를 만물의 본질이라고 생각한 헤라클레이토스의 사상에 정면으로 반대되는 견해를 편 철학자가 있었다. 그는 파르메니데스라는 인물로, 이탈리아 남부의 서해안에 위치한 그리스의 식민도시 엘레아에서 태어났다. 그는 헤라클레이토스와 마찬가지로 귀족 출신으로 자신의 고장에서 법률을 만들고 정치활동을 했으나, 철학에 관심을 가지면서 정치를 그만두었다. 그는 자신의 출생지를 따서 엘레아 학파를 만들었으며, 「자연에 관하여」라는 철학적인 시를 남겼다.

 파르메니데스는 인식에서 감각의 기능과 사고의 기능을 구분한다. 그에 의하면 인간이 감각으로 사물을 인식하는 것은 일시적일 뿐 영원불변한 것이 아니다. 영원불변의 것을 인식할 수 있는 것은 바로 사고의 기능이다. 따라서 감각적 인식을 통해 얻는 것은 속견(俗見)에 지나지 않으며, 사고를 통해서 비로소 진리를 얻을 수 있다.

 그는 "사고한다는 것은 곧 무엇에 대한 사고가 존재한다는 것을 의미한다."라고 말한다. 있지도 않은 것을 사고할 수는 없다는 것이다. 인간이 사고를 하는 한 사고의 대상은 언제나 있게 마련이다.

그는 또 "오직 존재만이 있을 뿐, 비존재는 없다."고 말한다. 감각적으로 어떤 물체가 있다고 느끼는 것은, 실은 있지도 않은 허상일 뿐이다. 오직 있는 것은 존재이며, 그 존재는 사고를 통해 파악할 수 있다.

이렇게 되면 '존재'라는 것은 다분히 추상적인 개념이라고 여겨지기 쉽다. 그러나 파르메니데스에게 있어서 존재는 결코 추상적인 것이 아니었다. 그에 따르면 존재란 언제 어디서나 변하지 않으며, 항상 동일한 것이고, 완전무결한 것이다. 존재는 있는 것이기 때문에 형체가 있는 것이다. 그는 그 존재의 모습을 중심에서 동일한 거리에 있는 속이 꽉 찬 공의 모양으로 생각했다. 공은 고대 그리스 사람들이 생각한 가장 완전한 모양이었기 때문이다.

이쯤 되면 누구든 파르메니데스의 철학이 헤라클레이토스의 철학과 대조적인 입장에 서 있다는 것을 어느 정도 알아차렸을 것이다. 즉, 파르메니데스는 변화하는 것으로 보이는 일체의 것은 허상이라고 보았지만, 헤라클레이토스는 변화야말로 만물의 본질이라고 생각한 것이다. 파르메니데스는 '변화'란 이성적으로, 즉 그가 말하는 '사고'로는 불가능한 것이라고 '증명'했다. 변화가 일어나려면 운동이 있어야 하는데, 운동은 텅빈 공간이 필요하다. 그러나 그에게는 빈 공간이란 있을 수 없다. 그에게서 공간은 비존재인데, 비존재란 논리적으로 있을 수 없기 때문이다.

파르메니데스의 철학을 이해하려면 인내심이 필요한데, 요지는 이렇게 간추려질 수 있다. 첫째로는 헤라클레이토스의 '변화의 철학'과 대조적인 시각에서 보아야 한다는 것이고, 둘째로는 감각과 이성적인 사고의 차이를 분명히 했다는 점이다. 흔히 '본질'이라고 부르는 것은 감각으로 파악할 수 있는 것은 아니다. 바로 이성적인 사고를 통해서만 본질이니, 진리니 하는 것을 파악하게 된다. 파르메니데스의 철학에서는 감각을 부인하고 사고만을 인정함으로써, 사고에 의해 인식되는 진리가 존재한다는 것을 강조했다.

사고를 통해 진리를 찾으려는 자세는 헤라클레이토스의 철학에서도 차이는 없다. 헤라클레이토스가 주장하는 본질로서의 '변화'나 변화 가운데 존재하는 '로고스'도 감각만으로는 파악될 수 없는 것이기 때문에, 그 역시 이성적 사고의 기능을 강조한 셈이다. 다만, 진리의 내용에서 이 두 철학자는 달랐던 것이다.

제논의 역설

파르메니데스의 철학을 후세에 더욱 유명하게 만든 것은 제자 제논(Zenon, BC 490~430)이 있었기 때문이다. 제논 역시 엘레아 출신으로서 파르메니데스와 더불어 엘레아 학파에 속한다. 그는 스승의 사상을 좇아서 감각적인 인식이 얼마나 허구적인가를 이성적인 논증 방식으로 입증했다. 그것은 역설의 일종이었다. 그 역설들 가운데 유명한 것은 다음과 같은 세 가지이다.

제논의 제1역설

아무리 짧은 거리라도 도달하는 것은 불가능하다. 한 쪽에서 다른 쪽으로 가려면, 중간 지점에 도달해야 한다. 그 중간 지점에서 또 끝까지 가려면 나머지 구간의 중간 지점에 또 도달해야 한다. 이렇게 계속 중간에 도달하면 아무리 짧은 거리라 해도 남은 구간이 있게 마련이며, 따라서 중간 지점은 영원히 남게 된다. 따라서 아무리 가까운 거리라도 다다를 수가 없게 된다.

제논의 제2역설

제아무리 빠른 아킬레스(그리스 신화에 나오는 가장 빠른 사나이)라 할지라도 거북을 조금이라도 앞세워 놓고 경주를 벌이면 아킬레스는 거북을 영원히 추월할 수가 없다. 한번 거북을 앞세워 놓고 경주를 시작해보자. 그러면 아킬레스는 거북이 원래 있었던 위치만큼 달려가게 될 것이다. 이 때 거북은 아무리 느리더라도 아킬레스보다는 조금은 앞서가고 있을 것이다. 다시 아킬레스가 거북이 있었던 위치로 가면, 마찬가지로 거북은 또 앞서 있을 것이다. 이와

거북이 앞서 출발하면
제아무리 빠른 아킬레스도
결코 거북을 따라잡을 수 없다

같은 과정은 끝없이 계속될 것이므로 아킬레스는 거북과의 거리를 좁힐 수는 있겠지만, 거북을 추월한다는 것은 불가능하다.

제논의 제3역설

공중을 향해 쏜 화살은 결코 날아가지 못한다. 왜냐하면 그 화살은 언제나 자신의 길이만큼의 공간을 점유하고 있는데, 자신의 길이와 같은 공간을 점유하고 있다는 것은 결국 그 위치에 정지해 있는 것이 되기 때문이다. 화살은 그것이 차지하고 있는 공간에서는 움직이지 못하기 때문에 화살이 없는 공간에서도 움직이지 못한다. 결국 화살은 전혀 움직이지 못한다.

제논의 역설은 위의 세 가지가 전부는 아니다. 다만 널리 소개되고 있는 대표적인 것은 위에서와 같이 운동을 부정하는 역설이다.

이 역설에서 무엇이 맹점인가를 한번 생각해 볼 필요가 있다. 여기서 중요한 사실은, 운동이란 변화 그 자체를 의미하는 것이지 정지된 무수한 순간들이 합쳐진 것이 아니라는 점이다. 우리는 이러한 운동을 설명하면서 시간을 생각하게 되는데, 시간 역시 그 자체로서 운동이며 변화를 의미할 뿐이다. 시간은 또한 무수히 많은 순간이 모여 이루어진 것이 아니다. 순간은 어디까지나 인간이 머릿속에서 생각해낸 개념일 뿐이지 실재하는 것이 아니다.

제논이 변화와 운동에 대해 이렇게 생각했는지는 알 수 없지만, 그가 장난삼아 역설을 만들어낸 것은 아니었다. 제논의 역설들은 너무나 당연하다고 여기고 있는 인간들의 상식도 얼마든지 뒤집힐 수 있다는 것을 보여주기 위함이었다. 그는 역설을 통해 진정으로 신뢰할 수 있는 지식이란 과연 무엇인가를 진지하게 묻고 있었던 것이다. 제논의 답은 물론 이성적인 사고였는데, 감각적인 인식과 이성적인 인식의 관계는 후에 플라톤의 철학에서 더욱 분명한 두 개의 세계로 모습을 갖추게 된다.

한편 파르메니데스와 헤라클레이토스의 대립되는 철학은 후에 데모크리토스(Democritos, BC 460~370)에 의해 종합되었다. 데모크리토스는, 세계는 원자(atom)로 이루어졌다고 주장했다. 그의 원자론은 파르메니데스의 불변의 기본 입자의 사상과 헤라클레이토스의 끊임없는 운동의 사상을 받아들인 것이다.

데모크리토스는 빈 공간이 실재한다고 보았으며, 따라서 운동도 실재한다고 파악했다. 그리고 운동하는 실재는 매우 작은 수많은 원자들이라고 생각했으며, 이 원자들은 서로 결합하는 방식에 따라 사물의 다양한 형태들, 더 나아가 사람의 영혼까지 구성한다고 생각했다. 따라서 데모크리토스의 원자는 오늘날 물리학에서 말하는 원자와는 거리가 있다. 데모크리토스의 주장은 근대의 기계론적 세계관과 유사한 모습을 보이는데, 그의 철학은 물질과 영혼이 결부되어 있다고 보았던 당시의 일반적인 물활론적 세계관을 이미 극복하고 있었다.

3

소크라테스

Socrates, B.C. 470~399
너 자신을 알라

이제 철학의 무대는 그리스의 식민도시에서 그리스 본토의 아테네로 옮겨간다. 그곳에서 첫번째로 만날 철학자는 소크라테스이다.

철학에 관심이 많지 않은 사람에게도 소크라테스라는 이름은 잘 알려져 있고, 소크라테스라고 하면 철학자의 대명사처럼 여겨진다. 그만큼 철학에서는 그를 빼놓고는 이야기할 수가 없다.

그런데 그는 아무런 저서도 남기지 않았기 때문에 우리는 그에게서 어떠한 체계적인 철학을 접할 수가 없다. 그러한 그가 왜 오늘날까지 대철학자나 성인으로 칭송을 받고 있는가? 그 까닭은 철학을 단순한 지적인 학문이 아닌 삶과 함께 하는 학문이라는 것을 몸소 보여주었기 때문이다. 그에게서 삶은 철학 그 자체였던 것이다.

소크라테스는 기원전 470년경에 아테네에서 태어났다. 그는 조각가인 아버지와 산파인 어머니 사이에서 태어난 중류가정 출신으로서 아버지로부터 조각을 배웠지만 일찍이 이 직업을 버렸다. 그는 진리를 구하는 방법을 찾기 위해 전념하면서 자신이 터득한 진리를 아테네 사람들에게 설파하는 데 일생을 바쳤다.

소크라테스의 외모는 매우 인상적이다. 작은 체구에 넓적한 얼굴, 납작하고 둥근 코는 강인하게 보이기는 하였지만, 누가 보아도 그가 철학이라는 고매한 일을 할 위인으로 보이지 않았다. 게다가 그는 언제나 남루한 옷차림에 맨발로 돌아다녔다. 그렇지만 그의 생활은 절도가 분명했으며, 마음에서 우러나오는 그의 연설은 주위 사람들을 감동시켰다. 그래서 그의 주위에는 항상 많은 제자들이 따라다녔는데 이들 가운데는 상류계급의 사람들도 있었다. 하지만 그는 자신이 행한 교육의 대가로 어떠한 보수도 받지 않았으며, 다만 먹는 것만을 제자들과 친구들에게 신세졌을 뿐이다.

자신의 일에 대해 철저했던 소크라테스는 대신 가정에는 지극히 소홀했다. 흔히 소크라테스의 아내 크산티페는 '악처'의 대명사로 일컬어지는데, 아내를 악처로 만든 것은 가정사에 무관심했던 소크라테스의 탓이기도 했다. 어쨌든 생계를 전혀 돌보지 않는 소크라테스에 대해 그의 아내는 어지간히 바가지를 많이 긁었던 것 같다. 그것이 어찌나 대단하였던지 그의 제자들이 스승더러 어떻게 견디면서 사느냐고 묻자, 그는 "물레방아 소리도 귀에 익으면 괴로울 것이 없지."라고 대답했다고 한다. 언젠가 그의 집에서 제자들과 강론을 할 때 그의 아내가 바가지를 긁자 그는 들은 척도 하지 않았다. 그러자 그의 아내는 큰 소리로 욕설을 하고 물을 퍼부었다. 그러자 소크라테스는 "천둥이 친 다음에는 소나기가 오는 법이지."라고 태연히 말했다고 한다.

소크라테스는 어디서나 가차없는 질문과 풍자적인 비평을 많이 하여 주위에 적을 많이 만들었다. 기존의 권위를 허물은 것이 사람들로부터 반감을 산 것인데, 70세가 되었을 때 마침내 고발당했다. "신을 모독하고 청년들을 타락시켰다."는 것이 죄목이었다. 그는 아테네 의회에서 사형 선고를 받았다.

당시 아테네에서는 사형 선고를 받으면 곧바로 집행이 되었으나, 그의 사형 집행은 한 달이나 지연되었다. 의식을 거행하는 배가 연례적인 종교행사에 참가하기 위해 델로스 섬으로 갔다가 폭풍을 만났기 때문이다. 그 사이에 그는 주위의 도움을 받아서 달아날 수도 있었지만, 그는 신념을 지키며 독배를 들었다. 그러한 그의 죽음은 일생을 진리 추구에 바쳤던 그의 삶을 더욱 빛나게 했고, 그래서 그는 사상을 생명처럼 여기는 철학자의 모범으로 길이 남게 되었다. 소크라테스의 사상은 제자인 플라톤의 여러 '대화록'을 통해서 오늘날까지 전해지고 있다.

소크라테스의 시대와 소피스트

소크라테스의 철학을 이해하기에 앞서 잠시 그의 시대 상황과 철학적 분위기를 살펴볼 필요가 있다.

소크라테스가 태어나기 20년 전쯤에 그리스와 페르시아 사이에 큰 전쟁이 터졌다. 바로 '페르시아 전쟁'으로 약 40년간이나 계속되었고, 결국 그리스가 승리했다. 그리스는 여러 도시 국가들로 이루어졌는데, 전쟁에서 주도권을 잡은 것은 아테네였다. 따라서 아테네는 전쟁 후 그리스 전역에서 맹주로 발돋움을 하고 강국이 되었다. 한편 지리한 전쟁에서 피를 흘린 아테네의 민중들은 전쟁에서 승리하자 그들의 발언권도 강화되었는데, 마침 페리클레스라는 지도자가 나타나 기존의 귀족정치를 대신하여 민주정치를 발전시켰다.

민주정치의 시행으로 시민의 참정권이 확대되자, 자신의 정치적인 견해를 잘 표현하고 사람들의 이목을 집중시킬 수 있는 언변을 가진 사람들이 정치적으로 주요한 자리를 차지할 수 있게 되었다. 이러한 사회적 요구에 부응해 정치 지망생들에게 웅변과 수사(修辭)를 가르치는 사람들이 나타났는데, 이들이 바로 소피스트(Sophist)이다. 이들은 그리스 전역에서 흩어져 생활하다가 아테네의 변화된 정치 상황에 따라 모여들었기 때문에, 소피스트는 민주정치의 산물이기도 하다.

그러나 이들에 대한 후세의 평판은 일반적으로 부정적이다. 그들은 현란한 말장난으로 상대를 무조건 굴복시키게 하고, 또 그런 기술을 바탕으로 돈을 번다는 그다지 명예롭지 못한 평가가 뒤따르고 있다. 그래서 소피스트를 가리켜 종종 '궤변론자'라고 부르기도 하는데, 실은 '소피스트'라는 말은 본래 '지혜로운 사람'이라는 뜻으로 그들은 자랑스럽게 스스로를 그렇게 불렀다.

아무튼 이들은 빼어난 말재주를 강점으로 지녔고, 그런 만큼 인간의 사고와 심리에 대한 통찰력은 비상했다. 그런 까닭에 그들의 철학적 관심을 사로잡은 대상은 인간의 사고였지, 이전의 철학자들처럼 자연의 궁극적인 원리 따위에는 관심이 없었다.

대표적인 소피스트인 프로타고라스(Protagoras, BC 485~414)가 "인간은 만물의 척도다."라고 말한 것은 소피스트 철학의 단면을 잘 보여준다. 그런데 이 말 속에는 또 다른 의미가 들어 있다. 즉, 절대적인 진리란 없으며, 상대적인 진리만 존재한다는 것이다. 이들에게서 의미가 있는 것은 인간에게 유용한가 여부뿐이다.

이러한 논리는 고르기아스(Gorgias, BC 483~375)에 이르러서 더욱 극단적인 형태를 띠었다. 그는, "아무것도 존재하지 않는다. 무엇이 존재한다 해도 우리는 그것을 알 수 없다. 우리가 그것을 알 수 있다 해도 우리의 지식을 다른 사람에게 전달할 수 없다."고 말했다. 그의 논리는 아예 회의주의가 되고 말았다.

철학사에서 소피스트의 출현은 커다란 의미를 갖는다. 이들은 철학의 관심사를 자연에서 인간으로 돌렸으며, 인간의 사유 자체가 또 철학의 대상이 된 것이다. 철학의 정신에서 인간의 독단적인 사고를 배격하는 것이 매우 중요하다고 할 때, 이들은 당연시되던 일반적인 상식에 대해 가차없는 공격을 가함으로써 철학의 영역을 확대시키는 공헌을 했다.

프로타고라스

아테네 학당 (라파엘로 그림)

최초의 윤리 교사 소크라테스

위대한 철학자 소크라테스는 소피스트 덕분에 등장했다. 소크라테스는 소피스트들이 관심의 대상으로 여긴 인간의 문제에 역시 몰입했다. 그러나 그는 소피스트들의 상대적인 진리관에 반대하면서 절대적인 진리를 찾고자 했다. 그는 아테네 사회가 정신적으로 타락해 가고 있기 때문에, 윤리의 규범을 세워야 한다고 생각했다. 이렇게 소피스트는 소크라테스의 철학적 과제를 촉발시킨 계기가 되었지만, 소피스트는 또한 타파의 대상이기도 했다.

소크라테스는 윤리 규범을 세우기 위해서는 윤리의 덕목들에 대해 엄격한 정의를 내리는 것이 시급하다고 보았다. '용기란 무엇인가', '정의란 무엇인가', '덕이란 무엇인가' 등에 대해 그는 거리에서 청년들과 끝없이 대화를 주고받았다. 대화는 그에게 주요한 철학적 수단이었다. 가령 '용기'에 대해 정의를 내릴 때, 그는 용기에 관계된 것들을 나열하고 그 사례들 가운데서 공통된 것을 찾아냄으로써 용기의 진정한 의미를 찾아내는 것이다.

소크라테스는 진리에 다가서기 위해서는 먼저 자신의 무지(無知)를 깨달아야 한다고 생각했다. 그래서 그는 상대가 무지를 깨우치도록 하기 위해 계속 질문을 던졌다. 질문을 거듭하면 상대방은 자신이 알고 있는 지식이 결국 앞뒤가 맞지 않는 것을 알게 된다. 이렇게 자신이 무지하다는 것을 깨닫게 한 후 그는 대화를 통해 진정한 지식을 위한 토론을 했다.

소크라테스가 남긴 "너 자신을 알라."라는 유명한 말은 바로 무지의 각성을 촉구한 것이다. 이 말은 원래 델포이 신전에 새겨져 있던 문구로, 소크라테스는 그 말의 의미를 새롭게 깨닫고 세상 사람들에게 다시 설파한 것이다. 그래서 소크라테스 자신도 "나는 아무것도 모른다. 다만 내가 무지하다는 사실을 알고 있을 따름이다."라는 역설적인 말을 하기도 했다.

도덕과 윤리에 대한 소크라테스의 탐구는 철학의 역사에서 새로운 장을 여는 것이었다. 소피스트에 의해 철학의 대상이 자연에서 인간으로 옮겨졌고, 소크라테스는 이를 다시 받아서 인간 사회에서 보편적인 윤리의 규범을 수립하고자 했다. 그는 마치 '서양의 공자'와도 같다고 할 것이다.

진리를 위해 죽음을 선택하다

소크라테스를 정말로 위대하게 만든 것은 자신의 믿음을 버리지 않고 의연하게 죽음을 택한 데에 있다고 할 것이다. 앞에서 그가 죽음에 이르게 된 까닭은 그의 적들이 '신성 모독과 청년 타락'을 이유로 고소하였기 때문이라고 말한 바 있다. 그러나 사실 이것은 어디까지나 명분에 지나지 않는 것이었고, 진짜 이유는 다른 데 있었다.

소크라테스의 만년에는 아테네와 스파르타 사이에 펠로폰네소스 전쟁(BC 431~404)이 터졌다. 이 전쟁에서 아테네는 스파르타에게 패배했는데, 그 결과 아테네에는 커다란 정치적 격변이 뒤따랐다. 전쟁에서 승리한 스파르타는 아테네에 30인 과두정 체제를 수립하고 공포정치를 시행했다. 이때 소크라테스는 그 과두정으로부터 교육을 중지하라는 명령을 받았으나, 그에 아랑곳없이 교육을 계속했다. 이것은 매우 위험한 일이긴 했으나, 과두정의 지도자 중에는 제자 플라톤의 외삼촌 카르미데스와 외당숙 크리티아스가 있었기 때문에 그는 위험을 모면할 수 있었다. 그런데 이 과두정부는 8개월 만에 무너지고 다시 민주정이 들어섰다. 소크라테스는 정치에 관여한 일은 없었지만, 과두정의 지도자와의 관계 때문에 그는 민주정을 지지하는 사람들로부터 오해를 받고 곤경에 처하게 되었다. 그리고 마침내 그는 법의 심판대에까지 오르게 되었는데, 정치적인 이유로 사형을 선고하기 어려웠던 아테네 사람들은 전혀 다른 죄목을 끌어다 소크라테스에게 씌웠던 것이다. 이것이 소크라테스가 독배를 마시게 된 진짜 속사정이다.

그렇지만 그에게 씌워진 죄목은 사형에 처해질 만큼 중대한 것은 아니었다. 소크라테스는 자신에게 부과된 부당한 재판에 순응하고 변명하기보다는 자신의 주장을 조금도 굽히지 않았으며, 자신을 고발한 아테네 사람들을 더욱더 공격함으로써 스스로 화를 자초한

독배를 드는 소크라테스 (다비드 그림)

것이다. 그는 진리 탐구에 대한 자신의 작업은 멈출 수 없다고 당당히 말하면서 아테네 시민들은 자신의 사상을 따르라고 주장했다.

그는 이후에도 탈옥의 기회가 있었지만 그 길을 택하지 않았다. 사형 집행이 임박했을 때 마지막으로 절친한 친구인 크리톤이 찾아와 "당신은 부당하게 사형되는 것입니다."라고 말하면서 탈출을 권유했지만, 그는 오히려 "그러면 당신은 내가 정당하게 사형되기를 원하는가?"하고 반문을 했다. 그는 눈을 감는 순간에 제자들에게 자신이 꾼 닭 한 마리를 갚아주기를 당부했다.

여기서 한 가지 짚고 넘어가야 할 사실이 있다. 소크라테스는 "악법도 법이다."라고 말하고 죽음을 맞이했다는 이야기가 있다. 그래서 이 말을 준법정신의 표상으로 널리 인용되곤 한다.

자신을 죄인으로 몰아가는 재판정에서 재판의 부당성을 강조하며 당당하게 행동했던 사람이 재판의 결과에 승복했다는 점은 수긍

하기 어렵다. 소크라테스는 "악법도 법이다."라는 말을 한 적이 없다. 재판의 과정과 감옥에서의 대화, 죽음에 이르는 과정을 기록한 플라톤의 '대화록' 어디에도 '악법도 법'이라고 말한 사실이 없다.

소크라테스는 조국의 법을 신성시했고, 부당한 재판에 대해 맹렬히 반대했고 자신을 변론했다. 그럼에도 소크라테스는 죽음을 택한 것은 재판에 승복했기 때문이 아니라 조국을 배반하는 것에 반대했기 때문이다. 소크라테스가 죽음의 위기에서 벗어나기 위해서는 탈옥을 하여 외국으로 달아나는 것 외에는 달리 방법이 없었던 것인데, 소크라테스는 조국을 등지지 않았기에 죽음을 받아들인 것이다.

소크라테스는 '안다는 것은 곧 그대로 행동하는 것'이라고 생각했다. 악을 행하는 것은 선을 모르기 때문이라고 믿었다. 그래서 그의 철학적 탐구는 단순한 진리가 아니라 절대적인 실천 윤리였으며, 그러한 만큼 제자들과 후대의 사람들에게 감동을 주는 것이다.

4
플라톤

Platon, B.C. 427~347
진리는 초월적인 이데아의
세계에 있다

20세기의 철학자 화이트헤드는 "플라톤 이후의 모든 서양 철학은 플라톤의 저술에 대한 각주에 지나지 않는다."라고 설파한 바 있다. 서양 철학에서 플라톤의 위치가 얼마나 절대적인지를 말해주는 대목이다.

플라톤은 소크라테스의 제자로 철학에 입문하여 그리스의 각종 철학을 섭렵한 뒤, 진리관에서부터 윤리 규범 및 정치의 영역에 이르기까지 하나의 거대한 철학 체계를 수립했다. 그의 사상은 2천 년이 훨씬 지난 오늘날까지 끊임없이 부활되어 오면서 서양 지적 유산의 중요한 밑거름이 되고 있다.

플라톤은 기원전 427년에 아테네에서 태어났다. 그가 태어난 때는 아테네와 스파르타 사이에 벌어졌던 펠로폰네소스 전쟁의 초기였으며, 청년기의 대부분을 이 전쟁의 와중에서 보냈다. 그의 조상은 아테네의 왕족이었고, 어머니의 집안 또한 정계에 몸을 담고 있었다. 그는 완벽한 귀족 출신으로서, 대개의 귀족들이 그러하듯이 그도 정치에 참여하려는 포부를 가지고 있었다. 그래서 어린 시절부터 그는 훌륭한 스승들 밑에서 다방면에 걸쳐 체계적인 교육을 받았는데, 특히 문학에서 빼어난 재능을 발휘했다.

그러나 정치 참여에 대한 어린 시절의 꿈은 청년이 되면서 사라지고 말았다. 청년 시절에 만난 소크라테스가 그의 운명을 돌려놓은 것인데, 특히 정치적 음모로 스승이 처형되자 아테네에서의 정치 참여에 대한 실낱같은 미련마저 깨끗이 던져버렸다.

플라톤이 소크라테스를 만난 것은 그의 나이 20세가 되었을 때 한 비극 경연대회에 참가하면서였다. 대회가 열리던 디오니소스 극장 앞에서는 노철학자 소크라테스가 여느 때와 마찬가지로 철학 강론을 펼치고 있었다. 플라톤은 우연히도 그 강론을 듣고 깊은 감화를 받았다. 그는 손에 든 비극 대본을 집어던지고 바로 소크라테스에게 달려가 스승이 되어줄 것을 간청했다. 그리고는 그 길로 철학에 입문하여 본격적으로 철학 수업에 들어갔다.

그가 철학 연구에 몰두한 지 8년이 지나서 스승 소크라테스가 처형당했다. 이에 플라톤은 엄청난 충격을 받고 소크라테스의 다른 제자들과 함께 메가라로 피신했다가 아테네를 떠나 주변 각국으로 유랑의 길을 떠났다. 이집트, 인도 등지를 방문하고 각지의 문물과 철학을 접하게 되었으며, 그리스의 식민지였던 이탈리아 남부의 시칠리아 섬에 오랜 기간 머물면서 피타고라스 학파의 철학을 알게 되었다. 이때 접한 다른 지역의 문물과 철학은 그의 독창적인 사상 형성에 커다란 자산이 되었다.

이렇게 유랑하던 도중 플라톤은 시라쿠사의 폭군인 디오니시우스 1세의 왕궁을 방문하게 되었다. 플라톤은 그를 철학적으로 설복시켜서 올바른 정치를 펴게 하려고 노력했지만 실패하고, 도리어 그의 노여움을 사서 노예로 팔렸다가 극적으로 자유를 되찾는 곡절을 겪었다. 이 시절 그는 디오니시우스 1세의 처남 디온을 만나 그를 제자로 삼는다.

플라톤은 유랑을 떠난 지 12년 만에 아테네로 돌아왔다. 때는 기원전 387년, 그의 나이 마흔이 되어서였다. 그는 곧 아테네의 자기 집 정원에 '아카데메이아(Academeia)'라고 하는 학교를 창설했다. 오늘날 학술기관의 대명사가 되고 있는 '아카데미'의 원조라 할 수 있는데, 이 이름은 그의 학교가 위치한 지역이 영웅 아카데무스와 관계가 있어 붙여진 것이다. 플라톤은 이곳에서 자신을 찾아온 제자들에게 학문을 강의하고 토론을 독려했다. 그가 가르친 과목은 산술학, 기하학, 천문학, 화성학 등이 주류를 이뤘다.

과목에서 알 수 있듯이 그는 철학에서 수학의 중요성을 강조했는데, 그것은 숫자를 중요시한 피타고라스 학파에게서 영향을 받은 것이다. 그래서 이 학교의 입구에는 '기하학을 모르는 자는 이 문을 들어올 수 없다.'라는 간판이 붙어 있었다고 한다. 플라톤의 이 학교는 그가 죽은 후에도 '플라톤의 아카데미'로 이름이 바뀌어 장장

9백 년 동안이나 이어져 가다가, 서기 529년에 그리스도교 교리에 어긋나는 그리스의 고전적 전통이 남아 있다는 이유로 로마의 유스티니아누스 황제에 의해 폐쇄되었다.

기원전 367년에 시라쿠사의 황제 디오니시우스 1세가 죽고 디오니시우스 2세가 뒤를 이었다. 이에 제자 디온이 플라톤에게 디오니시우스 2세를 철인 정치가로 교육시켜 달라고 요청하자, 그는 다시 그곳으로 건너갔다. 그러나 얼마 안 되어 디온은 반대파에 밀려 국외로 추방되었고, 플라톤 또한 연금되었다가 1년 만에 아테네로 돌아오고 말았다. 이후로도 몇 차례 디오니시우스 2세의 요청에 의해 그곳으로 가기는 했으나, 그가 펼치고 싶었던 철인 정치의 꿈은 끝내 실현시키지 못했다. 그는 만년에 아카데미의 활동에만 전념하다가 80세가 되어 세상을 떠났다.

플라톤의 저서들은 2천4백 년이나 지난 오늘날까지 거의 온전하게 전해져오고 있다. 그 수는 30여 편에 이르는데, 플라톤 사상을 집대성한 『국가』를 비롯해서 『변명』, 『크리톤』, 『향연』, 『파이돈』 등이 대표적인 저서들이다. 그의 저서들은 대화 형식으로 이루어져 있으며 저서의 대부분에 소크라테스가 등장한다. 작품 중에서 소크라테스가 하는 말은 스승이 직접 말했다기보다는 플라톤 자신의 견해를 스승의 이름을 빌려 진술한 것이다. 플라톤의 저작의 문제는 시(詩)와도 같이 유려해서 문학적으로도 높은 평가를 받고 있다.

모든 사물은 이데아를 본뜬 것이다

플라톤은 소크라테스와 마찬가지로 소피스트들을 혐오했다. 그들은 진리의 기준을 무시했으며, 이로써 도덕의 기초도 파괴했다고 생각했다. 그래서 플라톤은 자신의 많은 대화록 속에다 소피스트들을 등장시키고 그들의 논리를 공박했다. 이처럼 절대적인 진리를 찾는 것은 플라톤에게서 매우 중요한 일이었다.

그에게서 진리란 시간과 장소에 따라 변하는 것이 되어서는 안 되며, 항구불변한 것이어야 했다. 그런데 일상적인 지식이란 감각을 통해 습득된 것으로서 사람마다 차이가 있을 수 있고, 편견과 인습에 따라 달라질 수 있다. 그렇기 때문에 일상적인 지식을 그대로 인정할 수 없으며, 절대 불변의 것을 인식하도록 하여야 한다. 그러면 그 절대 불변의 것이란 어떤 것인가? 그것은 바로 '이데아'라고 플라톤은 말한다.

플라톤은 세계를 현상(現象)의 세계와 이데아(idea, 形相)의 세계로 구분한다. 그리고 현상의 세계는 이데아의 세계를 조잡하게 본뜬 것이라고 말한다. 현상의 세계는 감각적으로 경험하는 세계이며, 이데아의 세계는 초월해 있기 때문에 감각적으로는 파악되지 않는다. 플라톤은 이데아의 세계야말로 진정한 존재이며, 실재라고 말한다. 그리고 모든 사물에는 그에 대응하는 이데아가 있다고 한다.

가령 여기에 종이 위에 그려진 원이 하나가 있다고 하자. 그런데 이것은 수학에서 정의하는 엄밀한 의미에서의 원은 아니다. 원을 이루는 선은 결코 폭을 가져서는 안 되는데, 아무리 가늘게 선을 그린다 해도 그것은 폭을 가지게 마련이다. 또 원은 중심에서 완전히 같은 거리에 있는 선으로 이루어지나, 이것 역시 그렇게 완벽하

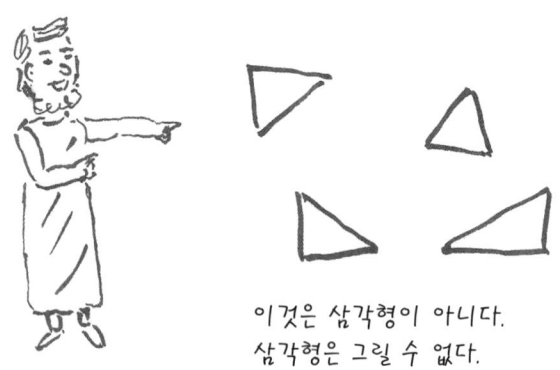

이것은 삼각형이 아니다.
삼각형은 그릴 수 없다.

게 그린다는 것은 불가능하다. 그럼에도 불구하고 우리는 원에 대한 개념을 가지고 있는데, 그것이 바로 원의 이데아인 것이다. 완벽한 원을 못 그린다 해도 그것을 원이라고 생각하는 것은, 원에 대한 개념을 가지고 있기 때문이며, 그 개념은 감각적으로 확인될 수 있는 것이 아니다.

삼각형의 경우에 있어서도 같은 방식의 설명을 할 수 있다. 여러 가지 삼각형이 있으나 삼각형을 정의하는 개념, 가령 '3개의 선분으로 둘러싸인 도형'이라는 말로써 삼각형의 본질을 규정할 수 있다. 바로 이와 같이 삼각형을 정의할 수 있는 개념이, 수많은 삼각형들에 대해서 그것들이 삼각형이라고 부를 수 있는 근거가 되는 것이다. 즉 삼각형에 대해서는 삼각형의 이데아가 있다고 플라톤은 생각한 것이다.

이처럼 플라톤은 모든 사물이나 모든 가치 규범에 대해서 각각에 대한 이데아가 있다고 보았다. 책상은 책상에 대한 이데아가, 인간은 인간에 대한 이데아가 있으며, 아름다움, 착함 등에 대해서도 각각 대응하는 이데아가 있는 것이다. 옳다거나 정의롭다거나 하는 것은 상황에 따라 달라질 수 있는 것이 아니며, 언제 어디서나 항구적으로 통용되는 하나의 정의(定義)만이 있을 뿐이다.

이데아를 인식하기 위해서는 동굴에서 벗어나야 한다

플라톤은 그의 이데아론을 동굴의 비유를 통해 설명한다. 이 비유에 의하면 보통 사람들은 태어나면서부터 동굴 속에 갇힌 죄수들처럼 살아간다. 그 죄수들은 동굴 입구의 맞은편 벽면만을 바라보도록 묶인 채 살아가고 있다. 그들이 볼 수 있는 것이란 동굴 밖의 빛에 의해 만들어진 그림자뿐이다. 죄수들은 그림자밖에 보지 못했기 때문에 그림자가 진정한 실체라고 생각한다. 그러나 이들이 만일 바깥세상을 볼 수 있다면, 그들은 지금까지 보아온 것과는 전혀 다른 세상을 보게 될 것이다. 그러나 동굴 속에서만 생활한 이들이 동굴 밖을 볼 때, 처음에는 빛이 너무나 밝아서 제대로 볼 수 없을 것이고 고통스럽기까지 할 것이다. 그렇지만 점차 시간이 지나면서 그 죄수들은 바깥세상의 모습을 알면서 지금까지 보아온 동굴 속의 그림자가 더 이상 실체가 아니라는 것을 깨닫게 될 것이다. 바로 여기에서 그림자는 현상이며, 동굴 밖의 실체가 이데아에 해당한다고 플라톤은 설명한다.

플라톤은 또 사물의 실체를 보기 위해서는 동굴 밖으로 나와야 하듯이 이데아를 보려면 영혼이 육신의 감옥에서 벗어나야 한다고

동굴에 묶여 벽면만을 바라보는 죄수들은 그림자가 실체라고 여긴다

말한다. 육신을 통한 인식은 감각을 통해 들어오기 때문에 믿을 수가 없으며, 오직 육신을 초월한 영혼만이 그의 예지를 통해서 이데아를 바라볼 수 있다고 한다.

그런데 모든 사물에 대응하는 이데아들 가운데서도 최고의 이데아가 있다고 플라톤은 말한다. 그 최고의 이데아는 '선(善)의 이데아(Idea of the Good)'라고 하는 것인데, 달리 말하자면 '이데아의 이데아'라고 할 수 있다. 따라서 '선의 이데아'는 모든 실재의 원천이며, 가장 궁극적인 실재이다.

플라톤의 네 가지 윤리 덕목

"진정한 철학의 의의는 일체의 공적 내지는 사적 생활에서 요구되는 정의를 우러러볼 줄 아는 식견을 키워주는 것이다. 그리고 국가의 통치권은 공정하고도 진실한 철학자가 장악하든가, 아니면 권

력자가 신의 계시를 받아서 참다운 철학자가 되든가 해야 한다. 그
렇게 되지 않는다면 인류의 불행은 결코 끊이지 않을 것이다."

　이것은 소크라테스가 사형되고 나서 플라톤이 쓴 한 서간문의
일부인데, 철학을 실천적인 관점에서 바라보고 있는 그의 철학관을
잘 보여준다. 이 인용에서는 통치자의 자격도 함께 강조하고 있는
데, 그 기본이 되는 것은 윤리이다. 윤리학은 플라톤이 철학에서 가
장 많은 관심을 기울인 분야로서, 그의 이데아론도 도덕의 근거를
마련하기 위해 탐구된 것이다.

　플라톤은 한 개인이 자신의 삶을 이상적으로 실현하기 위해서
는 세 가지의 덕목이 두루 갖추어져야 한다고 말한다. 지혜와 용기
와 절제가 그것이다. 지혜란 이성에 따라 분별하고 행위하도록 하
는 덕목이며, 용기는 용감하게 행동하도록 하는 덕목이고, 절제는
감각적인 욕망을 억제하도록 하는 덕목이다. 이러한 덕목들 외에
하나의 덕목이 더 있는데, 앞의 세 가지 덕목이 조화를 이룬 것으로
서 정의이다. 그런데 정의의 덕목은 한 개인 안에서 구현되는 것이
아니라 사회 전체 속에서 발현되는 것으로서, 곧 이상 국가 안에서
찾을 수 있다. 이 네 가지 덕목을 가리켜 '플라톤의 4주덕(主德)'이
라고 하는데, 서양의 윤리사상에서 가장 기본적인 덕목으로 전해져
오고 있다.

　그런데 한 개인의 참된 삶이란 결국 이데아를 추구하면서 살아
가는 삶이다. 그는 아는 것과 행동하는 것을 분리된 것으로 이해하
지 않는다. 그렇기 때문에 플라톤은 지적인 수련을 충분히 쌓으면
곧 착한 것을 알 수 있다고 생각했다. 이성의 활동을 통해 이데아를

인식할 수 있고, 이데아란 궁극적으로 선한 것이라고 생각했기 때문이다.

철인이 다스리는 플라톤의 이상 국가론

플라톤은 인간의 윤리관을 바탕으로 이상적인 국가의 모형을 제시했다. 국가는 하늘을 배경으로 확대된 하나의 인간이나 다름이 없다고 보았기 때문이다. 그에 따르면 개개의 인간에게 욕망, 의지, 이성 등이 주어져 있듯이 국가생활에도 양식과 생업, 외부에 대한 방어, 이성을 통한 계도 등 세 가지 기능이 필요하다고 주장했다. 이러한 역할을 담당하기 위해 국가는 생산자, 전사, 지배자의 세 계급으로 이루어진다.

이러한 기능을 담당할 사람들은 계급사회에서처럼 태어날 때부터 정해져 있는 것은 아니며, 국가가 선발하도록 한다. 그렇다면 이러한 기능을 담당할 사람들을 어떻게 선발할 것인가? 이에 대해 플라톤은 교육의 중요성을 강조하고 다음과 같은 과정을 제시하고 있다.

국가는 모든 아이에게 그의 부모가 출신성분에 관계없이 균등한 교육의 기회를 준다. 유년기에는 체육과 음악 교육이 중요한데, 이러한 교육은 용기와 인내심, 온후하고 유연한 품성을 기르는 데 도움을 준다. 그리고 점차 계산법, 수학, 변증법 등의 교육을 쌓도록 한다. 이 교육은 20세까지 주어지며 선발시험을 거쳐 이후 10년간의 교육과정을 밟게 한다. 이 교육과정 후 마찬가지로 선발시험을 치러서 다시 5년간의 교육과정을 거치는데, 이때는 철학을 중심으로 한 지적 훈련과정을 밟도록 한다. 이러한 교육과정을 거치면 35세가 되는데, 이들은 이상적인 교육과정상으로는 가장 잘 훈련되었지만 현실생활에서는 아직 경험이 부족하고 생존경쟁에서도 뒤처지므로 냉혹한 현실 속에서 단련될 필요가 있다. 현실세계에서의 훈련은 15년이 필요하다.

결국 이 모든 과정을 거치면 50세가 되는데, 이때에야 비로소 이론과 실천 모든 면에서 가장 완전한 사람으로서, 나라를 이끌어 갈 지도자의 자격이 주어질 수 있다. 이렇게 해서 길러진 지도자야말로 플라톤이 꿈꾸는 철인(哲人) 정치가이며 제왕 철학자라고 할 만한 사람이었다.

플라톤이 제시하는 윤리관과 국가론은 하나의 이상적인 모습을 추구하면서 빈틈없이 짜여져 있다. 그 까닭은 플라톤은 진리란 변화하는 것이 아니라 이데아의 형태로 주어져 있는 것이고, 그 이데아는 궁극적으로 '선의 이데아'라고 하는 하나의 개념으로부터 출발하고 있기 때문에 진리의 세계에서부터 개인과 국가의 삶에 이르기까지 하나의 완결된 체계를 갖출 수밖에 없다고 본 것이다.

이처럼 플라톤 철학의 특징은 진리의 인식에서부터 윤리와 국가론에 이르기까지 하나의 거대한 완결체계를 띠고 있다는 점이다. 그리고 그는 경험적인 현실세계를 뛰어넘는 초월적인 이데아만이 진정한 존재라고 주장함으로써 '관념론(觀念論)' 철학의 선구적인 역할을 했다.

5
아리스토텔레스

Aristoteles, B.C.384~322

현실에서 철학을 탐구한다

아리스토텔레스는 플라톤의 가장 위대한 제자이자 플라톤의 사상을 극복하고 자신만의 독자적인 철학을 수립한 철학자이다. 또한 당대의 모든 학문을 섭렵하고 여러 학문의 기초를 마련하여 학문의 발전에 지대한 공헌을 한 대학자이다.

그는 그리스 철학을 집대성하고 새로운 철학을 정립했다. 그가 수립한 독창적인 철학은 플라톤과 양립하는 또 하나의 사상적 흐름을 형성해 오늘날까지 서양 철학의 두 개의 산맥 중 하나로 이어져 오고 있다.

아리스토텔레스는 기원전 384년에 오늘날 그리스 북부인 트라

키아의 스타게이로스에서 마케도니아 왕 주치의의 아들로 태어났다. 그는 소크라테스나 플라톤이 아테네 태생인 것과는 달리 외지인인 셈이다.

어려서 그는 아버지를 따라 의술을 이어받기 위해 수업했다. 의학과 밀접한 생물학에 일찍이 관심을 가졌으며, 사물을 관찰하는 습관을 길러서 살아있는 지식을 스스로 얻어나갔다. 10세 무렵에 양친이 세상을 떠나면서 그의 관심 분야는 의학에 한정되지 않고 다양한 세계로 넓혀졌다.

아리스토텔레스가 본격적으로 철학자의 길로 들어선 계기는 17세에 플라톤이 세운 '아카데메이아'에 들어가면서부터이다. 그는 플라톤이 세상을 떠날 때까지 20년 동안 그의 밑에서 공부했다. 그는 학문에 뜻을 두어 끝임없이 독서에 열중했으며, 많은 책을 모아 도서관을 만들었고 도서분류법도 창안했다. 정진에 정진을 거듭하여 그는 플라톤의 철학을 완전히 이해했고, 나아가 자신의 독창적인 철학을 발전시켜 나중에는 스승의 철학을 반박하고 사상적으로 대립하게 되었다.

기원전 347년에 플라톤이 죽자 그는 플라톤의 아카데메이아를 떠나 소아시아와 레스보스 섬으로 가서 5년을 보냈다. 소아시아의 아소스라는 도시에 가서는 그 도시의 군주 헤르미아스의 조카딸 푸티아스와 결혼했고, 그곳에서 해양 생물에 대해 연구했다. 그리고 기원전 343년에 마케도니아 왕 필립포스의 초빙으로 왕자 알렉산더의 개인교수가 되었다. 그의 개인교수 활동은 알렉산더가 정치에 나설 때까지 3년 가량 계속되었다.

기원전 335년에 아리스토텔레스는 아테네로 돌아와 '리케이온 (Lyceum)'이라는 사설 학교를 창설하여 12년간 운영했다. 여기서 그는 폭넓은 연구와 교육 활동을 했다. 또 그는 이곳에 거대한 개인 도서관을 설치했고, 박물관도 만들어 당시 세계 도처의 각종 동물과 식물을 모아두었다. 이 박물관에 들어간 각종 표본들은 알렉산더 대왕의 도움에 힘입은 것인데, 덕분에 그는 생물학 분야에 상당한 식견을 쌓을 수 있었다. 그는 동물들을 비교하여 고등동물에서 하등동물까지 이어지는 동물의 계통수를 만들었다. 최고의 고등동물은 사람이며, 동물 밑에는 식물이 있고 그 아래는 돌이나 흙이 있다고 했다.

기원전 323년 알렉산더가 죽자 아테네 사람들은 마케도니아의 통치에 반기를 들었다. 이에 알렉산더의 개인교수였던 아리스토텔레스는 마케도니아의 협조자로 몰리게 되었고, 무신론자라는 멍에까지 뒤집어썼다. 그는 신변의 위협을 느끼고 칼키스로 도피했다. 아테네를 떠날 때 그는 "아테네 시민들이 철학에 대해 두 번씩이나 죄를 범하는 것을 용납할 수 없기 때문에 이곳을 떠난다."는 말을 했다. 아테네 시민들이 소크라테스를 무고하게 죽인 것을 상기시키기 위해서였다. 그는 도피 이듬해인 기원전 322년에 62세의 나이로 세상을 떠났다.

아리스토텔레스는 '만학의 왕'이라고 불릴 만큼 다방면에 걸쳐 많은 업적을 남겼고, 학문적 성과는 방대한 저서를 통해 오늘날까지 전해지고 있다. 그의 저서들은 철학뿐만 아니라 물리학, 천문학, 해부학, 생리학, 형이상학, 논리학, 윤리학, 정치학, 수사학, 예술론,

심리학, 박물학 등 모든 학문을 총망라했다. 대표적인 저작으로는 『물리학』, 『형이상학』, 『논리학』, 『니코마코스 윤리학』 등이 있다.

형식논리학의 창시자

아리스토텔레스는 형식논리학의 창시자로서 '논리학의 아버지'라 불린다. 논리적 사고라는 것은 물론 이전에도 있었으나 모든 개념을 총괄하여 학문으로 체계화한 사람이 그였기 때문이다. 또 그는 형식논리학의 주요한 개념을 정리했는데, 아리스토텔레스 이후 근세에 이르기까지 이 분야에서 더 이상 특별히 진전된 내용이 없을 정도로 그의 업적은 출중한 것이었다.

그가 논리학에 남다른 노력을 기울인 것은 철학을 논하기 위해서는 마땅한 방법적인 도구가 있어야 한다고 생각했기 때문이다. 이것은 마치 플라톤이 수학을 철학의 도구로 삼은 것과 같은 이치이다.

아리스토텔레스의 논리학에서 그가 특히 관심을 기울인 것은 추리를 통한 논증이다. 그 과정은 개념과 개념이 결합하여 판단을 이루고, 판단은 또한 다른 판단과 결합하여 추리를 한다. 이렇게 추리된 것들이 모여 결합될 때 일련의 논증이 이루어지게 되는 것이다.

추리의 대표적인 방법은 삼단논법이다. 이 삼단논법은 그의 『오르가논(Organon)』이라는 저서에 기술되어 있다. '오르가논'이란 '기관(機關)' 또는 '연장'이라는 의미를 가지는데, 결국 '사고의 연장 내지 도구'를 뜻하는 것이다. 다음의 예 역시 이 책에 나와 있는 것으로서, 삼단논법의 대표적인 예로 널리 인용되고 있다.

모든 사람은 죽는다. (대전제)
소크라테스는 사람이다. (소전제)
따라서 소크라테스는 죽는다. (결론)

여기서 대전제와 소전제가 참이면 결론 역시 참이다. 그런데 삼단논법이 성립하기 위해서는 두 전제가 단순히 나열되어 있는 것만으로는 안 되며, 반드시 일정한 관계에 놓여 있어야 한다. 즉, 소전제의 술어에 해당하는 '사람'은 대전제의 주어인 '모든 사람'에 포괄되어야 하는 것이다.

삼단논법은 논리학에서 연역법의 하나이다. 아리스토텔레스는 삼단논법을 포함하여 연역적 추리를 강조했다. 그러나 연역법은 추리 과정을 통해 결론의 참을 분별하는 데는 훌륭한 역할을 하지만, 새로운 지식을 습득하는 데에는 한계가 있다. 그래서 아리스토텔레스는 연역법과는 상반된 방법이라 할 수 있는 귀납법 또한 필요하다고 말했다. 귀납법은 개개의 사례를 수집하여 일반적인 지식을 도출하는 방법이다.

개체는 질료와 형상이 결합된 것이다

아리스토텔레스는 사물의 근원적인 존재로서의 제1원인을 찾는 학문을 그의 저서 『형이상학』에서 다루었다. '형이상학(形而上學)'이란 오늘날 철학의 한 분야로 다루어지는데, 영어로는 '메타피직스(Metaphysics)'라고 한다. 그런데 'Metaphysics'라는 단어의 어원은 오늘날의 '형이상학'과는 거리가 있다. 이에 대해서는 하나의 에피소드가 전해져 오고 있다.

아리스토텔레스가 세상을 떠나고 200년쯤이 지난 기원전 1세기 말엽에 리케이온의 마지막 책임자인 로도스의 안드로니코스가 아리스토텔레스의 저작을 정리하던 중에 제목이 없는 책을 발견하고, 이 책을 자연학의 다음에 놓기로 했다. 그리고 자연학(physics, 오늘날은 물리학으로 한정되어 지칭)의 뒤에(meta) 놓는다고 해서 이 책에 'Metaphysica'라는 이름을 붙였는데, 이것이 바로 『형이상학』이라는 책이다. 이 용어는 이렇게 생겨났으나 아리스토텔레스 이후 '메타'라는 말은 '초월한다'는 뜻으로도 사용되면서, 오늘날 '형이상학'이라고 할 때에는 자연계를 초월한 것에 대한 학문을 가리키는 것으로 널리 쓰이게 되었다.

아리스토텔레스는 개체를 질료(質料, hylē)와 형상(形相, eidos)이 결합된 것으로 설명한다. 질료란 곧 재료에 해당하며, 형상은 그 질료에게 주어질 형태에 해당한다. 대리석으로 만든 조각의 경우 대리석은 질료이며, 조각의 형태는 형상이다. 사람에게 있어 육체가 질료라면 생명과 정신은 형상이다. 그런가 하면 질료와 형상은 상대적인 것이어서, 나무가 '나무'로서 있을 때에는 형상이지만 건축물의 재료로 쓰일 때에는 질료가 된다.

이처럼 질료와 형상은 홀로 떨어져 있는 것이 아니라 항상 더불어서 하나의 개체를 구성한다. 그리고 질료와 형상은 가능성과 현실성의 관계이며, 또 잠재적인 것과 실현된 것의 관계이다. 그리고 이 둘의 관계는 불완전과 완전의 관계가 되기도 한다. 아리스토텔레스는 이 세상에서 가장 완전한 것은 신이라고 생각했기 때문에 가장 순수한 형상은 바로 신이라고 말했다.

그렇다면 질료와 형상 사이에는 단계가 있다고 볼 수 있고, 그 단계 사이에는 발전과정을 생각할 수 있다. 아리스토텔레스는 가능성에서 현실성으로 변하는 데에는 필연적으로 '운동'이 있다고 보았고, 운동을 일으키게 하는 원인, 즉 '작용인'이 개체 속에 있다고 주장했다. 그리고 운동은 막연히 진행되는 것이 아니라 어떠한 목적을 향해 운동한다는 의미에서 역시 '목적인'이 개체 속에는 있다고 주장했다.

아리스토텔레스는 이상에서 살펴본 것처럼 각 개체에는 질료와 형상, 그리고 작용인과 목적인 등 모두 네 가지가 있다고 하고, 이

조각의 재료인 대리석은 질료이고
비너스의 이미지는 형상이다

네 가지를 가리켜 '4원인'이라고 말한다. 아리스토텔레스는 이 네 가지의 관계를 이렇게 말했다. 집을 지을 때 건축 재료는 질료, 설계도는 형상, 건축가와 그의 기술은 작용이 되며, 그리고 완성된 건물은 목적에 해당된다.

아리스토텔레스의 형이상학은 플라톤과는 대조적이다. 즉, 플라톤은 개개의 사물 외부에 이데아가 존재한다고 보고 각 사물은 이데아를 본뜬다고 했지만, 아리스토텔레스에게 있어서는 각 사물에 내재하는 동력과 목적이 그 사물의 현실성을 갖게 하는 인자라고 본 것이다. 결국 아리스토텔레스의 입장에서는 플라톤이 말하는 이데아란 사물 속에 내재하는 것이다.

사물에 대한 관심을 초월에서 현실로 끌어내린 것은 그의 자연과학에 대한 관심을 반영한 것이라 할 수 있다. 개체 속에 목적인이 있다고 본 것은 나중에 중세 그리스도교에서 철학적인 무기가 되었다. 즉, 신의 존재를 증명함에 있어서 최고의 목적으로서 신을 설명하기 위해 그의 목적론이 활용된 것이다.

행복이란 각자의 기능을 잘 수행하는 것이다

아리스토텔레스의 윤리사상은 대저 『니코마코스 윤리학』에서 탐구되었다. 책 제목이 '윤리학'이 아니라 '니코마코스'가 붙은 이유는 아리스토텔레스의 윤리학은 이 책 외에도 유사한 윤리학이 별도로 있기 때문에 이를 구별하기 위해 '니코마코스 윤리학'이라고 한다. 여기서 니코마코스는 특별한 의미는 없고 아들 이름이 니코마

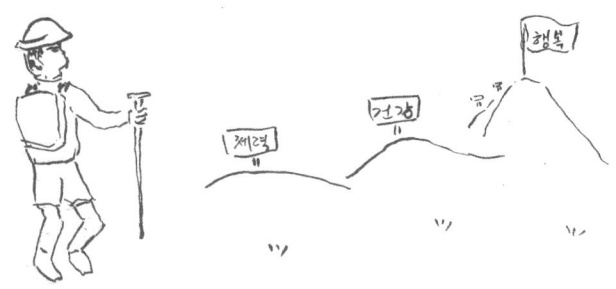

모든 행동에는 목적이 있고 궁극적으로는 행복을 지향한다

코스여서, '니코마코스가 정리한 윤리학' 또는 '아들 니코마코스에게 들려주는 윤리학' 등 여러 가지 해석이 있다.

아리스토텔레스의 윤리학은 그의 형이상학의 논리에 맞추어 전개되고 있다. 그는 모든 사물에는 그것을 수단으로 하는 목적이 있듯이 모든 행동에도 목적이 있다고 말한다.

가령 등산을 한다고 하자. 등산을 하는 것은 체력을 단련하기 위한 것이며, 체력을 단련하는 것은 건강해지기 위해서이다. 체력 단련은 등산의 목적이며, 건강은 체력 단련의 목적이다. 각 행동에서 목적이란 그 행동이 추구하는 선(善)이다.

그런데 건강이란 그 자체로서 끝나는 것이 아니라, 또 다른 목적 또는 선을 위한 것이다. 이렇게 계속 논리를 전개해 나가다 보면 가장 궁극적인 목적 내지는 최고선을 상상할 수 있다. 아리스토텔레스는 그 궁극 목적 또는 최고선을 가리켜 '행복'이라고 말한다.

그러면 인간이라면 모름지기 추구해야 하는 행복이란 무엇인가? 아리스토텔레스는 쾌락, 명예, 덕, 재산 또는 플라톤이 말하는 '선의 이데아' 등은 행복이 아니라고 말한다. 그는 행복이란 '잘 한다'는 뜻으로 해석한다. 즉, 각 사물에는 고유한 목적이 있듯이, 각자의 기능을 잘 수행하는 것이 행복을 실현하는 것이라 말한다.

인간에게는 세 가지 기능이 있는데, 영양과 생식, 감각과 욕구, 이성과 사유의 기능이다. 그 가운데 영양과 생식, 감각과 욕구는 식물이나 동물에게도 있는 것이므로 이러한 기능은 인간을 인간답게 하는 것이 아니며, 오직 이성과 사유의 기능을 잘 발휘하는 것만이 인간을 참으로 인간답게 하고 행복하게 하는 것이다.

인간의 이성을 잘 발휘하는 것은 갑작스레 되는 것이 아니므로 꾸준히 그렇게 하도록 하는 습성이 필요하다. 그 습성을 아리스토텔레스는 덕(德)이라 했는데, 덕은 그 자체로서 행복은 아니지만 행복을 위한 바탕이 된다.

그는 덕을 두 가지로 분류했다. 이성의 인식과 계획에 따라 올바른 길을 택하도록 하는 것을 '실천의 덕'이라 했고, 사물의 이치를 인식하고 항상 올바른 행동을 계획하도록 하는 것을 '이론의 덕'이라고 했다.

실천의 덕은 다시 말하면 어느 한쪽에 치우치지 않는 중용이다. 사람이란 지나치거나 모자라거나 둘 중 한 극단으로 가기 쉽지만, 이성의 능력으로 중용을 이룰 수 있다. 용기란 비겁과 만용의 중용이고, 절제는 방종과 무위의 중용이며, 긍지는 오만과 비굴의 중용이다.

한편 실천의 덕은 이론의 덕에 따르므로 이론의 덕이 보다 우위에 있다고 할 수 있는데, 이론의 덕에서 가장 존귀한 것은 철학적 진리를 파악하는 것이다. 아리스토텔레스는 이러한 진리를 터득하는 일이야말로 가장 큰 행복이 된다고 말한다.

정치사상 측면에서 아리스토텔레스는 인간의 행복이란 사회나 국가 속에서 구현된다고 말하면서 공동체의 의의를 강조한다. 그는 "인간은 폴리스적 동물이다."라고 말했는데, 이 말은 인간은 사회적·정치적 동물이라는 뜻으로 널리 인용되고 있다.

국가의 역할을 강조한 점에서는 플라톤과 유사하지만, 개인이나 가족을 국가에 다 바쳐야 한다는 플라톤과 달리 아리스토텔레스는 가족의 의미를 적극적으로 부여했다. 아리스토텔레스의 국가란 인간의 단순한 집합체가 아니라 가족과 같은 소단위의 공동체가 모여서 이루어진 것이다.

그는 국가의 형태를 통치자의 수에 따라 구분했다. 한 사람이 통치하는 군주제, 소수가 지배하는 귀족제, 다수가 지배하는 민주제가 있다. 이러한 체제들은 잘못될 경우 군주제는 폭군제로, 귀족제는 과두제로, 민주제는 천민제로 된다. 그는 세 가지 중에서 바람직한 것으로 양극단을 배제한 귀족제를 꼽았다. 한편 그는 노예제를 당연한 것으로 인정하여 종종 비판을 받곤 한다. 그로서는 신분상의 구분과 차별은 당연한 것이며, 각 계급은 자기의 본분을 다함으로써 덕을 발현하여 행복해질 수 있다고 보았다.

아리스토텔레스 철학의 특징과 유산

고대에는 철학자라고 하면 분야를 막론하고 대개 해박한 지식을 지녔지만, 아리스토텔레스만큼 방대하게 지적 활동을 한 철학자도 없었다. 그의 관심 분야는 미치지 않은 곳이 없을만큼 워낙 방대하기 때문에 그의 사상을 가지런하게 정리한다는 것은 쉬운 일이 아니다. 그래서 그의 사상을 무리하게 압축해서 설명하기보기는 플라톤과 곧잘 비교해서 말하곤 한다. 서양 고대 철학에서 차지하는 두 철학자의 위상이 워낙 큰 데다가, 뚜렷하게 상반된 성향을 보이기 때문이다.

먼저, 플라톤이 불변하는 것들에 대한 심원한 사색에 몰두했다면, 아리스토텔레스는 변화하는 세계에 대한 경험적 탐구를 했다는 점을 지적할 수 있다. 또한 플라톤의 철학이 관념적이라면 아리스토텔레스의 철학은 현실적이고 자연주의적이라고 할 수 있다. 철학적 태도에서 플라톤은 기하학과 수학을 중요시한 반면 아리스토텔레스에게서는 경험과학의 여러 분야가 학문으로서 성립하고 있는 점도 두 철학자의 차이점이다. 이와 같이 대조적인 철학적 성향은 비단 두 사람만의 차이로 머무르는 것이 아니라, 오늘날에 이르기까지 서양 철학에서 대조적인 두 흐름으로 정형화되어 이어져 오고 있다.

아리스토텔레스가 죽으면서 그리스 철학은 끝이 난다. 역사의 무대도 그리스에서 헬레니즘 시대로 넘어가고 문화적 중심지도 동방으로 건너간다. 그리스 철학의 종말과 함께 아리스토텔레스의 업적은 몇몇 후계자들에 의해 이어지지만, 그들은 대스승의 사상을 이해하는 정도에 머물렀다.

　헬레니즘 시대와 로마 시대는 사실상 그리스 철학의 단절기였다. 대신 그리스 철학은 아랍 세계로 전파되면서 그곳에서 진지하게 연구가 진행되었다. 중세에 들어 아리스토텔레스의 철학은 다시 부활하고 스콜라 철학자들은 그의 철학을 적절히 활용했는데, 그들이 아리스토텔레스 철학을 전수받을 수 있었던 곳도 다름 아닌 아랍 세계였다. 중세 시대에 아리스토텔레스 철학은 아퀴나스의 창조적인 종합에 힘입어 절대적인 권위를 인정받기도 했지만, 플라톤 사상에 젖어 있던 신학자들로부터는 금기의 대상이 되기도 했다.

2
서양의 중세 철학

아우구스티누스

아퀴나스

알렉산더의 동방원정

로마 알렉산더 대왕의 동방 원정으로 그리스는 로마의 영토가 되었다. 그 결과 그리스의 철학은 종말을 고하고 새로운 헬레니즘 문화가 싹텄다. 헬레니즘 문화는 로마의 독창적인 문화가 아니라 고대 그리스의 문화를 흡수하여 발전시킨 것인데, 철학에서는 고대 그리스와 단절을 초래했다.

헬레니즘 시대에는 도덕과 행복의 문제를 다루는 처세론이 사상의 주류를 이루었다. 대표적인 철학적 입장으로는 금욕주의를 강조하는 '스토아 학파'와, 정신적 평정을 통해 행복을 추구하는 '에피쿠로스 학파' 등이 있었다.

서양에서 중세는 '그리스도교의 시대'라고 할 만큼 그리스도교의 융성과 함께 중세의 사상은 새롭게 시작한다. 바로 헤브라이즘이다. 중세 시대의 철학은 어디까지나 신앙을 위해 기능할 뿐이며, 신을 중심에 두지 않는 인간의 사고란 무의미한 것이었다. 그래서 근대적인 시각에서 볼 때 중세 시대의 철학은 암흑과도 같은 것이었는데, 이 사조는 사상사에서 무려 천 년을 지배했다.

그러나 중세 시대라고 해서 철학이 완전히 숨을 죽이고 있었던

에피쿠로스

것은 아니었다. 아리스토텔레스는 "모든 인간은 천성적으로 알고 싶어한다."고 말한 바 있다. 그렇듯 신앙을 최고의 지위로 떠받든다 할지라도 인간의 지적 욕구는 철학적 사유방식을 어쩔 수 없이 빌리게 했다. 그래서 그리스인들이 남긴 철학의 유산은 점차 되살아나서 그 맥을 이어갔다. 이제 중세의 세계관을 형성한 그리스도교의 등장과 사상적 발전과정을 살펴보기로 하자.

그리스도교의 출현과 확산

예수로부터 시작된 그리스도교는 유대교에 뿌리를 두고 있다. 유대교는 기원전 6세기경에 바빌론 유수 이후 예루살렘 지역을 중심으로 이스라엘의 민족종교로 발전한 것이다. 유대교에서는 인격신인 '야훼'를 섬기며, 그 신의 뜻은 모세의 율법에 담겨져 있다고 믿는다. 그리고 구세주가 이 세상에 오는 날 유대인들은 구원을 받을 것이라고 믿는다.

예수는 유대인들이 로마의 지배로부터 해방을 갈구하던 때에 나타났다. 그는 민중들 사이에서 구세주로 떠받들어지면서 많은 추

예수

종자들을 거느렸다. 그는 기존의 유대교가 가지고 있던 편협한 율법주의와 배타적인 종족주의를 배격했는데, 이로 인해 유대교 사제들로부터 미움을 받고 처형되었다. 예수 자신은 새로운 종교를 선포하지는 않았으나, 죄 지은 모든 이들에 대한 사랑과 구원을 설파한 그의 언행은 분명히 새로운 종교사상을 보여주고 있었다.

본격적인 그리스도교는 예수를 구세주로 믿고, 그의 죽음 이후 부활을 믿는 제자들에 의해 시작되었다. 제자들은 예수의 언행을 토대로 복음서를 작성하여 그리스도교의 사상적 골격을 마련했다. 그리고 그들은 죽음을 불사한 전도활동을 펼침으로써, 그리스도교는 로마의 통치에서 신음하던 속주민과 노예 등 하층민을 중심으로 급속히 전파되었다.

그러나 그리스도교는 곧 박해를 받기 시작했다. 구세주 예수가 유대 민족신의 아들이라는 믿음은 로마인들에게 강한 거부감을 불러일으켰고, 그리스도교의 만인 평등사상은 지배자들을 불안하게 만들기에 충분했다. 박해의 명분은 로마 황제를 신으로 섬기지 않는다는 것이었다. 네로 황제 시대에 본격적으로 시작된 박해는 디

콘스탄티누스

오클레티아누스 황제 때 그 절정에 달했다. 그렇지만 이러한 박해에도 불구하고 그리스도교도들은 많은 순교자를 내면서 지하 묘소로 숨어들어서 그들의 신앙을 지켜나갔고, 신도들은 급기야 군대와 고관 등 상류사회에까지 확산되었다.

이제 로마제국으로서는 더 이상 그리스도교를 적으로 간주해서는 체제의 유지가 어렵다고 판단하기에 이르렀다. 313년에 마침내 콘스탄티누스 황제는 밀라노 칙령을 공포하고 그리스도교를 인정했고, 392년에는 테오도시우스 황제가 그리스도교를 로마의 국교로 정했다. 그리고 그리스와 로마의 다른 종교는 금지되었다.

이단 사상과 그리스도교의 투쟁

당시의 수많은 종교들 가운데 그리스도교가 다른 종교들을 제치고 세계적인 종교로 발돋움할 수 있었던 것은, 교리의 전 인류적인 보편적 성격 때문이라고 할 수 있다. 그런 만큼 그리스도교는 교리에서 많은 발전을 거듭했다.

초기에 그리스도교의 교리 확립에 큰 업적을 남긴 사람은 제자

그노시스주의의 우주론

바울이었다. 바울은 인간에게는 피할 수 없는 '죄'의 굴레가 있음을 설파하고, 그 죄는 하느님의 '은총'에 의해 사죄될 수 있다는 것을 강조했다. 그리고 그 사죄는 인간을 영적인 존재로 바꿈으로써 가능한데, '복음'은 바로 이러한 역할을 한다. 그래서 바울은 특정한 사람들에 대한 구원이 아닌 만인의 구원을 위해 복음을 전파했다.

로마제국의 전성기가 퇴조할 무렵, 동방으로부터 여러 가지 신비주의 사상들이 흘러들었다. 이 신비주의 사상들은 그리스도교와 어우러지면서 종교의 형태를 띠고 세력을 확장해 갔다. 상황이 이렇게 되자 그리스도교는 이러한 이단 사상과 투쟁하지 않을 수 없게 되었다.

당시 초기의 최대 이단 사상은 그노시스주의였다. '그노시스(gnosis)'란 그리스어로 '지식'이라는 뜻을 가지고 있지만, 사상으로서의 그노시스주의는 신과의 합일을 지향하는 일종의 신비주의이며, 또한 그 자체가 종교였다. 그노시스주의에서는 유대교에서 말하는 이 세상의 창조자인 야훼와, 야훼의 뜻을 가르친 모세와의 관계는 인정하지만, 유대교에는 없는 보다 상급의 신으로서 '예지의

테르툴리아누스

신'이 있다고 말한다. 그리고 야훼는 '예지의 신'을 반역한 하급의 신이며, 물질세계를 관장한다고 본다. 그런데 '예지의 신'은 오랫동안 야훼를 그대로 방치해 두었으나, 계속해서 모세가 구약 성서의 뜻을 잘못 가르치자 그리스도를 보내어 세상을 구했다고 한다.

그노시스주의는 그리스도교의 교리에다가 그리스 신화의 요소, 오르페우스의 신비주의, 통속적인 플라톤 철학 등이 적당히 혼합되어 탄생한 것이다. 그런데 이 사상 속에는 그리스도교의 뿌리인 유대인의 민족종교에 대한 강한 거부감이 담겨져 있는데, 그 거부감을 그리스 철학의 요소를 가미함으로써 순화시켰다. 따라서 이러한 이단 사상은 그리스도교의 세계화의 과정에서 나타난 또 다른 산물이라고 할 수 있다.

그노시스주의의 출현은 교회에 상당한 충격파를 던졌다. 그노시스주의에 대한 교부들의 대응은 크게 두 가지였다. 하나는 그리스도교의 독자적인 뿌리를 강조하면서 일체의 다른 사상적 요소들을 축출하려는 것이었다. 이 입장에서 선봉에 선 인물은 로마의 교부 테르툴리아누스(Tertullianus, 160~220)이다. 그는 "불합리한

클레멘스 오리게네스

까닭에 나는 믿는다."라는 유명한 말을 남겼는데, 이것은 신앙에서의 진리란 이성적인 사유의 대상이 결코 될 수 없다는 취지를 압축적으로 표현한 것이다.

   이에 대하여 다른 입장은, 그리스의 합리적인 철학의 요소를 수용하면서 신앙도 합리적인 인식의 대상이 될 수 있다는 것이다. 이러한 입장에 있었던 인물들은 알렉산드리아의 교부인 클레멘스(Klemens, ?~217)와 오리게네스(Origenes, 184~254)였다. 그러나 그렇다고 해서 이들이 신앙을 철학의 영역으로 끌어들였다고는 볼 수 없다. 어디까지나 그리스도교를 지적인 인식의 입장에서 옹호한 것에 지나지 않는다. 그래서 오리게네스는 "철학은 신학의 시녀이다."라고 말했다. 아무튼 그노시스주의에 대한 투쟁을 거치면서 그리스도교는 신학이라는 영역을 확보하였고 이를 바탕으로 하여 교리를 수호하고 발전시켜 나갈 수 있게 되었다.

   그노시스주의의 세력이 약화될 무렵 마니교가 등장했다. 마니교는 그노시스주의의 변종으로서, 페르시아의 마니가 240년경에

마니교 경전

창시한 것이다. 이 종교는 페르시아의 조로아스터교와 그리스도교의 혼합 형태를 띠고 있는데, 정신과 물질을 구분하고, 정신은 곧 선이며 물질은 곧 악이라고 간주한다. 그리고 광명의 세계와 암흑의 세계를 구분하고, 예수는 광명의 세계에서 내려온 인류의 구세주라고 믿는다. 마니교에서는 극단적인 금욕주의를 강조하며, 구원의 방법으로서 예수의 가르침에 따라서 '스스로 구원'을 성취하도록 설파한다. 마니교는 주로 북아프리카와 동방으로 전파되었는데, 그리스도교의 입장에서 마니교도 무시할 수 없는 적대적인 세력이 되었다.

그리스도교 내부의 논쟁과 중세 철학의 등장

그리스도교는 이단 사상들과의 투쟁뿐만 아니라 교회 내에서의 자체적인 논쟁 과정을 거치면서 교리가 확립되기도 했다. 초기의 논쟁 가운데 중요한 것은 아리우스(Arius, 250~336)와 아타나시우스(Athanasius, 295~373) 사이의 '성부(聖父)-성자(聖子) 논쟁'이다. 아리우스는, 성부는 성자보다 우위에 있고 이 둘은 별개라고 주

아타나시우스

장했다. 이에 대하여 아타나시우스는 성자와 성부는 동일하다고 주장했다.

이 대립되는 주장은 325년에 소집된 니케아 종교회의에서 아타나시우스의 교리를 정통으로 채택함으로써 일단 결론을 내렸지만, 동방에서는 여전히 아리우스의 견해가 우세했고, 강력한 영향력을 행사하는 황제들도 아리우스파에 기울어 있었다. 이 논쟁은 결국 379년 테오도시우스 황제가 정통파를 지지함으로써 종지부를 찍게 되었고, 마침내 381년의 콘스탄티노플 종교회의에서는 성부, 성자, 성령의 동질성을 확고한 교리로 받아들이게 되었다. 곧 신의 '삼위일체설'이 확립된 것이다.

이후 그리스도교에서 교리의 발전은 아우구스티누스라는 성인이 등장하면서 획기적인 전기를 맞는다. 그는 교부들 가운데 한 사람인데, 교부(敎父, Father)란 성직자이면서 그리스도교의 교리를 체계화한 사람으로서 초기 그리스도교의 교리를 확립하는 데 중요한 역할을 했다. 그래서 중세 철학의 초기는 교부 철학의 시대라고 일컬으며, 그 시대는 예수의 사도들이 활동하던 시기 이후 8세기경

중세의 대학

까지 계속된다.

교부 철학 시대 이후에는 스콜라 철학의 시대가 이어진다. 교부 철학이 단순히 교리를 제시한 것과는 달리, 스콜라 철학은 신앙과 이성을 조화시켜서 그리스도교의 교리를 철학적으로 논증하고 합리적으로 설명하려고 했다. 스콜라 철학 시대는 9세기부터 15세기까지이며, 아퀴나스가 활동한 13세기에 그 전성기를 이루었다.

이제 중세의 대표적인 철학자인 아우구스티누스와 아퀴나스의 철학 세계로 들어가 보자.

6

아우구스티누스

Aurelius Augustinus, 354~430

알기 위해 믿는다

아우구스티누스는 중세 교부들 가운데 가장 뛰어난 업적을 남긴 사상가로서, 교부 철학을 완성했다. 특히 젊은 날의 방황과, 이교도로 출발해서 그리스도교로 개종한 종교적인 역정 때문에 그는 그리스도교에서 매우 감동적인 인물로 꼽히고 있다.

아우구스티누스는 354년에 오늘날 알제리에 속하는 북아프리카의 카르타고 남서쪽 '타가스테'라고 하는 작은 도시에서 태어났다. 그의 아버지는 로마의 관원이었으며, 어머니는 열렬한 그리스도교인으로서 '성녀 모니카'로 칭송을 받는 사람이었다.

아우구스티누스는 만년에 자신의 『고백록』을 통해 그가 그리스도교인이 되기까지의 삶을 통렬하게 참회했는데, 그 참회는 어린 시절까지 거슬러 올라간다. 그는 어린 시절에 이웃집 배나무에서 배를 따먹은 일이 있다고 말한다. 이런 일이란 어린 시절 누구에게나 흔히 있을 법한 일이지만, 그는 두고두고 이 행위를 후회했다. 그로서는 크나큰 죄악을 범했다고 생각했고, 이러한 죄의식은 일생 동안 내내 그의 정신세계를 무겁게 짓눌렀다.

그는 6세에 학교생활을 시작했으나 공부에 흥미를 느끼지는 못했다. 하지만 그를 훌륭한 법률가로 키우고 싶었던 아버지는 아들을 잘 교육시키기 위해 아우구스티누스가 16세가 되었을 때 카르타고로 유학을 보냈다. 그곳에서 그는 수사학을 비롯하여 당시 최고 수준의 교육을 받았다.

그러나 그는 유학을 가서도 완전히 공부에 전념하지 못했다. 그는 19세가 되었을 때 노예 출신의 여자와 동거했고 그 사이에서 아들도 낳았다. 이 시절의 빗나간 삶에 대하여 그는 『고백록』에서, "나의 육욕과 끓는 피는 나로 하여금 순수한 사랑과 흐린 정욕을 구별하지 못하게 했습니다."라고 회고하고 있다. 그의 방탕한 생활은 어린 시절부터 간직해온 죄의식의 강박감이 너무 컸던 나머지 그 반발로 나타난 것이었는지는 모르지만, 당시의 로마 사회는 말기로 접어들면서 전반적으로 사회 기강이 무너지고 퇴폐 풍조가 만연하고 있었다.

그러던 그에게 철학이라는 새로운 세계가 열린 것은 키케로의 『호르텐시우스』를 읽으면서였다. 이 한 권의 책은 그에게 지적 세계에 대한 강렬한 욕구를 지펴주었다. 그리고 이 무렵에 크게 유행했던 마니교를 접하고 이 종교에 입교했다. 그는 마니교에 깊이 심취하여 신자로서 10년을 보냈고, 나중에는 존경받는 지도자의 지위에 오르기까지 했다.

그러던 그는 다시 아카데미 학파의 회의론을 접하면서 마니교를 떠나게 되었다. 그리고는 로마와 밀라노로 가서 수사학을 가르치는 교사가 되었다. 회의론은 일체의 인식 가능성을 부인하는 것인데, 이 회의론은 플로티노스(Plotinos, 205~270)를 중심으로 한 신플라톤주의를 연구하면서 극복하게 되었으며, 이 과정에서 겪은 철학적 번뇌는 훗날 그의 신학에서 굳건한 자산이 되었다.

아우구스티누스의 일생에서 결정적인 변화의 계기가 된 것은 밀라노의 대주교였던 암브로시우스(Ambrosius, 340?~397)와의 만남이었다. 암브로시우스를 만나면서 성서 해석방법과 신플라톤주의 저서를 알게 되고 심오한 철학 문제에 깊이 빠져들었다. 그러나 지적인 성숙과 무관하게 그리스도교 신앙을 곧바로 받아들이지 못했다. 그러던 중 386년에 '회심'을 통해 신앙을 받아들이게 되고 암브로시우스로부터 정식 세례를 받았다. 독실한 그리스도교 신자였던 어머니와의 기나긴 숨바꼭질이 33년만에 끝나는 순간이었다. 이제 그의 인생은 완전히 새로운 행보를 걷게 되었다.

그리스도교 입교 후 그는 수사학 교수직을 사임하고 이탈리아와 북아프리카 고향 등지로 건너가 청빈하게 생활하면서 그리스도교에 대해 본격적으로 연구 활동을 했다. 그러다가 그는 37세에 사제로 임명되었다. 그리고 5년 후에는 카르타고 부근의 히포 레기우스에서 주교가 되었고, 이후 35년간 이 교구에서 활동했다. 그는 그가 주교로 있던 곳에서 이 도시가 반달족에게 포위되어 공격당하고 있던 중 430년에 열병에 걸려 세상을 떠났다.

아우구스티누스는 주교로 있는 동안 많은 저작을 펴냈다. 그가 남긴 설교는 500편에 이르며, 서가집도 200권에 달했다. 그의 저서 대부분은 자신이 겪었던 다른 종교에 대한 맹렬한 공격을 담았다. 그의 대표적인 저서로는 어린 시절의 무절제한 생활과 사상적 방황을 그린『고백록』을 비롯해서『자유의지론』,『삼위일체론』,『신국론』등이 있다.

오류를 범할지라도 나는 존재한다

아우구스티누스가 그리스도교 신학에서 위대한 업적을 남길 수 있었던 것은 역설적이게도 당시에 유행한 많은 사상들을 몸으로 직접 겪었기 때문이라고 할 수 있다. 그런 점에서 볼 때 그가 비범한 철학적 사색 능력을 가졌던 것은 분명하다. 이 같은 그의 특이한 경력 때문에 그가 어떠한 고뇌를 거쳐서 그리스도교에 입문하였는지를 살펴보는 것은 그의 철학을 이해하는 데 큰 도움이 된다.

아우구스티누스가 마니교에서 빠져나온 계기는 회의론을 접하면서였다고 앞에서 말한 바 있는데, 이 회의론자들은 신의 존재를 부정하는 논리를 폈다. 이러한 주장은 아우구스티누스가 그리스도교로 돌아섰을 때에는 무엇보다도 먼저 극복하지 않으면 안 되는 문제였다.

플라톤의 아카데메이아 학교에서 이어져 온 아카데미 학파의 회의론자들은 플라톤의 이데아를 부정한다. 이데아의 부정은 곧 객관적인 인식을 부정하는 것이다. 따라서 진리도 없다. 이들은 이러한 회의론적인 사고를 신에게 적용하여 다음과 같은 주장을 폈다. 만일 신이 있다면 그것은 형체가 없든가 있든가 둘 중의 하나일 것이며, 또 전능하든가 능력에 한계가 있든가 둘 중의 하나일 것이다.

먼저, 신이 형체가 없다면 우리 인간은 그것을 찾아낼 수 없을 것이며, 형체가 있다면 다른 사물들과 마찬가지로 생성 변화하면서 소멸할 것이다. 또 신이 전능하다면 세상에 존재하고 있는 수많은 악과 무지를 어떻게 설명할 것이며, 능력에 한계가 있다면 그것은 보다 월등한 힘에 예속될 터이므로, 그것은 결코 신이라고 할 수 없을 것이다. 이러한 논리는 다분히 말장난과도 같아 보이는 것이지만, 어쨌든 아우구스티누스가 회의론에서 빠져나오게 된 경로는 이렇다.

회의론에 대한 아우구스티누스의 극복은 내적인 성찰을 통한 자아의 발견을 통해 이루어졌다. 그는 진리를 둘러싼 혼란스런 주장들 속에서도 틀림없이 존재하는 자신을 발견하게 되었다. 즉, "오류를 범한다 할지라도 분명히 나는 존재한다."는 것이다.

이 대목에 이르게 되면 "나는 생각한다. 그러므로 나는 존재한다."라고 말한 데카르트를 바로 떠올릴 수 있을 것이다. 분명히 이 두 사람은 아주 흡사한 주장을 했다. 그러나 아우구스티누스가 말한 것과 데카르트가 말한 것 사이에는 상당한 차이점이 있다. 즉, 아우구스티누스가 발견한 의심할 수 없는 '나 자신의 존재'는 회의론에서 빠져나오기 위한 출발점으로서 '나 자신'을 우선 확인한 다음 신에 귀의하고자 한 것이 목적이었지만, 데카르트의 경우에는 인간의 합리적인 이성의 출발점으로서 자아를 발견했다는 점에서 차이가 있는 것이다. 아우구스티누스는 이제 자신 있게 이렇게 말한다.

"그대는 바깥 세계에서 헤매지 말라. 그대 자신의 내면세계로 되돌아가라. 왜냐하면 바로 그 내면세계에 진리가 깃들여 있기 때문이다."

아우구스티누스는 회의론을 극복하고 난 후 지식에 대한 이론을 이제 본격적으로 구축해 간다.

진리는 하느님의 계시

아우구스티스는, 이데아란 마음속에서 품고 있는 가상의 것이 아니라, 실재로 존재하는 실체라고 말한다. 그런데 이데아는 시간이나 공간 속에 있는 물질적인 것이 아니며, 불변적인 것이다. 그러면 물질도 아닌 그 이데아를 어떻게 파악할 수 있는가?

이데아를 볼 수 있는 것은 두 눈이 아니라, '직관(直觀)'이라고 그는 말한다. 직관은 보고자 애써 노력하는 마음의 작용이 아니며, 하느님으로부터 오는 빛, 즉 '계시'가 마음에 와닿는 것이다. 이렇게 파악하게 되는 이데아는 영원한 것이며, 이데아에 관한 지식도 진리이며 영원불변하다. 이러한 지식을 그는 '지혜'라고 불렀다.

그런데 인간에게는 이데아에 관한 지식뿐만 아니라 감각을 통해서 얻게 되는 지식이 있다. 회의론자들은 감각을 통한 지식도 부인하는데, 그들에 따르면 감각이란 변화무쌍한 것이며, 이런 감각이 대상과 작용하여 얻게 되는 지식 역시 신뢰할 수가 없다는 것이다.

 아우구스티누스는 그러나 감각을 새롭게 분석하여 설명함으로써 감각적 지식의 근거를 마련했다. 그는 감각이란 신체의 변화가 마음속에 전달됨으로써 나타나는 것이 아니라, 마음이 신체의 변화를 주의깊게 바라보는 활동이라고 말한다. 그리고 감각한다는 것은 신체의 모든 변화를 마음이 다 받아들이는 것이 아니라, 마음이 관심을 가지고자 하는 것만을 특별히 받아들이는 것이다. 감각은 회의론자들의 주장처럼 무차별적이고 제멋대로인 것이 아니라, 마음을 통해 걸러진 객관적인 것이다. 그렇기 때문에 감각은 지식의 원천이 된다. 그런데 아우구스티누스는 이렇게 얻어진 지식은 유형적인 것을 다루기 때문에 분명히 유용하기는 하지만, 영원불변한 진리에 대한 지식보다는 낮은 단계의 지식이라고 말한다. 이러한 지식을 아우구스티누스는 '과학'이라고 불렀다.

 지식을 두 가지로 구분하고, 이 둘 사이에 차별성을 둔 것은, 이성보다 신앙을 우위에 놓는 그리스도교의 정통 교리와 부합되는 것이었다. 그는 "알기 위해서는 믿어야 한다."고 주장했다. 믿음을 통해 신과 접촉할 수 있고, 계시를 받을 수 있으며, 지혜를 얻을 수 있기 때문이다. 그러나 믿음을 더욱 확고하게 하기 위해서는 이성을 통해 이해할 수도 있어야 한다고 그는 주장했다. 그렇기 때문에 감각을 통해 얻게 되는 과학적 지식을 무시해서는 안 된다고 했다.

 이렇게 아우구스티누스의 철학은 회의론을 극복함과 동시에 신앙에 대한 근거와 권위를 부여했는데, 이러한 노력은 신앙이란 결코 비합리적인 것이 아님을 보여주기 위한 것이었다. 따라서 그는 이치에 닿지 않는 맹목적인 신앙에는 동의하지 않았다. 이러한 노력을 통해 그는 자칫 주술적이고 천박한 믿음에 머무를 수 있는 그리스도교를 한 차원 고양시켰으며, 신학이라는 영역을 확보할 수 있는 근거도 마련할 수 있었다.

한편 그의 인식론에서 모든 사물에 초월하여 보다 높은 가치의 세계가 있다고 본 것은 신플라톤주의의 영향이라고 할 수 있다. 신플라톤주의에서는, 이 세계의 근원에는 완전무결하고 선한 '일자(一者)'가 있다고 보며, 만물은 바로 '일자'로부터 흘러나온 것이라고 본다. 이 '일자'를 종교적인 관점에서 볼 때 '신'으로 이해하는 것은 어렵지 않은 일이었다. 그리고 신플라톤주의는 근원적으로는 플라톤 철학에 근거하고 있는 만큼, 교부 철학에서 플라톤의 영향은 절대적이었다.

하느님은 세계를 창조함으로써 시간을 창조했다

아우구스티누스의 탁월한 철학적 통찰력은 그가 다른 철학자들이 일찍이 관심을 기울이지 못했던 시간의 문제를 연구했다는 데서 잘 드러난다. 그리스도교에서는 하느님이 이 세상을 창조했다고 말한다. 그리고 이 세상은 하느님의 섭리대로 되어 간다고 말한다.

피조물의 창조와 창조자의 섭리의 관계는 어떠한가? 창조된 세상은 생성 변화하는데, 이 복잡한 삼라만상의 변화가 모두 하느님의 뜻대로 진행되어 가는 이유는 무엇일까? 돌을 창조했으면 돌이 있고, 나무를 창조했으면 나무가 있는 것인데, 이러한 것들 역시 고정된 것이 아니라 변화무쌍의 과정을 밟고 있는 것이 아닌가? 과연

이 모든 것들과 모든 변화 현상들은 다 하느님이 창조한 것인가? 이런 의문에 빠질 수 있다. 더구나 그리스도교가 아직 일반화되지 않았던 아우구스티누스의 시대에는 '창조'라는 개념 자체도 생소한 것이었다.

그리고 이 창조에 대해 비그리스도교에서는 "왜 하필 그때 창조가 이루어졌냐"고 묻는다. 즉 신은 창조 이전에 무엇을 했느냐고 문제 제기를 한다. 이에 대해 아우구스티누스는 이렇게 대답한다. "하느님은 세계를 창조함으로써 시간을 창조했다."라고.

여기서 시간도 창조했다는 것은 매우 중요한 의미를 갖는다. 이 세계가 창조되기 전에는 시간이란 없었다는 것이 된다. 왜 그런가? 시간이란 곧 변화를 의미한다. 만일 세상에 일체의 변화가 중지된다면, 사람들은 시간의 흐름을 인식할 수 없을 것이다. 이렇듯 세계를 창조하면서 변화는 시작되었고, 따라서 시간의 흐름도 생겨난 것이다. 그렇기 때문에 이 세상이 창조되기 전에는 무엇이 있었는가 하는 질문은 무의미해진다. '전'이라는 말 자체가 성립되지 않기 때문이다.

아우구스티누스는 시간을 면밀히 탐구한 결과, 인간은 과거와 현재와 미래를 의식 속에서 종합함으로써 시간을 체험한다고 말한다. 엄밀한 의미에서 '현재'라고 부를 수 있는 것은 없다. 내가 '현재'라고 말한 순간은 이미 과거가 되어버리기 때문이다. 그럼에도 불구하고 우리는 '현재'라는 개념을 가지고 있는데, 그 '현재'란 과거를 기억하는 것임과 동시에 미래를 기대하는 것이다. 이렇듯 인간의 의식 속에는 과거도 현재에 남아 있는 것이며, 미래 또한 현재

신은 처음과 끝을 모두 보고 있다. 신에게서 시간은 무의미하다.

에 이미 와서 있는 것이다. 이것이 인간에게 있어서의 시간이다.

그러나 하느님은 시간 속에 갇혀 있는 것이 아니라 초월해 있다. 하느님은 영원하기 때문에 인간 세상의 변화와 함께 달려가고 있는 것이 아니고, 모든 인간 세상의 처음과 끝을 마치 하나의 그림을 보듯이 한눈으로 보고 있는 것이다.

이렇게 아우구스티누스는 시간의 본질을 규명함으로써 창조의 개념을 설명했고, 또 창조와 섭리를 모순되지 않게 설명할 수 있었다. 그는 그리스도교의 관점에서 시간을 탐구했는데, 시간의 문제을 다루는 철학이나 다른 학문 분야에서도 아우구스티누스의 연구 성과는 매우 중요한 것으로 평가받고 있다.

역사는 '지상의 나라'와 '신의 나라'의 투쟁 과정이다

흔히들 역사가 발전한다고 믿는다. 문명의 발달에 따라 생활이 편리해지고, 과거에는 상상할 수 없었던 세계를 알게 되고 또한 직접 체험하게 된다. 그리고 수십 년 후에는 어떤 새로운 일들이 펼쳐질 것인가에 대해 많은 이야기를 주고받는다. 그러면서 사람들은 역사가 발전하고 있다는 것을 은연중에 믿게 된다.

그러나 곰곰이 생각해 보면 문명이 발달한다고 해서 세상이 반드시 좋아진다고 단언할 수는 없을 것이다. 과거에 찬란한 문화의 꽃을 피웠던 고대의 국가들은 이웃나라의 침략을 받아 사라졌고, 그 나라 백성의 대부분은 죽거나 노예가 되곤 했다. 그리고 지금도 돌아보면, 환경 파괴와 핵의 공포, 가난과 기근, 지구촌 곳곳에서 벌어지는 테러와 살육 등 반인륜적인 사례들을 무수히 발견할 수 있다. 이러한 사실들을 볼 때 과연 역사가 발전한다고 단언할 수 있을까?

그렇다면 역사에서 진보를 말한다는 것은 결코 단순한 문제가 아니라는 것을 알 수 있는데, 사실 많은 사람들의 머릿속에는 막연하게나마 세상이 좋아질 것이라는 믿음을 가지고 있다. 바로 이러한 믿음의 근저에는 그리스도교의 영향이 크게 작용하고 있다. 이처럼 역사의 진보를 믿도록 체계화한 사람은 바로 아우구스티누스로서, 그는 이러한 역사관을 『신국론』에서 다루었다.

아우구스티누스에 따르면 역사는 대립하는 두 개의 힘, 곧 '지상의 나라'와 '신의 나라'의 끊임없는 투쟁이다. 지상의 나라는 잔인하고 오만하고 방탕하며, '신의 나라'는 믿음이며 희망이며 자비이다.

따라서 역사는 종국적으로 '신의 나라'가 이기는 방향으로 나아가야 한다.

그에 따르면, 인류의 역사는 천지가 창조된 이래 종말에 이르기까지 신의 의지에 따라 진행되고 있으며, 그 종말에는 최후의 심판이 있다고 한다. 그 최후의 심판에서 구원을 받기 위해서는 교회를 통해야 한다고 말한다.

그런데 아우구스티누스가 '신의 나라'를 강조한 것은 당시의 역사적인 상황을 반영한 것이었다. 아우구스티누스 당시의 로마는 곧 그의 조국으로서 이민족의 침략으로 크게 흔들렸고 사회는 혼란에 빠졌다. 이 무너져가는 '지상의 나라'는 더 이상 그의 대안이 아니며, 의미를 갖지 못한다. 이런 점에서 '신의 나라'는 하나의 탈출구이자 희망이 될 수 있는 것이다. 여기서 '지상의 나라'와 '신의 나라'는 반드시 세속적인 국가와 교회를 뜻하는 것은 아니고, 다분히 '선'과 '악'을 빗댄 것이라고 할 수 있다.

이와 같은 아우구스티누스의 역사관은 중세 천 년 동안은 물론이고, 오늘날까지도 여전히 그리스도교 내에서는 절대적인 권위를 가지는 것으로서, 그리스도교 세계관의 중요한 골간이 되고 있다. 그런데 여기서 한 가지 특징적인 사실은, 역사의 진행을 시초에서 종말까지 하나의 직선적인 과정으로 묘사했다는 점이다. 이와 같은 직선적인 역사관은 고대 그리스 사람들이 가지고 있었던 순환적인 역사관과는 비교되는 것으로서, 역사를 바라보는 유력한 관점 중 하나로 자리매김하고 있다.

아우구스티누스는 그리스도교의 교리에 관한 여러 가지 이설들이 난무하던 초창기에 교리를 정연하게 정리함으로써, 그리스도교를 다른 종교로부터 지켜내고 교권을 확립하는 데 큰 공헌을 했다. 뿐만 아니라 오늘날까지 일반화되어 있는 그리스도교 교리의 대부분을 만들어냄으로써 그리스도교가 세계적인 종교로 성장하는 데 결정적인 공헌을 했다.

그의 업적이 얼마나 컸는가는 아우구스티누스 이후에 수백 년 동안 그리스도교에서는 특별한 교리의 발전이 없이 정체기가 계속되었다는 사실에서도 여실히 알 수 있다. 그가 남긴 사상은 이후 그리스도교가 서양 세계로 급속히 확산되면서 중세 세계관의 골격이 되었다.

7

아퀴나스

Thomas Aquinas, 1225?~1274

신앙과 지식은 조화를 이룰 수 있다

아우구스티누스 이후 아퀴나스까지는 약 800년의 세월이 흐른다. 그 사이에 서로마제국의 멸망이 있었고, 그리스·로마의 문화적 전통도 점차 사라졌다. 이후 학문의 연구는 8세기경부터 등장하기 시작한 수도원 부설 학교에서 이루어졌다. 물론 학문의 중심은 신학이며, 철학은 신학을 위해 봉사하는 것으로서 의의를 가지는 것이었다.

학교를 중심으로 연구가 진행된 철학은 9세기 이후에는 교리를 더욱 뒷받침하기 위한 수단으로 탈바꿈해 가는데, 그 결과 스콜라 철학이 태어났다. '스콜라'라는 말은 '학교'를 의미하는 것으로, 스콜라 철학이란 곧 학문으로서의 신학이라고 할 수 있다.

스콜라 철학은 교리를 둘러싼 논쟁 과정에서 고대 그리스 철학의 유산을 흡수하면서 발전하는데, 교리에 대한 권위가 공고히 다져진 토대 위에서, 신앙을 인간의 이성과 조화시켰다는 점에 그 특징이 있다. 스콜라 철학은 아퀴나스에 이르러 절정기를 맞았다.

아퀴나스는 1225년경에 이탈리아의 로마와 나폴리의 중간쯤에 위치한 아퀴노에서 백작의 아들로 태어났다. 그의 집안은 호헨슈타인 왕가의 친족이었다. 그는 어려서부터 신앙심이 깊었고 사색을 즐겨 했다.

어머니는 당초에 그가 군인이 되기를 희망했지만, 그의 신앙적인 성향을 따라 15세가 되던 해에 몬테카시노의 베네딕트파 수도원으로 보냈다. 그리고 그는 곧 나폴리 대학에 진학했다. 18세가 되어 대학을 졸업하자 그는 탁발수도회인 도미니크회에 들어가서 수도회의 뜻에 따라 당시 신학의 중심지였던 파리로 가려고 했다. 그러나 고위 성직자가 되기를 원했던 가족들은 그를 카시노 성에 감금시켜 버렸다. 하지만 아퀴나스는 자신의 뜻을 끝내 굽히지 않았고, 결국 1년간 감금되었다가 가족들의 동의를 받아 파리로 건너갈 수 있었다.

이로써 아퀴나스는 성직자로서의 삶을 본격적으로 걷게 되었는데, 그가 후에 위대한 대학자로 성장할 수 있었던 것은 1245년에 파리에서 한창 명성을 날리던 알베르투스 마그누스(Albertus Magnus, 1193~1280)를 만났기 때문이었다. 알베르투스는 독일 출신의 신학자로 신학과 철학에 대단히 해박했고, 특히 아리스토텔레스 연구에 뛰어난 업적을 남겼다. 아퀴나스는 알베르투스의 문하생이 되어, 그를 평생토록 스승으로 모시고 따랐다.

파리에서 3년 동안 수업을 한 아퀴나스는 알베르투스를 따라 쾰른으로 가서 4년간의 학업을 쌓았다. 쾰른에서의 연구기간 동안 아퀴나스의 천재성은 유감없이 발휘되었다. 1252년에 다시 파리로 돌아와 1257년에는 알베르투스의 추천으로 파리 대학의 신학 교수가 되었다. 그 후 그는 신학을 연구하면서 궁정에서 루이 9세의 고문이 되어 철학을 가르치기도 했다.

아퀴나스는 스승의 영향으로 아리스토텔레스의 철학을 깊이 연구했다. 그 연구는 이탈리아에 돌아와서 본격적으로 이루어졌는데, 특히 이 분야에서 그가 남다른 성과를 올릴 수 있었던 것은 같은 교단의 수도사인 빌헬름 폰 뫼르베케 덕분이었다. 이 수도사는 그리스어로 된 아리스토텔레스의 저작들을 라틴어로 직접 번역했으며, 아퀴나스는 이를 적극 흡수하여 자신의 독창적인 신학을 수립하는 데 중요한 토양을 마련했다.

아퀴나스의 철학적 명성은 40대 중반에 다져졌다. 그는 1269년에 다시 파리로 건너갔는데, 파리 대학에서는 일반 교수와 도미니크 교단 및 프란체스코 교단 사이에 반목과 대립이 격화되고 있었다. 그는 자신이 속한 도미니크 교단이 이단시되는 위기에 몰리자 논쟁의 선두에 나섰고, 그 과정에서 많은 이들로부터 관심의 대상이 되었다. 그는 1272년까지 파리에 머무르는 동안 여러 차례 중요한 공개 토론에 나서서 논리정연한 자신의 견해를 피력하여 많은 이들로부터 주목을 받았고, 그의 높은 식견은 점차 경외심을 불러일으키게 되었다.

　1272년에 이탈리아로 돌아온 그는 수도원에 들어가서 자신의 필생의 집념이 담긴 『신학대전』의 집필 활동에 몰입했다. 이 책은 6년 전에 집필이 시작된 것이었지만 다시 1273년 12월에 중단되어 끝내 완성을 보지는 못했다. 아퀴나스는 1274년에 리옹의 공의회로부터 초빙을 받고 가던 중에 병을 얻어서 테라치나의 한 수도원에서 숨졌다. 이 때 그의 나이는 49세였다.

　아퀴나스는 체격은 컸으나 성격이 온화하고 매우 조용했다고 한다. 그가 파리로 유학해서 본격적으로 학업에 매진하던 시절에는 공부에 워낙 열중해서 '벙어리 황소'라는 별명을 얻기도 했으며, 그가 죽은 후에는 성품과 신학적 업적을 기려서 '천사와 같은 박사'라는 칭호가 붙여졌다. 그는 수십 권으로 이루어진 『신학대전』을 비롯해서 『아리스토텔레스 주해서』 등 방대한 저서를 펴냈다.

아리스토텔레스의 부흥

　움베르토 에코가 쓴 「장미의 이름」이라는 소설을 보면, 중세 교회에서의 아리스토텔레스의 권위와 수난이 잘 묘사되어 있다.

　이 소설의 무대는 14세기 말경 이탈리아의 어느 수도원이다. 이 수도원에서는 연쇄적인 의문의 죽음이 발생하여 수도사들이 공포에 떨었는데, 이곳을 방문한 주인공 수도사가 그 죽음의 원인을 규명해낸다는 것이 줄거리이다. 주인공은 사건들을 냉철하게 추적한 결과, 죽은 사람들은 수도원의 도서관에 숨겨 놓은 아리스토텔레스의 『희극론』을 읽다가 변을 당했으며, 그 책을 금서로 간직하려 했던 사서가 책에 독약을 발라놓은 것이 죽음의 원인이라고 밝혀낸다. 또한 이 소설은 모든 불길한 사건들을 악마의 짓으로 치부하려는 권위적인 수도사들의 사고와, 아리스토텔레스의 철학을 신봉하는 주인공 수도사의 합리주의적인 사고를 대비시켜 중세 말엽 교회의 사상적 혼돈을 잘 그려내고 있다.

이 소설에서는 아리스토텔레스의 철학이 기존의 신앙 체계를 위협할 수 있는 금기의 철학으로 그려지고 있지만, 다른 한편에서는 신학을 떠받드는 사상적인 무기로 인정을 받으면서 전에 없는 권위가 부여되기도 했다. 그렇다면 아리스토텔레스의 철학은 왜 한쪽에서는 그렇게 금기시되었을까?

아우구스티누스 이후 교회에서는 플라톤의 철학이 절대적인 영향력을 행사했다. 그 핵심적인 내용은 바로 플라톤의 '이데아설'이다. 여기에서는 현상계를 초월한 이데아가 실재한다고 보는데, 특히 '이데아 중의 이데아'라 할 수 있는 '선의 이데아'를 그리스도교의 관점에서 '하느님'과 등치시키는 일은 극히 자연스러운 발상이었다.

그런데 많은 신학자들이 플라톤을 더욱 확고하게 지지하게 된 계기는, 중세 초기에 있었던 '보편자(普遍者)'의 실재를 둘러싼 논쟁이었다. 보편자란 개개의 사물에 반대되는 개념이다. 가령, 각양각색의 수많은 책상들에 대해 그것들을 '책상'이라고 부른다면, 여기서 '책상'이라는 일반적인 용어는 보편자에 해당한다. 일명 '보편논쟁'이라고도 부르는 이 논쟁에서는, 과연 보편자가 자연 속에 현실적으로 존재하는지, 아니면 오직 명목에 불과할 뿐 실재하지 않는 것인지를 가리고자 했다.

앞의 입장을 '실재론(實在論)' 또는 '실념론(實念論)'이라고 하고, 뒤의 입장을 '유명론(唯名論)' 또는 '명목론(名目論)'이라고 하는데, 중세 초기에는 실재론이 우세했다. 왜냐하면, 개별 교인의 상위 존재로서 가톨릭 교회의 권위를 인정하고, 또한 모든 사람들에 두루 적용되는 원죄를 설명하기 위해서는, 개개의 사물들 위에 보편자가 실재한다는 입장이 설득력을 갖기 때문이었다. 그리고 이 실재론의 입장은 만물에는 각기 이데아가 대응하고 있다는 플라톤의 철학과 맥을 같이하기 때문이었다.

그러나 아리스토텔레스의 등장은 바로 이런 실재론의 입장을 위협하게 된다. 아리스토텔레스는 현실적인 개개의 존재를 형상과 질료의 결합체로 파악하면서, 형상이 개별적인 존재를 떠나 따로 존재한다는 것에 반대하기 때문이다. 중세의 초기에는 아리스토텔레스의 철학이 잘 알려져 있지 않았지만, 아랍 세계로부터 그의 철학이 점차 유입되면서 '보편 논쟁'에서도 유명론이 입지를 넓히게 되었다. 그러나 철저하게 유명론의 입장에 서는 것은 이단으로 몰릴 위험성이 있었기 때문에, "보편자는 실재하지만 개별적인 사물을 떠나서 존재하지는 않는다."는 절충적인 형태가 등장했다. 아퀴나스 역시 이러한 '온건한 실재론'의 입장에 있었지만, 아리스토텔레스의 철학을 원용하여 점차 독창적인 신학을 수립하게 되었다. 그리고 아퀴나스의 철학적 성공은 아리스토텔레스의 부흥으로까지 이어졌다.

신앙과 지식은 조화를 이룰 수 있다

　신학에서 아리스토텔레스의 철학을 받아들이게 되면, 초월적인 세계에 대한 무조건적인 인정은 어려워지는 반면, 현실세계에 대한 설명이 필요하게 된다. 이것은 초월적인 존재에 대한 당연한 믿음을 전제로 한 신앙이 위기에 놓일 수 있음을 의미하는데, 아퀴나스는 신앙과 지식의 영역을 명확하게 구분함으로써 신앙을 보호할 수 있었다.

　아퀴나스는 지식과 신앙의 영역을 구분하기에 앞서서, 세계를 두 가지로 구분하여 바라본다. 하나의 세계는 감각적으로 경험하는 현실세계이며, 또 다른 세계는 현실세계를 초월하는 초자연적 진리의 세계이다. 이에 맞추어서 그는, 앞의 현실세계를 인식하는 것은 지식의 영역이며, 뒤의 초자연적 진리의 세계를 인식하는 것은 신앙의 영역이라고 말한다.

　이러한 구분이 그리 특별한 것이 아니라고 여겨질지 모르나, 이전에는 관심의 대상이 아니었을 뿐만 아니라, 또한 이성적인 인식이 가능하지 않다고 생각한 현실세계를 적극적으로 인정했다는 점에서 특기할 만한 의의가 있다. 그는 현실세계 역시 객관적으로 인식할 수 있다고 보았다. 이 사실은 바로 아리스토텔레스가 구체적인 현실에 주목하여 세계를 바라보았고, 이러한 사고를 바탕으로 자연학에 대한 업적을 남겼다는 사실과 맥을 같이 하는 것이다.

　지식과 신앙의 차이점은 학문의 방법에서도 분명하게 나타난다. 지식에 관한 학문, 즉 철학(당시에 철학은 신학과 구분되는 학문 일반을 통칭하는 것이었으며, 자연과학의 영역도 이에 포함된다)은 관찰된 사실들을 기초로 추리해 가는 방법을 취하지만, 신앙에 관한 학문, 즉 신학은 계시에서 주어진 교리를 바탕으로 연역적인 방법을 취한다. 아퀴나스는 감각을 통해 자연세계를 접하지 않고서는 어떠한 관념도 가질 수 없다고 주장하면서 철학적 방법에 신뢰를 보내지만, 초자연적인 세계는 결국 신의 계시에 의하지 않을 수 없다고 말한다.

지식과 신앙의 영역을 이렇게 구분해 설명함으로써 이 둘 사이에는 어떠한 모순도 생기지 않는다. 또한 아퀴나스는 종교적인 진리가 초이성적이라고 해서 이성에 반하는 것은 아니라고 말한다. 여기서 그는 이성에 대한 신뢰를 보내고 있는데, 이성을 바탕으로 한 철학이 신앙과 신학에 도움을 줄 수 있으리라고 생각한 것이다. 왜냐하면 진리는 하나일 뿐이며, 그 진리란 여전히 신에게 귀착되는 것이라고 믿기 때문이다.

요컨대, 아퀴나스는 이성을 바탕으로 한 철학의 방법을 높이 평가하면서도, 철학의 본령은 신학의 본령과는 다른 곳에 있다고 보는 것이다. 그리고 이성은 종교적인 진리를 얻는 데 도움을 줄 수 있다고 봄으로써, 신앙과 이성은 조화를 이룬다는 것이다.

신의 존재는 증명할 수 있다

아퀴나스는 아리스토텔레스의 형이상학을 좇아서, 만물을 형상과 질료의 합성체로 파악한다. 그런데 형상과 질료의 결합 정도에 따라 만물을 하나의 계열 속에서 바라볼 수 있는데, 그 계열 속에는 형상이 질료에 파묻혀 있는 저급한 단계에서부터, 형상이 질료에서 해방된 단계까지가 늘어서 있다.

그는 가장 낮은 단계의 식물에서부터 동물-인간-천사의 순으로 배열하는데, 천사는 질료에서 해방된 것이지만 신에게서 창조된 것이기 때문에 신의 아래에 위치한다. 그리고 각각의 하위 단계는 보다 상위의 단계 속에 자기의 목적을 가지고 있고 그것을 지향하며, 또한 전 체계는 전체로서 신을 지향하고 있다.

아퀴나스는 위와 같은 세계관을 기초로 신의 존재를 증명했다고 한다. 그가 제시한 증명 방법은 다섯 가지이다.

〈증명 1〉

세계에는 운동이 있다. 모든 운동하는 것은 다른 것에 의해 영향을 받는다. 이렇게 영향을 주는 것을 거슬러 올라가다 보면 결국에는 다른 것에 의해 영향을 받지 않는 최초의 근원을 생각하지 않을 수 없다. 그것은 다름 아닌 신이다.

〈증명 2〉

이 세계 내에는 어떤 일을 현실적으로 일으키게 하는 원인이 있다. 그런데 모든 일의 원인을 궁극적으로 캐들어가면 결국 최초의 원인이 있을 수밖에 없다. 그것은 다름 아닌 신이다.

〈증명 3〉

자연 안에 있는 모든 것들은 그저 우연히 존재한다고 생각해보자. 모든 것들은 발생했다가 소멸하므로 우연히 존재한다고 생각할 수 있을 것이다. 그런데 존재하는 것은 그것이 존재하기 위해 어떤 것이 있어야 한다. 이렇게 추론해 볼 때 궁극적으로 다른 존재 없이 스스로 존재하는 필연적인 것이 있을 수밖에 없다. 그것은 다름 아닌 신이다.

⟨증명 4⟩

사물에 대해 선하다고 할 때 선한 것에도 정도가 있다. 그 정도를 판별하기 위해서는 가장 선한 것이 있어서, 이것을 기준으로 얼마나 더 닮았고 덜 닮았냐를 말할 수 있는 것이다. 선하다는 것을 판별할 수 있는 그 기준이 있어야 한다. 그것은 다름 아닌 신이다.

⟨증명 5⟩

모든 사물은 목적을 위해 활동한다. 자연적인 물체가 그 목적을 스스로 모른다 할지라도 그것은 어떤 목적의 의도에 따라 진행되고 있는 것이다. 마치 날아가는 화살은 그것이 어떤 목표를 향해 가고 있는지를 모른다 해도 활을 쏜 사람의 의도대로 날아가고 있는 것과 같다. 이렇듯 모든 자연의 사물이 일정한 표적을 향해 진행하도록 하는 어떤 지적인 존재가 있어야 한다. 그것은 다름 아닌 신이다.

아퀴나스의 신의 존재 증명은 반드시 논리적인 귀결로써 입증된다고는 볼 수 없다. 그의 증명 방법은 그가 제시한 세계관이 전제가 되고 있는 것이기 때문에 일종의 순환론에 빠져 있다고도 할 수

도미노가 쓰러지려면 누군가가 건드려야 한다.
아퀴나스는 만물의 운동을 일으키는 최초의 근원을 신이라고 생각했다.

있다. 아무튼 그가 시도한 신의 존재 증명은 이성이 얼마든지 신앙과 조화를 이룰 수 있음을 보여주며, 그 바탕에는 아리스토텔레스의 목적론이 깔려 있다.

믿음·사랑·소망의 윤리사상

아퀴나스는 윤리적인 덕목으로서 그리스 시대 이래 전래되어 온 네 가지의 덕목, 즉 지혜, 용기, 절제, 정의를 받아들이면서, 동시에 그리스도교의 믿음, 사랑, 소망을 강조했다. 그에 따르면, 앞의 4주덕은 자연적인 덕에 해당하는 것으로서 이성을 바탕으로 수양을 쌓을 때 획득되며, 자연적인 행복에 이르게 한다. 뒤의 세 가지 덕은 종교적 혹은 초자연적인 덕으로서 신의 은총에 의해 주어지며, 초자연적이고 완전한 행복에 이르게 한다. 그러나 현세의 인간들은 종교적인 덕을 완전하게 가질 수는 없으며, 다만 천국의 성자들만이 확실하게 향유할 수 있다.

아퀴나스는 아우구스티누스와 마찬가지로 국가를 교회의 하부에 놓았다. 그런데 아우구스티누스가 국가를 다분히 부패 내지는 악과 결부시킨 것과는 달리 국가의 필요성을 적극적으로 평가했다. 그가 국가를 바라보는 것은 역시 아리스토텔레스의 정치사상과 궤를 같이 한 것이라고 할 수 있는데, 아퀴나스에게서 국가란 공동의 복리를 증진하기 위한 수단이었다. 그는, 사람들의 계층적인 질서를 유지하고, 평화와 질서의 파괴자들을 처벌하고, 윤리적이고 종교적인 덕을 교육시키기 위해서 국가가 필요하다고 생각했다. 그리고 국가를 필수적으로 여기는 인간의 천성은 바로 신의 뜻이라고 생각했다.

아퀴나스의 정치사상은 법에 대한 사상으로 이어진다. 그는 법에는 크게 세 가지가 있다고 말한다. 인간의 법, 자연의 법, 신의 법이 그것이다. 법은 국가의 목적을 충실히 수행할 수 있도록 하기 위한 수단인데, 인간의 법은 자연의 법과 최고의 법인 신의 법에 위배되어서는 안 된다. 자연의 법은 인간 이성에 따른 도덕의 법으로서, 인간의 법인 실정법이 사악한 정치를 위해 봉사한다면, 사람들은 자연의 법에 따라 실정법에 대한 복종을 거부할 수 있음을 시사하고 있다. 이것은 자연법 사상의 선구적인 형태를 띠고 있는데, 그의 자연법 사상은 어디까지나 신의 법에 예속되어 있다는 점에서 근대의 자연법 사상과 차이가 있다.

스콜라 철학의 종말

아퀴나스는 스콜라 철학의 대표적인 학자로 손꼽힌다. 스콜라 철학은 중세 수도원의 학교 교사나 학생을 지칭하는 라틴어 스콜라티쿠스(Scholaticus)에서 유래된 것이다. 어원에서 알 수 있듯이 스콜라 철학자들은 성직자 양성 학교에서 가르치거나 배우며 성장했다. 수업방식은 신앙과 지식의 조화를 내걸고 권위 있는 텍스트에 대한 강의와 질문과 토론 등이었다. 사상적 무기는 아리스토텔레스의 철학이었다. 스콜라 철학은 9세기경부터 14세기경까지 절정에 달했다.

중세 교회에서 아퀴나스의 철학을 받아들인다는 것은 쉬운 일이 아니었다. 그는 천재적인 발상으로 이성과 신앙의 조화를 주장했지만, 교리의 해석을 둘러싼 논쟁 과정에서 아리스토텔레스의 사상을 수용한 그의 신학은 여전히 경계의 대상이 되었던 것이다. 그래서 정작 그의 철학이 널리 인정받기 시작한 것은 그가 죽은 후였다. 그 결과 1879년에는 그의 철학이 전체 가톨릭 교회의 공인된 철학으로 인정을 받았고, 1931년에는 교황청의 지시에 따라서 철학과 사변 신학에서는 반드시 아퀴나스의 학설에 따라야 한다는 규정이 내려졌다.

그러나 아퀴나스 철학의 독자적인 발전 행보와는 무관하게 스콜라 철학은 서서히 무너져가고 있었다. 스콜라 철학 시대의 후기에 다시 '보편 논쟁'이 가열되면서, 이전의 실재론을 과감하게 공박하고 철저하게 유명론의 입장에 서려는 사람들이 등장한 것이다.

이때의 대표적인 유명론자는 영국의 오컴(William of Ockham, 1285?~1349)이었다. 그의 사상은 '오컴의 면도날'이라는 것으로 요약되는데, 마치 면도날로 가지를 치듯이 "설명을 함에 있어서 최소

한의 필요한 것 이상을 가정해서는 안 된다."는 것이다. 이러한 주장은 검증 가능하지 않은 어떠한 것도 인정하지 않는다는 입장으로 귀결됨으로써, 그는 보편자의 존재를 완전히 부정하게 되었다. 오컴 자신은 교회의 교리를 받아들인 사람이었지만 그것은 어디까지나 신앙의 영역에서였고, 그 신앙을 이성과 적당히 조화를 이루려는 사고에는 반대했다. 이러한 사고를 가졌던 오컴은 교단에서 파문당했다.

    오컴과 같은 극단적인 유명론의 등장은 스콜라 철학의 종말을 예고하는 것이었다. 특히 교리를 둘러싼 지리한 논쟁이 거듭되면서 훗날 스콜라 철학은 '억지스런 말장난'과 같은 경멸적인 용어로 변질되기도 했다. 보편자의 존재를 부인하는 사상은 자연과학에서의 놀라운 진보와 함께 등장한 영국의 경험론으로 자연스럽게 이어지면서 근세 철학을 맞이하게 된다.

3
서양의 근세 철학

데카르트

스피노자

라이프니츠

베이컨

로크

흄

칸트

헤겔

쇼펜하우어, 키르케고르, 니체

대항해시대

무려 천 년 동안이나 사람들이 믿어 의심치 않았던 세계관이 깨진다는 것은 엄청난 일이 아닐 수 없다. 이런 변화는 서서히 나타나는 것이 아니라 급작스레 닥쳐온다. 마치 거대한 성채가 오랜 세월 동안 보이지 않게 금이 가다가 어느 한순간에 허물어지는 것과 같다. 이제부터는 근세 철학의 세계로 들어보도록 하자.

근세 철학이라고 하면 대개 17세기에서부터 20세기 이전까지의 철학을 일컫는다. 이 근세 철학이 등장하기까지에는 중세의 높은 성벽을 허물어뜨리는 많은 사건들이 있었다. 르네상스, 종교개혁, 과학혁명 등은 바로 중세와 단절을 고하고 근세로 인도하는 대표적인 대사건들이라 할 수 있다. 그리고 나침반의 사용으로 새로운 항로가 개척되고, 화약의 사용으로 중세 기사가 몰락하였으며, 활판인쇄술의 개발로 지식이 대중화되었다는 점들도 근세의 출현을 촉발시킨 중요한 요인들로 빠뜨릴 수 없는 사건들이다.

인간과 이성의 복원시킨 르네상스

11세기 후반 이후 십자군 원정이 계기가 되어 유럽에서는 원거

십자군 원정

리 무역이 성행했다. 그 결과 상업과 도시가 발달했다. 그리고 화폐 경제가 발전하면서 농촌에서는 장원이 붕괴하고 농노들은 신분 해방을 이루어냈으며, 도시에서는 상공업이 발달하면서 새로운 시민계급이 등장했다. 이렇게 봉건제를 지탱해왔던 경제적 토대가 흔들리면서 사회 문화적인 변혁이 나타나기 시작했다.

문화에서의 변혁은 고대 그리스 문화의 부활을 뜻하는 르네상스로 나타난다. 르네상스가 시작된 14세기의 이탈리아에서는 지중해 무역의 중심지로 각광을 받는 많은 도시들이 생겨났다. 도시에서 새로이 성장한 시민계급은 중세의 권위와 세계관으로부터 탈피하고자 했다. 특히 이탈리아에는 고대 로마 문화의 유산이 많이 남아 있었던 데다가 오스만 튀르크에 의해 멸망한 비잔틴 제국의 학자들이 이탈리아로 몰려들면서 문화적 변혁의 기운이 조성되었다. 그리고 피렌체의 메디치 가와 같은 대부호는 많은 학자와 미술가의 활동을 뒷받침해 주면서 르네상스를 촉진시켰다.

이 시대에 등장한 단테, 페트라르카, 보카치오 등의 문학가들은 인간의 감정을 숨김없이 표현했고, 미켈란젤로, 레오나르도 다 빈

레오나르도 다빈치

치, 라파엘로 등 화가들은 종교 미술의 형식에서 벗어나 인간과 자연의 아름다움을 있는 그대로 그려냈다. 예술 분야에서의 이러한 새로운 움직임과 함께 학문 활동에서도 커다란 변화가 나타났다. 그리스와 로마의 고전을 수집, 정리, 번역하고, 이것을 가르침으로써 고전의 정신을 이어가고자 하는 기풍이 일어난 것이다. 고전의 복원은 곧 인간과 이성의 복원을 의미하며, '인문주의'라는 새로운 사조를 만들어냈다. 이 인문주의는 르네상스의 정신을 대표하게 되었다.

르네상스의 인문주의의 정신은 중세의 교회에 대해서 당연히 비판적인 입장을 취할 수밖에 없었는데, 그렇다고 해서 그리스도교 자체가 부정된 것은 아니었다. 이탈리아의 국민들은 여전히 하느님을 믿고 있었다. 다만 고전학자들 사이에서 인간의 자유로운 정신을 구속하고 부패와 타락에 빠진 교회에 대해 강한 반감을 가지고 있었다. 이러한 현상은 과거 중세 교회에서는 생각할 수 없는 일로서, 중세 교회가 누리고 있었던 절대적인 권위는 이미 약화되고 있었다.

토마스 모어의 유토피아

　이탈리아에서 촉발된 르네상스는 16세기 무렵에는 알프스 이북의 유럽 전역으로 확산되었다. 유럽 전역에서의 르네상스의 확산은 이탈리아에서와 마찬가지로 상공업의 발전에 따른 것이었는데, 이러한 경제적 변화의 중심지에는 문화적 변화도 함께 나타났다. 그런데 북유럽의 르네상스는 이탈리아와는 달리 고전에 대한 연구 대신 사회 현실에 대한 관심이 높았으며, 예술보다는 학문 분야에서 르네상스가 두드러졌다. 네덜란드의 에라스무스는 『우신 예찬』을 통해서 교회와 성직자의 타락상을 신랄하게 고발했고, 영국의 토마스 모어는 『유토피아』에서 현실사회의 고발과 함께 이상사회를 제시했다. 그리고 프랑스의 몽테뉴는 『수상록』에서 인간의 내면적인 문제를 깊이 통찰했다.

중세 교회의 권위를 무너뜨린 종교개혁

　르네상스 운동의 불길이 전 유럽으로 번져가는 가운데 종교개혁이 일어났다. 1517년에 루터(Martin Luther, 1483~1546)가 교황의 면벌부(면죄부라고도 함) 판매의 부당성을 지적한 '95개 조의 반

루터

박문'이 계기가 되어 종교개혁이 시작되었다.

인간의 구원은 교회가 아닌 신앙에 의해서만 가능하며, 신앙의 근거는 성서라는 루터의 주장은 많은 사람들에게 공감을 얻으면서 지지세력을 확보했다. 특히 황제와 교회에 반감을 가졌던 제후들과 자유도시의 신흥 시민계급은 루터의 개혁을 열렬히 지지했다. 이들에게 루터의 개혁은 교황의 경제적 착취와 정치적 지배로부터 벗어날 수 있는 좋은 계기가 되었던 것이다. 이들은 '프로테스탄트'를 표방하면서 신교를 형성했다.

그러나 루터의 개혁은 봉건제의 철폐와는 거리가 멀었다. 그를 지지한 또 다른 세력인 농민들의 개혁 요구에 대해서 그는 철저히 외면한 것이다. 사실 루터 자신은 신앙에 충실하려 했던 신학자였을 따름이다. 하지만 그의 개혁은 역사상 큰 의미를 가지는 것이었다. 그는 개혁을 통해서 교회 중심의 신앙에서 개인주의 신앙을 탄생시켰는데, 이것은 중세 사람들의 한가운데를 차지하고 있었던 가톨릭 교회를 옆으로 밀쳐놓는 엄청난 변화를 의미하는 것이었다.

루터의 신교가 유럽 북부지역으로 퍼져가는 가운데 16세기 중

칼뱅

반에 제네바에서는 칼뱅(Johannes Calvin, 1509~1564)이 또 다른 개혁을 시도했다. 그는 가톨릭 교회의 의식을 폐지하고 장로 제도를 도입했으며, 구원예정설을 주장했다. 특히 구원예정설은 각자가 가지고 있는 직업에 충실할 수 있도록 하는 논리를 제공함으로써 신흥 자본가들로부터 환영을 받았다.

종교개혁의 결과 탄생한 신교는 철학적인 입장에서 볼 때 신앙에서 근본적인 변화를 가져온 것은 아니었다. 즉, 개혁은 어디까지나 신앙에서의 형식의 변화와, 새로이 나타난 시민계급과의 타협에 있었던 것이지, 그리스도교 교의에서 새로운 내용이 나타난 것은 아니었다는 것이다.

종교개혁의 지도자들은 근세의 합리적 세계관을 가져온 이성(理性)에 대해서는 부정적인 시각을 가지고 있었을 뿐 아니라, 죄악을 낳는 인간의 오만함 정도로 여기고 있었다. 이들에게서 신앙은 어디까지나 믿음을 통해서 신의 은총을 받는 데 그 의의가 있었던 것이다. 그러나 종교개혁은 중세와의 결별을 선언하는 상징적인 사건이었으며, 그 과정에서 개인주의와 현실주의의 정신을 후세에 물

코페르니쿠스

려주었다.

새로운 세계관을 몰고 온 과학혁명

르네상스와 종교개혁이 중세로부터의 탈출이었다면, 16세기에서 17세기에 걸쳐 일어난 과학의 급속한 발전은 완전히 새로운 세계관을 열어 놓는 혁명이었다. 과학혁명은 천문학 분야가 불을 댕겼는데, 코페르니쿠스에서부터 케플러, 갈릴레이에 이르는 천문학상의 업적은 과학 전반에서의 방법론적 변화뿐만 아니라 세계관에서의 혁명을 몰고 왔다.

세계관 혁명의 시작은 인간을 우주의 중심에서 주변으로 내몰았다는 것이다. 1543년에 코페르니쿠스(Nicolaus Copernicus, 1473~1543)는 『천체의 회전에 대하여』라는 저서를 출간했다. 폴란드의 성직자이자 천문학자인 그는 이 저서에서 지구는 태양의 주위를 돈다는 태양 중심설을 주장하고, 이를 뒷받침하는 여러 가지 근거를 제시했다. 이 저서는 그가 세상을 떠날 무렵에야 간행되었는데, 그는 이 주장이 세상 사람들에게 얼마나 큰 충격파를 던질 것인

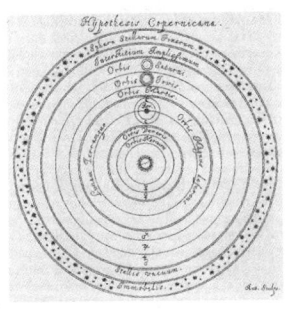
코페르니쿠스의 지동설 모형

가를 이미 예상하고 있었던 것이다.

그러나 그의 태양 중심설은 엄밀히 말해서 역사상 최초의 주장은 아니었다. 고대 그리스의 아리스타르코스와 같은 학자는 이미 그보다 훨씬 이전에 그와 같은 주장을 한 바 있었다. 하지만 그 주장은 사람들로부터 광범위한 믿음을 확보하지는 못했고, 더구나 중세 교회로부터 절대적인 지지를 받은 프톨레마이오스의 지구 중심설에 가리워서 오래도록 잊혀졌던 것이다.

코페르니쿠스의 태양 중심설은 당장 큰 파문을 일으키지는 않았지만, 케플러(Johannes Kepler, 1571~1630)가 그의 이론을 받아들이고 이를 정교하게 입증해내면서 위력을 떨치기 시작했다. 케플러는 천문학에다 수학을 도입하여 천체의 운동을 역학적으로 설명했다. 그는 초기에는 코페르니쿠스와 같이 태양의 주위를 도는 행성의 운동은 같은 속도로 원운동을 한다고 믿었으나, 관측 자료를 엄밀히 분석한 결과 그렇지 않다는 사실을 밝혀냈다. 즉, 행성의 궤도는 타원형으로서 타원의 두 중심 중 하나에 태양이 위치하고 있으며, 행성과 태양을 잇는 반지름이 돌아가면서 일정한 시간 동안

케플러

만들어내는 넓이는 같으며, 행성의 공전 주기의 제곱은 태양으로부터 평균 거리의 세제곱에 비례한다는 것이다. 모든 행성에 적용되는 '케플러의 세 가지 법칙'을 정립한 것이다.

　케플러의 천문학상의 업적은 자연과학 전반에서 획기적인 의의를 갖는 것이었다. 케플러 자신도 지적한 바 있지만, 우주의 운행은 통일적인 법칙을 따르고 있음을 입증한 것이다. 하지만 케플러 이전에도 우주에서 법칙을 찾으려고 한 철학자가 있긴 했다. 고대 그리스의 피타고라스는 수 자체를 신비하게 바라보고 만물이 수학적인 법칙에 따른다는 주장을 했던 것인데, 그는 다분히 주술적인 관점에서 바라보았다. 이에 반해 케플러는 구체적인 관측 자료를 토대로 자연계의 운동에서 처음으로 법칙을 찾아냈다는 점에서 분명한 차이가 있다.

　또한 케플러의 업적은 철학적으로 볼 때도 세계관의 변화를 알리는 의미심장한 것이었다. 자연의 변화와 운동을 설명하면서 여러 가지 요인들을 등장시켰던 이전의 사상가나, 모든 것이 신의 뜻이라는 한마디로 대신하던 중세의 세계관과는 달리, 복잡한 자연의

갈릴레이

여러 현상을 양적인 관계로 환원시키고 단순화시켰다는 것이다. 질이 아닌 양의 관계로 자연을 바라보는 이러한 세계관을 곧 '기계론적 세계관'이라고 부르는데, 이것은 근대적인 자연과학을 성립시키는 토대가 되었다. 이런 의미에서 케플러는 바로 가장 객관적인 과학으로서의 자연과학을 만들어낸 원조라고 할 수 있다.

천문학에서의 케플러의 업적은 갈릴레이(Galileo Galilei, 1564~1642)로 이어지면서, 자연현상을 수학적으로 표현할 수 있다는 믿음을 한층 더 진전시켰다. 그래서 갈릴레이는 "자연세계는 암호로 씌어진 책과 같으며, 수학은 바로 이 암호를 해독하는 열쇠다."라고 말했다.

갈릴레이는 수직 낙하 운동, 진자의 운동 및 관성을 관찰하여 법칙을 발견했고, 등속 운동과 등가속 운동의 개념을 정리하고 이를 수식으로 표현했다. 그리고 그는 목성의 위성을 발견하고, 금성의 변화를 관찰했으며, 전설 속의 은하계가 수많은 별들로 이루어져 있음을 밝혀냄으로써 인간 중심의 우주관을 완전히 뒤흔들어 놓았다.

뉴턴

코페르니쿠스, 케플러, 갈릴레이로 이어지는 천문학상의 발견과 과학적 법칙의 수립으로 이제 우주는 더 이상 인간을 위해 존재하지도 않으며, 또한 열등한 사물과 우월한 사물의 구분은 의미가 없어졌다. 지상의 나라보다 하늘의 나라가 완전해야 할 이유는 어디에도 없게 되었다. 삼라만상의 각각에서 고유한 목적이나 본질 따위는 찾을 수 없게 되었고, 다만 숫자로 표현될 뿐이었다.

하지만 과학혁명이 몰고 온 이러한 세계관의 변화가 모든 사람들에게 보편화되기까지에는 상당한 세월이 흘러야 했다. 기존의 세계관에 도전하는 행위는 무서운 죄악이었기에 갈릴레이는 종교재판소에 끌려가서 지구가 돈다는 자신의 이론을 부인해야 했다. 과학자들을 포함하여 어느 누구도 무신론자임을 자처한 사람은 없었다. 또한 많은 과학자들은 하늘의 뜻에 의지하지는 않았다 해도 물질의 신비함에 심취해서 여전히 마술이나 연금술, 점성술 따위에 집착하고 있었다.

중세의 잔재를 떨쳐내고 근세의 세계관을 형성하는 것은 과학자들의 노력만으로는 가능하지 못했으며, 많은 부분을 철학자들이

연금술에 몰두하는 사람들

담당해야 했다. 근세의 세계관을 만들어낸 철학은 인간 이성의 합리성을 바탕으로 한 '합리론'과 경험을 바탕으로 한 '경험론'이라는 두 갈래로 진행되었다.

8

데카르트

René Descartes, 1596~1650

나는 생각한다. 그러므로 나는 존재한다

과학혁명의 영향으로 철학 세계에도 완전히 새로운 철학적 조류들이 태동했다. 그러한 철학 흐름은 대륙의 합리론과 영국의 경험론으로 정립되었다. 그 중 대륙의 합리론 철학은 17세기의 데카르트로부터 비롯되었다. 이제 데카르트의 철학 세계로 들어가서 합리론 철학이 어떻게 태동하고 발전해 가는지 살펴보기로 한다.

데카르트는 1596년에 프랑스 중부의 투렌에서 고등 법원 판사를 지낸 지방 의원의 셋째 아들로 태어났다. 어머니는 그가 태어난 지 1년 만에 세상을 떠났기 때문에 그는 할머니 밑에서 자랐다. 그는 어려서 몹시 병약해서 집에 누워 있는 경우가 많았고, 그 버릇은 평생토록 계속됐다.

10세가 되어서 그는 가톨릭의 수도 단체인 '예수회'의 라 플레슈 신학교에 들어갔다. 그곳에서 그는 8년 동안 수학과 문학, 과학, 스콜라 철학 등을 공부했다. 그는 몸이 허약했지만 생각에 몰두하면 무엇이든지 집요하게 파고들었다.

18세가 되어서는 푸아티에 대학에 들어가서 법학과 의학을 공부했다. 그러나 그의 마음을 사로잡은 것은 법학이나 의학보다는 수학이었다. 그는 어찌나 수학에 매료되었는지 주위 사람들이 아무도 모르게 2년간이나 숨어 지내며 수학 연구에만 매달린 적도 있었다.

데카르트는 21세가 되었을 때 세상의 견문을 넓히기 위해 네덜란드로 건너갔다. 당시에 네덜란드로 가는 것은 귀족의 자제들이 흔히 택하는 길이었다. 그곳에서 그는 군대에 입대하여 15개월 가량을 보냈는데, 그 기간 동안에 우연히 수학자이자 물리학자인 베크만을 만났다. 베크만을 만난 것은 그의 인생에서 하나의 전환점이 되었다. 데카르트는 베크만을 통해 물리수학의 세계를 알 수 있었고, 이 학문은 그의 마음을 완전히 사로잡았다. 이 일을 계기로 이제 그의 삶은 서서히 학자의 길로 들어섰다.

22세가 되었을 때 독일의 신구교도 사이의 분쟁이 발단이 된 '30년 전쟁'이 일어나자, 그는 구교도 편에 가담했다. 그렇지만 종교적인 입장이나 전쟁 자체는 그에게 그다지 중요한 관심사가 아니었다. 25세까지 계속된 군대생활에서 그는 실제로 전투에 참여하지는 않았다. 대신 여러 나라를 돌아다니면서 견문의 폭을 넓히는 기회로 삼았다.

군에서 제대하여 프랑스로 돌아온 후 데카르트는 본격적인 철학 연구에 들어갔다. 그러면서 유럽 여러 나라를 돌아보기도 하고 파리에서 당대의 지성인들과 교류를 맺기도 하면서 수학과 과학 분야의 최신 지식들을 접했다. 그러던 중 드 베륨트 추기경으로부터 새로운 원리에 입각한 학문 체계를 수립하는 것이 신과 인류를 위한 책무라는 독려의 말을 듣고 학문의 개혁을 위한 연구에 전념하게 되었다.

그는 자신의 확고한 결심을 실행하기 위해 번잡한 파리를 떠나기로 마음먹고, 당시 유럽에서 사상의 자유가 가장 잘 보장되던 네덜란드로 이주했다. 이때 그의 나이는 33세였는데, 네덜란드에서의 생활은 이후 20년 동안이나 이어졌다. 그는 네덜란드의 여러 지방을 전전하면서 극히 제한된 몇몇 사람들만 접촉하고 오직 학문 연구에만 전심전력했다. 데카르트의 철학 연구와 성과는 대부분이 이 기간 중에 이루어졌다.

데카르트는 1649년에 그의 철학에 대해 직접 설명을 듣기를 원했던 스웨덴의 크리스티나 여왕으로부터 궁정 방문 요청을 받고 그의 개인교사가 되었다. 그러나 그는 그곳의 풍토에 적응하지 못하고 그만 폐렴에 걸려서 54세가 되던 1650년에 죽고 말았다. 그가 스웨덴으로 건너간 지 불과 4개월만의 일이었다.

데카르트는 초기에 광학, 기상학, 태양계 및 일식과 월식 등 여러 가지 과학적 문제에 관심을 가지고 저술을 냈으며, 해석 기하학의 기본 원리를 제시했다. 오늘날 기하학에서 좌표를 이용하는 것도 그가 창안해 낸 것이다. 철학서로서 주요한 것으로는『방법서설』(1637),『성찰』(1642),『철학 원리』(1644) 등이 있다.

그의 저서들에는 학문 체계를 완전히 새롭게 수립하고자 했던 그의 의지가 담겨 있었던 만큼, 발표에는 신중을 기해야 했다. 1633년에 쓴 최초의 책인『세계』에는 지동설을 지지하는 내용이 담겨 있었는데, 인쇄에 들어갈 무렵 마침 갈릴레이가 종교재판에 회부되었다는 소식을 접하고 출판을 단념하고 말았다. 그리고『방법서설』을 처음 간행할 때에는 익명을 썼으며,『성찰』은 결국 무신론으로 몰려서 교회와 학교에서 금서로 낙인찍혔다. 그의 철학은 이처럼 세계관의 전환기에서 이루어졌다.

새로운 철학의 기초를 찾아서

데카르트는 천문학을 비롯한 과학혁명의 최신 지식을 습득하면서 일찍이 중세의 스콜라 철학을 불신하게 되었다. 그래서 그가 철학에 임하면서 뜻을 두었던 것은, 전혀 새로운 진리의 근거를 찾아내고 그것을 바탕으로 새로운 학문의 체계를 만들어내는 일이었다.

데카르트는 진리의 근거를 찾아내기 위해 사람들이 당연하다고 믿는 모든 것에 대해 일단 의심해 보기로 했다. 내가 지각하는 모든 것이 착각일 수 있고, 내가 생각하는 모든 것이 허위일 수 있다고 의심했다. 내가 눈으로 보는 것이나 손으로 느끼는 모든 것도 의심했고, 나의 눈이나 손마저 착각일지 모른다고 일단 의심했다. 그가 가장 신뢰했던 수학에서의 진리마저 믿기를 보류했다. 2와 3을 더하면 5가 된다는 것도 어떤 전능한 악령이 우리 인간들을 속여서 그렇게 믿도록 하고 있는지 모른다고 의심해 보았다. 이렇게 회의하는 태도를 '방법론적 회의'라고 하는데, 이는 매사를 습관적으로 불신의 눈으로 바라보는 습성이나, 믿을 수 있는 것은 아무 것도 없다고 주장하는 '회의론' 등과는 다른 것이다.

이렇게 의심에 의심을 거듭한 끝에 그는 한 가지 분명한 사실에 도달했다. 생각하고 있는 존재로서 내가 있다는 사실은 더 이상 의심할 수 없다는 것이다. 이것을 그는 다음과 같은 유명한 말로 표현했다.

"나는 생각한다. 그러므로 나는 존재한다."

이 말은 라틴어로 "Cogito, ergo sum.(코기토 에르고 숨)"이라고 하는데, 철학에서는 이 라틴어의 표현도 위의 내용을 대신하여 자주 인용된다. 여기서 유의해야 할 사실은 '존재'란 물질이 아닌

고대서적을 밟고 있는 데카르트

정신적 존재라는 점이다. 감각도 부정하고 물질도 부정한 이상 자신의 육체를 인정하는 것은 논리적으로 부당하기 때문이다. 그런데 이 명제가 왜 옳은가에 대해서는 더 이상의 설명이나 논증이 필요 없다. 이 명제는 그 자체로서 확실하고 자명한, 즉 명석판명(明晳判明)한 진리이다.

데카르트가 찾아낸 의심의 여지가 없는 '자아의 존재'는 그의 철학의 출발점이 되었다. 그러면 다른 사물들은 어떻게 인식할 수 있는가? 나 이외의 다른 사물의 인식은 논증에 의지할 수밖에 없다. 그는 사람에게는 논리적으로 생각할 수 있는 능력이 본래부터 있다고 믿었다. 그 생각하는 능력이란 다름 아닌 이성(理性, logos)이라는 것이다. 그러면 이성은 과연 의심의 여지없이 신뢰할 만한 것인가? 이에 대해 그는 인간의 이성은 신으로부터 부여받은 것이라고 단정함으로써 이성의 능력에 대해 더 이상 의심의 여지를 남기지 않았다.

그렇다면 신은 무엇인가? 모든 것을 일단 의심하는 데카르트로서는 신의 존재에 대해서도 증명이 필요했다. 그는 신의 존재를 증명하기에 앞서서 관념을 세 가지로 분류한다. '관념'이란 영어로는 'idea'에 해당하는 것으로서, '머릿속에 들어온 바'로 이해할 수 있다. 이것은 플라톤이 말하는 초월적인 세계의 '이데아'와는 전혀 다른 것이다.

관념의 첫째는 외부로부터 오는 관념으로서, 소리, 춥고 더움 따위가 이에 해당한다. 둘째는 인위적인 관념으로서 지어낸 관념이다. 인어나 도깨비 같은 것이 이에 해당한다. 셋째는 본유 관념(本

有觀念)이라고 부르는 것으로서, 인간의 머릿속에 저절로 생기는 관념이다. 본유 관념으로는 자아, 진리, 수학적 공리 등에 대한 관념이 이에 해당되며, 신에 대한 관념 역시 본유 관념이라고 했다. 즉, 신이라는 관념은 인간에게 당연히 생겨날 수밖에 없다는 것이 데카르트의 주장이다.

이를 좀더 설명하자면, 인간이 의심한다는 것은 바로 무엇인가 부족하다는 것을 뜻한다. 즉 불완전하고 유한하다는 개념을 가진다는 것은 완전하고 무한한 것과의 비교에서 생겨나는 것이다. 그 완전하고 무한한 것을 우리는 필연적으로 생각할 수밖에 없는데, 그것이 바로 신이라는 것이다. 이렇게 신에 대한 관념은 인간들의 머릿속에 필연적으로 생겨날 수밖에 없기 때문에 본유 관념이라는 것이다.

데카르트는 이제 인간이 자연세계에 대한 지식을 얻을 수 있다는 것을 증명한다. 인간의 이성은 신으로부터 부여받은 것이기 때문에 이성의 능력으로 얻는 지식은 믿을 수 있다. 완전한 신은 성실하기 때문에 결코 장난치지 않는다. 따라서 신에게서 부여받은 이성에 의해 파악되는 외부 세계는 존재한다고 믿을 수 있는 것이다. 하지만 인간이란 종종 그릇된 판단에 빠질 수도 있는데, 그것은 어디까지나 이성의 능력을 잘못 사용하는 데서 오는 것이지, 냉정하게 판단하게 되면 틀림없이 진리에 도달할 수 있다는 것이 데카르트의 주장이다.

데카르트는 이상에서와 같이 자아가 존재한다는 사실에서 시작하여 신의 존재를 증명하고, 자연세계의 존재를 증명했다. 물론 이

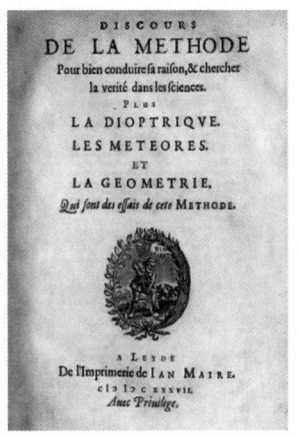
방법서설 속표지

것은 어디까지나 데카르트의 생각이지, 독자들로서는 그 증명이 왜 옳은지에 대해서는 다른 견해를 가질 수 있다. 자아의 존재와 외부 자연세계의 존재 사이에 있는 신의 존재를 그렇게 증명할 수 있는가에 대해서도 당장 의문을 품을 수 있을 것이며, 이성이 왜 신으로부터 부여받은 것이라고 생각해야 하는가에 대해서도 의문을 가질 수 있다. 여기에서 데카르트 시대의 세계관에서는 신이란 부정할 수 없는 절대 신성한 존재였다는 사실을 감안해야 한다.

그러나 자아로부터 신과 자연세계에 대한 데카르트의 증명 작업은 중요한 의의를 가진다. 그는 완전한 신의 존재를 증명함으로써 인간 이성의 권위를 인정한다. 이성에 기초한 학문은 더 이상 의심의 여지가 없는 것이다. 중세의 철학은 어디까지나 신학을 위한 도구였지만, 이제 데카르트가 수립하는 학문은 그 자체로서 완전한 것이 되었다.

물체에서 정신을 분리하여 기계론적 세계관을 확립하다

　데카르트의 철학이 근세적 세계관 형성에서 이룩한 중요한 업적은 물체의 성질을 새롭게 정리했다는 점이다. 고대로부터 많은 사람들은 자연에 영혼이 깃들여 있다고 생각했다. 이런 믿음은 철학자들에게도 그대로 투영되었다. 물활론(物活論)이라는 것이 바로 그런 것이다.

　그런데 데카르트는 자연계에서 영혼을 분리해 냈다. 그 작업은 그의 이원론적인 세계관에서 시작한다. 데카르트는 실체를 가리켜 신과 정신과 물질이라고 한다. 실체(實體, substance)란 다른 것에 의존하지 않고 그 자체로서 존재하는 것이다. 즉, 세계의 가장 근원적인 존재를 가리킨다. 이런 취지에서 볼 때 가장 엄밀한 실체는 신밖에 없다. 데카르트는 정신과 물질은 신의 피조물이라는 종교적 견해를 가지고 있었기 때문이다. 그래서 그는 부득이 설명을 붙여서, 신은 '무한 실체'이며 정신과 물질은 '유한 실체'라고 불렀다. 그러나 유한한 세계에서 볼 때, 만물은 정신과 물질로 이루어졌다는 이원론이 된다.

　정신과 물질은 어떻게 다른가? 데카르트는 이 둘을 각각의 속성에서 구분한다. 정신의 속성은 사유이며, 물질의 속성은 연장이다. 사유와 연장은 정신과 물질에 각각 고유한 속성이다. 따라서 정신과 물질은 엄연히 다른 실체이다.

　정신과 물질을 분리한 것은 물질을 과학적으로 탐구하는 데 획기적인 수단을 제공한다. 물질은 연장을 갖는 것 이상 아무것도 아니다. 중세의 세계관에서는 개개의 사물을 바라볼 때 그 자체로서 목적도 있고 형상도 있었다. 아리스토텔레스는 물체의 속성을 무려 열 가지의 범주로 분류하고 있었다. 근세로의 전환기에서도 많은 사람들은 자석이 끌고 밀치는 힘을 예로 들면서 자연계를 아직 신비하게 바라보고 있었다.

그러면 여기서 그가 말하는 물질의 속성인 연장에 대해 살펴볼 필요가 있다. '연장(延長, extension)'이란 생소한 개념인데, 공간을 점유한다는 뜻이다. 데카르트에 따르면 길이, 너비, 깊이 중 하나 이상을 가진 것, 즉 크기, 모양, 속력 같은 것이 연장의 개념에 속한다. 예컨대 어떤 공이 하나 있다고 할 때, 그 공에 대해서 지름이 얼마나 되고 어디에 위치하고 있으며, 어떻게 운동한다고 말할 수 있다. 이렇게 바라보는 것은 이 물체의 연장성을 표현한 것이다. 이 공에 대해서 왜 하필 거기에 있으며, 이 공은 어떤 용도로 만들어졌으며, 공은 어떤 방향으로 날아가야 하는가에 대해서는 말할 필요가 없다. 그런 문제는 물질의 속성인 '연장'과 아무 관련이 없는 것이다.

연장의 시각에서 물질을 바라보는 관점이야말로 오늘날 물리학에서 물질을 다루는 시각이다. 어쩌면 너무 당연할지도 모르는 이런 관점은 데카르트의 시대에는 쉬운 발상이 아니었다. 이제 자연현상을 바라보는 시각은 더욱 단순하고 명료해졌다. 그리고 자연계의 물체를 수학적으로 표시하는 데 아무런 장애가 없어졌다. 물체를 3차원 공간에서 가로, 세로, 높이의 좌표에서 표시하는 해석 기하학의 근거도 마련되었다. 이와 같은 세계관은 근세 세계관의 중요한 특징인 '기계론적 세계관'으로서, 철학에서 이것을 만들어낸

돌멩이는 아래로 떨어지려는 속성이 있어   그 답은 이거지

사람이 바로 데카르트이다.

인간은 물질과 정신의 결합체이다

　물질을 기계적으로 바라보는 데카르트의 견해는 동물에도 적용되었다. 본래 동물에게서 정신이란 인정되지 않았다. 그러나 인간에 대해서는 다르게 생각했다. 인간은 물질로서의 육체를 가지면서 또한 정신을 가지고 있다고 보았다. 반면 동물은 물질만 있을 뿐이다. 영리한 개라 할지라도 개의 움직임은 정신에 따라 움직이는 것이 아니라 기계적인 동작만 할 뿐이라고 보았다. 동물을 일종의 자동기계로 보았다. 이에 대해 인간은 물질과 정신의 결합체이다. 오직 인간만이 정신을 가지고 있다.

　그러면 완전히 이질적인 이 둘은 어떻게 결합이 되는가? 데카르트는 이를 동물정기와 송과선이라는 것을 가상하여 설명했다. 동물정기는 혈액에서 증발한 기체로서 심장에서 뇌수에 올라가며, 거기에서 신경을 통해 내려가 근육을 움직이게 한다는 것이다. 이것은 물론 그가 가상한 물질인데, 동물의 운동을 역학적으로 설명하려 한 것이다.

데카르트는 인간에게는 정신과 육체가 만나는 지점이 있다고 보고, 그것은 뇌 아래쪽에 붙어 있는 송과선이라고 생각했다. 송과선은 마음과 동물정기를 연결하는 기관이다. 그에 따르면, 외적인 자극은 신경계를 타고 송과선에 도달하여 마음속에 감각을 일으키며, 반대로 의지의 작용은 송과선을 거쳐 동물정기의 작용으로 변환되어 신체적인 운동을 하게 된다.

이러한 설명은 물론 오늘날의 과학적 지식과는 거리가 있는 것이지만, 인간을 신비롭게 설명하기보다는 역학적으로 설명하려 했다는 점에서 그가 얼마나 철저히 기계론적 세계관에 충실하려 했는지를 단적으로 엿보게 한다.

근세 합리론 철학의 전통

데카르트의 철학은 합리론이라는 새로운 철학의 조류를 형성했다. 합리론은 인간의 이성이야말로 진리를 인식할 수 있는 유일한 원천으로 바라보는 철학적 입장이다. 그리고 이 입장에서는 모든 참다운 인식은 반드시 언제 어디서나 항상 같은 것이 되어야 한다고 본다. 보편적이고 타당한 지식만이 합리론자들이 받아들이는 참다운 인식이며 진리이다.

그리고 합리론자들의 진리 추구 방식은 가장 확실한 명제로부터 시작하여 논리적인 연역을 통해 새로운 지식을 도출해 낸다. 따라서 합리론자들의 학문 방법은 연역적이라는 특징을 갖는데, 그들이 가장 확실한 학문의 전형으로 삼았던 것은 수학이었다. 그런 점에서 데카르트를 포함하여 파스칼, 스피노자, 라이프니츠 등으로 이어지는 합리론 철학자들은 뛰어난 수학자이기도 했다.

인간의 이성의 능력을 강조하는 합리론 철학은 계시를 통한 신의 인식을 강조한 중세의 철학을 청산하는 완전히 새로운 철학적 태도였다. 이러한 철학 태도는 오직 경험만을 지식의 원천으로 삼는 경험론과 대조를 이루면서 철학의 내용을 풍부하게 발전시켜 갔다.

9
스피노자

Baruch de Spinoza, 1632~1677
신은 곧 자연이다

데카르트로부터 시작된 근세 합리론 철학은 유럽 대륙으로 퍼져나가면서 많은 지지자들이 생겨났다. 합리론 철학자들은 데카르트가 강조한 인간 이성의 능력에 신뢰를 보내면서 과학과 철학 등 학문 전반에서 중세의 세계관을 떨쳐내고 새로운 세계관을 향해 줄달음쳐 나갔다. 이런 대열에 선 철학자들 중 가장 과격하게 기존의 세계관을 파괴하고 독창적인 철학을 수립한 철학자는 단연 스피노자였다. 그런 까닭에 그의 철학적 삶 또한 매우 고독하기도 했다.

스피노자는 1632년에 네덜란드 암스테르담에서 태어났다. 그의 가족은 유대인 계통으로서 이단자에 대한 탄압을 피해 포르투갈에서 네덜란드로 망명한 집안이었다. 아버지는 암스테르담에서 크게 성공한 상인이었으며, 유대 교회에서 중심적인 위치에 있던 인물이었다.

집안의 종교적인 분위기를 따라 스피노자는 7세에 유대인 학교에 입학하여 유대교 경전과 히브리어를 배웠고, 14세에는 모라틸라의 율법 학교에 들어갔다. 이때까지만 해도 온화한 성품과 뛰어난 재능을 가졌던 그는 별 탈 없이 유대교의 목사가 되는 길을 걷고 있었다.

그러던 그는 율법 학교에서 한 청년이 유대교 신앙에 회의를 품는 논문을 발표한 후 혹독한 박해를 받는 사건을 목격하고서 큰 충격을 받았다. 이 사건은 확고부동했던 스피노자의 신앙심을 뿌리째 흔들어놓았고, 점차 신앙 이외에 다른 분야에도 눈을 돌리게 하는 계기가 되었다.

스피노자의 생가 스케치

스피노자는 20세에 라틴어 학교에 입학하여 라틴어와 신학 외에도 코페르니쿠스의 천문학과 같은 새로운 지식을 습득했다. 이 학교에서 그는 유대교의 좁은 세계에서 벗어나 새롭고도 넓은 지적인 세계를 접하게 되었고, 서서히 철학의 세계로 빠져들어갔다. 그의 철학 탐구의 대상은 고대에서 데카르트에 이르기까지 모두 망라되었는데, 특히 부르너와 데카르트에게서 많은 감명을 받았다.

이제 유대교는 더 이상 그의 마음을 사로잡지 못했다. 그러자 유대 교회에서는 그를 위험한 인물로 간주하기 시작했고, 그의 무신론적인 사상을 즉각 포기할 것을 요구했다. 유대교 지도자들의 회유와 협박은 집요했지만, 그는 끝내 자신의 고집을 꺾지 않았다. 마침내 그는 1656년에 유대교에서 파문당하고 말았다.

파문은 심각한 것이었다. 교회에서는 어느 누구를 막론하고 그와 말해서도 안 되며, 글로 교신해서도 안 되며, 그를 돌봐서도 안 된다고 선고했다. 나아가 그와 함께 살아서도 안 되며, 그에게 가까이 접근해서도 안 되며, 그의 글을 읽어서도 안 된다고 명령했다. 그는 아버지가 남긴 유산도 포기해야 했다. 그렇다고 변변한 직장도 구할 수 없었기에 그는 학창 시절에 익혔던 렌즈를 깎는 일로 생계를 꾸려가야 했다.

스피노자는 파문당한 후 암스테르담을 떠나 주로 농촌에서 살았는데, 생활은 매우 가난하고 고독했다. 그렇지만 무엇과도 바꿀 수 없는 소중한 철학이 있었기에 그는 결코 불행하지는 않았다. 그의 철학은 호이겐스와 라이프니츠와 같은 당대의 유명 인사들과 서신 교환을 하면서 명성을 얻기 시작했다. 이에 힘입어 1673년에는

추방당하는 스피노자

하이델베르크 대학의 철학 교수로 초빙되었는데, 그는 공공기관과 계약을 맺는 것이 자신의 사상의 자유를 해칠 우려가 있다고 생각해서 이를 거절했다.

평생 렌즈를 깎는 일 외에 다른 직업을 갖지 않았던 그는 결국 이 직업으로 인해 폐병에 걸리고 말았고, 마침내 이 병으로 1677년에 세상을 떠나야 했다. 이때 그의 나이는 불과 44세였다. 그의 생애는 이처럼 짧고도 고독했지만, 그는 철학사에서 찾아보기 어려운 엄밀하고도 심오한 철학을 남겼다.

스피노자는 생전에 저서를 두 권밖에 출판하지 않았다. 그 책은 1670년에 발간된 『데카르트 철학의 원리』와 『신학 정치론』이다. 그의 저서 중 가장 위대한 것으로 평가받는 『기하학으로 증명된 윤리학』(에티카)은 생전에는 출판되지 못하고 그가 죽은 다음에야 발간되었다. 그는 이 책의 내용으로 어떠한 형벌을 받게 될 것인지를 잘 알고 있었던 것이다. 이 밖에 『국가론』과 『지성 개조론』 등이 역시 그가 죽은 후에 간행되었는데, 그의 저서들은 오래도록 금서 목록에 올라 있었다.

실체는 하나이며, 그것은 곧 신이고 자연이다

스피노자의 철학사상은 그의 『윤리학』에서 대부분 다루어지고 있다. 이 책의 본래 제목은 『기하학으로 증명된 윤리학』인데, 인간의 규범을 다루는 윤리학이 기하학처럼 증명될 수 있을까에 대해서는 의아스럽지 않을 수 없다. 그러나 이 책을 들여다보면 과연 기하학에서와 같이 '정의-공리-정리'의 체계로 진지하게 구성되어 있으며, 정리는 정의와 공리에 따라 엄밀하게 증명되고 있다.

그가 이런 체계를 채택한 까닭은 기하학의 체계야말로 가장 엄밀한 진리의 체계라고 생각했기 때문이다. 따라서 인간의 윤리 규범이라 할지라도 가장 확실한 진리를 추구해야 한다면 마땅히 수학적인 방법에 따라야 한다고 그는 생각한 것이다. 이런 스피노자에게서 합리론 철학의 극치의 모습을 보게 된다.

스피노자의 관심은 대표작의 제목에서와 같이 인간이 추구해야 할 가치의 문제에 있었다. 그러나 이 문제에 바르게 접근하기 위해서는 이 세계에 대한 올바른 인식이 선행되어야 한다고 생각했다. 그래서 『윤리학』에서는 인식의 문제에서 출발하는데, 그의 인식론의 목표는 데카르트 철학이 가지고 있는 문제점을 우선 극복하는 일이었다.

데카르트는 정신을 물체에서 분리해내는 이원론을 전개함으로써 자연현상에 대한 기계적인 설명을 가능하게 하였지만, 이 둘 사이의 상호 관계는 명료하지 못한 것으로 지적되었다. 더구나 육체와 정신으로 이루어진 인간을 설명하면서 정신과 물질의 상호작용은 억지스러운 것으로 비판받았다.

스피노자는 이러한 문제점을 극복하기 위해 실체의 정의에서부터 풀어나가려 한다. 스피노자는 『윤리학』의 서두에서 실체에 대해 다음과 같이 정의하고 있다.

'실체(實體, substance)'란 독자적으로 존재하며 그 자체를 통하여 이해되는 것, 다시 말하면 그것의 개념이 다른 어떤 존재의 개념을 요구하지 않은 것을 말한다.

사실 여기에서 정의된 스피노자의 '실체' 개념은 데카르트의 실체 개념과 다를 바는 없다. 그러나 스피노자는 이 정의에 충실한다면 실체는 오직 하나만이 존재할 뿐이라고 말한다. 그리고 이 하나를 가리켜 '신'이라고 말한다.

그러나 그가 말하는 '신'에 대해서는 특별한 주의가 필요하다. 그의 신은 그리스도교에서와 같은 창조자로서의 신이 아니다. 신이 세상을 창조했다면 창조된 피조물이 있을 터인데, 이렇게 되면 창조자로서의 신은 피조물의 존재를 전제로 한 신이 되고 만다. 그

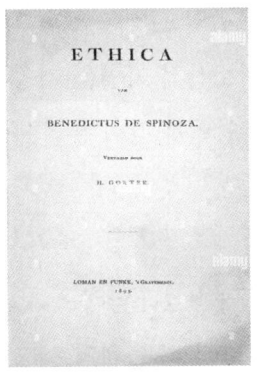
에티카

는 '실체'를 정의하면서 다른 개념에 의존하지 않고 독자적으로 존재하는 것을 실체라고 했으므로, 자신 이외의 다른 것을 상정하는 존재는 더 이상 실체가 될 수가 없는 것이다. 그래서 그가 실체로서 말하는 신은 창조자로서의 신이 아니다.

스피노자는 다시 "신은 곧 자연이다."라고 말한다. 자연이란 대자연 혹은 우주라는 의미로 받아들일 수 있다. 그는 모든 것이 생성되고, 처음과 끝이 없고, 모든 것을 포괄하는 것으로서 거대한 자연계를 생각했다. 그러면 그는 왜 처음부터 실체를 자연이라고 단정하지 않고 먼저 신을 끌어들였을까?

보통 자연이라고 할 때에는 눈으로 확인할 수 있는 만물의 총합으로 이해하는데, 자연에는 또한 끊임없이 생산하는 능동적이고 창조적인 작용이 있다고 그는 생각했다. 능동적이고 창조적인 측면에서의 자연을 그는 '능산적 자연(能産的 自然, natura naturans)'이라고 불렀고, 유한한 만물의 총합으로서의 자연을 그는 '소산적 자연(所産的 自然, natura naturanta)'이라고 불렀다. 그가 말하는 신은 바로 능산적 자연으로서의 성격을 표현하기 위한 것이었고, 일반적으로 말하는 자연은 소산적 자연을 지칭하는 것이라 할 수 있다. 물론 이 둘은 동전의 양면과 같이 분리할 수 없는 하나로서 '자연=신'이다.

스피노자가 생각하는 실체의 속성과 양태

데카르트는 실체를 신, 정신, 물질의 셋으로 보았다. 또 데카르트는 신은 무한 실체이고 정신과 물질은 신에 의해 창조된 유한 실체로 구분하였으며, 정신의 속성은 사유이고 물질의 속성은 연장(延長)이라고 보았다. 그러나 스피노자에게서 실체는 '신=자연' 하나만 인정될 뿐, 실체로서의 정신과 물질은 부인된다. 그러면 스피노자에게서 정신과 물질, 사유와 연장은 무엇인가?

스피노자에 따르면 사유와 연장은 실체의 속성에 해당한다. 그는 '속성(屬性, attribute)'이란 지성이 실체의 본질을 구성하는 것으로서 인식하는 것이라고 정의한다. 이 실체의 속성으로는 사유와 연장의 두 가지가 전부는 아니다. 무한한 실체는 무한히 많은 속성을 가지고 있으나, 인간은 오직 이 두 가지만을 알고 있을 뿐이다. 인간은 사유의 방식으로 실체를 인식할 수도 있으며, 겉으로 드러난 연장의 방식으로 실체를 인식할 수도 있는 것이다.

한편 스피노자에 따르면, 정신과 물질은 양태에 해당한다. 그는 '양태(樣態, mode)'란 실체의 변화된 상태, 즉 다른 무엇에 의존하여 있으며 다른 무엇을 통해서 이해되는 것이라고 정의한다. 그에게서 정신과 물질은 피조물로서 여러 조건에 의해 제약을 받는 것이기 때문에 양태에 해당한다. 물론 이 둘도 역시 무한히 많은 양태의 일부에 지나지 않는다.

그런데 정신이나 물질은 오직 하나인 실체가 형태를 바꾸어 드러난 것에 해당하기 때문에 근원적으로는 하나일 뿐이다. 그것은 마치 수식으로 표현한 함수식이나, 이것을 좌표상에서 곡선으로 표시한 것이나, 이 둘은 형태만 다를 뿐 본질적으로는 전혀 다르지 않는 것과 마찬가지 이치다.

따라서 인간을 설명하면서도 데카르트처럼 완전히 다른 정신과 물질의 상호 작용으로 복잡하게 설명할 필요가 없어졌다. 스피노자에게는 오직 하나의 실체만이 존재하기 때문이다.

스피노자는 이렇게 데카르트의 이원론을 부정했다. 이렇게 하여 스피노자의 세계관은 일원론의 입장에 서 있으며, 신을 곧 자연으로 바라보는 관점은 범신론(汎神論)에 해당한다. 그래서 스피노자의 세계관은 '범신론적 일원론'이라고 한다.

자연의 법칙에 순응하는 것이 자유와 행복을 누리는 것이다

스피노자의 『윤리학』은 신을 비롯해서 정신, 감정 등에 대해 다루고 난 후에 최종적으로는 지성의 능력, 인간의 자유의 문제를 다루면서 끝을 맺고 있다. 이러한 구성에서 보듯이 그가 궁극적으로 추구하고자 했던 것은 바로 인간의 행복과 윤리의 문제였다.

스피노자에 따르면 인간은 자연(=신)의 일부이다. 그리고 자연의 현상은 필연적인 법칙에 따른다. 그는 "자연 안에 하나라도 우연한 것은 없으며, 모든 것은 일정한 방식으로 존재하고 작용하도록

신적 본성의 필연성에 의하여 결정되고 있다."라고 말한다.

그렇다면 인간에게는 결코 자유로운 의지나 결단이란 있을 수 없게 된다. 스피노자는 이것을 다음과 같이 비유한다. 자유로운 선택과 결단이 가능하다고 생각하는 인간이 있다면, 그는 마치 공중에 던져진 돌이 일정한 궤도를 따라서 떨어지고 난 뒤에 그 돌이 마치 자신의 자유로운 의지에 따라 날아간 것처럼 생각하는 것과 마찬가지이라고.

이처럼 인간의 행동은 자연현상과 마찬가지로 불변의 철칙을 벗어날 수 없다. 또 자연의 필연적인 운행에 선과 악을 말할 수 없듯이, 모든 인간이 추구해야 할 선이나 악이 이 세상에 객관적으로 존재하지는 않는다. 그러나 자연 안의 모든 존재는 스스로를 보존하려는 성향을 가지고 있다고 스피노자는 말한다. 이런 관점에서 볼 때 인간이 자신을 보존하는 데 유용한 것은 선하다고 할 수 있으며, 그렇지 않은 것은 악하다고 할 수 있다.

'자신의 보전'이라고 할 때는 동물적인 본능도 부인할 수 없지만, 인간에게는 이성이 있다는 것을 스피노자는 강조한다. 인간의 이성은 결코 일시적이고 자기 개인에게만 유용한 것을 생각하지 않게 한다. 이성은 순간적인 현재를 뛰어넘어서 지금의 행동이 후일에 가져올 결과까지 미리 생각하게 해준다. 생명의 추진력으로서 인간에게는 충동과 본능이 있지만, 그러한 것들은 이성의 빛에 의해 인도되고 정돈되는 것이다.

스피노자는 인간이 추구해야 할 가치 있는 행동과 삶이란 바로 자연의 법칙을 이해하고 감정의 동요를 일으키지 않는 것이라고 말한다. 지혜로운 사람은 자연의 법칙을 깨우치고 자연의 변화에 대해 불안을 느끼지 않는다. 필연적인 것은 곧 신의 의지이므로 필연에 대한 보다 큰 인식은 곧 신에 대한 보다 깊은 사랑과 복종을 뜻한다. 스피노자는 인간이 도달할 수 있는 최고의 상태를 '신에 대한 지적인 사랑'이라고 말한다.

어리석은 사람은 외적인 원인에 의해 갖가지 끊임없는 유혹에 내던져진 채 좀처럼 충족감을 느끼지 못한다. 또한 자기 자신과 신과 사물에 대해서도 무의식적인 상태에서 추종하는 나날을 보내기 때문에, 외적인 작용이 종식되면 곧 스스로의 존재도 상실되고 만다. 그러나 현명한 사람은 좀처럼 감정의 동요를 나타내는 일이 없이 자기 자신이나 신 또는 사물이 처해 있는 영원의 필연성을 의식하고 있고, 결코 스스로의 존재를 단절시키는 일이 없이 언제나 진정한 마음에서 충족감을 누린다. 이렇듯 자연의 필연성을 인식하면 인간은 속박되는 것이 아니라 진정으로 자유로워질 수 있다. 여기에 이르면 스피노자의 도덕적 가치관이 동양적 색조를 띠고 있음을 발견하게 된다.

스피노자 철학의 의의

스피노자 철학은 여러 측면에서 혁신적이었다. 그는 데카르트의 합리론 정신을 더욱 철저하게 밀고 나가면서 대단히 독창적인 철학을 발전시켰다.

데카르트는 자연현상을 기계적으로 이해하기 위해 물체에서 정신을 분리해냈지만, 스피노자는 이 둘을 보다 높은 차원에서의 자연이라는 하나로 통합했다. 그는 종교적인 신을 부정했다. 그의 신은 모든 것의 근원이고 무한하고 필연적인 성격으로서의 자연을 표현하기 위한 의미에서 신이었지, 종교적인 의미에서의 신은 아니었다. 결국 그가 말하는 자연이란 물질과 다를 바 없으나, 그 물질이란 무질서한 것이 아니라 신과 같이 질서정연한 것이었다.

데카르트에게서 신은 인간의 이성적인 인식 능력을 보증하기 위한 존재로서 의미가 부여되었지만, 데카르트가 시도한 신의 존재 입증은 논리적으로 불철저한 것이었다. 스피노자는 신과의 적당한 타협을 거부했다. 이성에 대한 스피노자의 믿음은 확고한 것이었기 때문에 데카르트처럼 굳이 신으로부터 보증받을 필요성을 느끼지 않았다.

스피노자의 철학은 종교적 의미에서의 신을 부정하는 매우 파괴적인 세계관을 담고 있었다. 따라서 그의 철학은 생존 당시는 물론이고 사후에도 상당 기간 동안 금기시되었다. 스피노자의 철학은 무신론으로 지목되었고, 그의 저서는 유대교와 그리스도교의 신구교를 불문하고 철저히 불온시되어 금서로 취급되었다.

그의 철학은 18세기에 이르러서 레싱과 괴테와 같은 문학가들로부터 찬사를 받기 시작했다. 그리고 이 무렵에 쇼펜하우어, 니체, 베르그송 등과 같은 철학자들이 그의 철학에 많은 관심을 기울였고 그로부터 사상적 영향을 받았다. 스피노자의 시대에는 그의 철학을 이해하려는 행위 자체가 종교적으로는 이단자이며 무신론자로 몰렸기 때문에, 그의 철학이 빛을 보기까지는 상당한 세월이 흘러야 했던 것이다.

기하학 책을 연상하게 하는 스피노자의 『에티카』

<공리>

1. 존재하는 모든 것은 그 자체 안에 있든가, 그렇지 않으면 다른 것 안에 있다.
2. 다른 것에 의해서 사고되지 않은 것은 그 자체에 의해서 사고되지 않으면 안 된다.
3. 주어진 일정한 원인으로부터 필연적으로 어떤 결과가 생기게 된다. 이와는 달리 어떤 일정한 원인이 주어지지 않는다면 결과가 생긴다는 것은 불가능하다.
4. 결과에 대한 인식은 원인에 대한 인식에 의존하게 되며, 또한 이를 내포하고 있다.
5. 서로 공통점을 갖지 않는 것은 역시 서로 인식될 수가 없다. 다시 말해서 한 개념은 다른 개념을 내포하지 않는다.
6. 진정한 관념은 그 대상(관념된 것)과 일치하지 않으면 안 된다.
7. 존재하지 않는다고 생각될 수 있는 것은 본질은 존재를 내포하지 않는다.

<정리1> 실체는 본성상 그 변상에 우선한다.
<증명> 정리 3과 5로 미루어 명백하다.

<정리2> 서로 다른 속성을 갖는 실체는 서로 공통점을 갖지 않는다.
<증명> 이것 역시 정의 3으로 명백하다. 왜냐 하면 제각기 실체는 그 자체 가운데 존재하지 않으면 안 되고, 또한 그 자체에 의해서 생각되지 않으면 안 되기 때문이다. 한낱 실체에 대한 개념은 다른 실체에 대한 개념을 내포하지 않는다.

— 『에티카』(차근호 옮김, 예원출판사)에서 인용

10

라이프니츠

Gottfried Wilhelm Leibniz,
1646~1716

악이 있기에 세상은 선하다

철학자를 바라보는 세상 사람들의 시선은 대체로 어두운 편이다. 짧은 표현 한마디에도 많은 의미를 담으려는 철학자들에게는 항상 긴장이 감도는 것 같고, 고뇌에 찬 표정은 항상 우수를 드리우는 것 같아 보인다.

그런 가운데 유독 '낙천주의자'라는 별명이 따라다니는 철학자가 있으니, 바로 라이프니츠이다. 하지만 그의 낙천주의란 태평성대한 동양적인 낙천주의와는 사실 거리가 좀 있다. 그의 낙천주의는 낙천주의적인 인생관이 아니라 철학적 입장이 낙천주의라는 것이며, 또한 신에 대한 무한한 찬양 때문에 그런 별명이 붙여진 것이다.

라이프니츠는 '철학의 나라' 독일에서는 근세 철학의 창시자로 일컬어진다. 그가 태어났던 17세기의 독일은 신구교도 사이의 30년 전쟁의 여파로 유럽에서 가장 후진적인 나라로 떨어져 있었다. 상공업의 발전은 뒤처졌고, 국가는 분열된 채 근대화가 지연되었다. 이렇게 낙후된 가운데서도 독일은 철학이라는 정신적 세계에서는 유럽에서 가장 중심적인 위치로 떠오르게 되는데, 그 효시가 된 인물이 바로 라이프니츠였다. 그의 철학은 데카르트, 스피노자로 이어지는 대륙의 합리론의 입장에 서 있다.

라이프니츠는 30년 전쟁이 끝날 무렵인 1646년에 독일의 라이프치히에서 태어났다. 그의 아버지는 법률가이자 도덕 철학 교수로 라이프치히 대학에서 봉직했다. 아버지는 그가 6세 되던 해에 세상을 떠났는데, 아버지가 남긴 학구적인 유산으로 인해 그는 어릴 때부터 남다른 지적 환경에서 성장할 수 있었다. 그리하여 일찍이 네 살 때부터 글을 읽기 시작하면서 그는 곧 문학책과 역사책을 접할 수 있었다.

이어 그는 6세 때 학교에 입학하여 라틴어, 그리스어를 배우고 그리스 고전 철학과 스콜라 철학, 그리고 신학에 이르기까지 철학에 관한 방대한 독서를 쌓았다. 15세에는 라이프치히 대학에 입학하여 최신의 과학 이론과 베이컨, 데카르트 등 새로운 철학을 접하고, 점차 수학과 과학에 관심을 집중했다.

2년 후에 예나 대학으로 옮겨 법률학을 공부한 뒤 20세에 라이프치히 대학에서 법학박사 학위를 신청했으나, 나이가 어리다는 이유로 받아들여지지는 않았다. 법학박사 학위는 대신 뉘른베르크의 알트도르프 대학에서 받을 수 있었다. 이 대학에서는 그의 학식을 높이 평가하여 학위 수여와 함께 교수직을 제안했는데, 그는 이를 거절했다. 그는 이후로도 평생토록 대학 강단에는 서지 않았다.

대학을 졸업한 라이프니츠가 활동의 무대로 삼은 것은 외교 분야였다. 본격적인 최초의 외교활동은 26세에 마인츠 후국 선제후의 명령에 따라 파리로 가서 네덜란드와 독일을 위협하는 프랑스 루이 14세의 공격 의도를 돌려놓도록 하는 일이었다. 거기에서 라이프니츠는 그리스도교 국가들이 일치단결해서 비그리스도교 세계에 대항하자고 역설했다. 그는 그 일환으로 이집트를 공격하자고 제의했지만 당장 실현되지는 않았다.

이 일이 계기가 되어 그는 파리에서 4년간 체류했는데, 비록 외교관의 신분이기는 했지만 학문에 대한 식지 않는 열정으로 그곳에서 다시 학문에 눈을 돌렸다. 그는 그곳에서 데카르트를 연구했고, 스피노자의 『윤리학』 초고를 읽을 수 있었다. 그리고 수학의 정수를 접하게 해준 호이겐스 등 당대의 저명인사들을 이 기간 중에 만났다. 라이프니츠는 귀국하는 길에 네덜란드에 들러 스피노자를 직접 만나 한 달 동안이나 철학에 대해 진지한 토론을 벌였다. 그가 뉴턴과는 별도로 독자적으로 미적분의 원리를 발견한 것도 이 시절의 일이었다.

그는 1677년에 귀국하여 하노버의 군주인 프리드리히 요한 공의 초빙을 받아 그곳에서 공작의 사서 겸 궁내 자문관으로 정착했다. 이후 여행기간을 제외하고는 죽을 때까지 그곳에서 떠나지 않았다.

라이프니츠는 1700년에 베를린 학술원을 창설하는 데 공헌했으며, 각 나라 사이의 문화적 교류 증진을 위해 다양한 제의를 했다. 그리고 신학에 있어서도 신교의 여러 교파들을 통합하기 위해 노력했고, 가톨릭과도 통합하려는 계획을 세우기도 했는데 성공을 거두지는 못했다.

하노버의 선제후에게 봉사한 시기에 그는 주로 법학자와 역사가로 활약했다. 그는 이 시기에 많은 원전 연구를 바탕으로 역사서적을 편찬했으며, 수학과 철학도 꾸준히 연구를 계속했다.

다방면에 걸쳐 정력적으로 많은 활동을 한 라이프니츠는 말년에 실각하고 말았다. 분루를 삼키며 고독한 나날을 보내던 그는 1716년에 세상을 떠났다. 한때 화려한 지위에 있었던 그는 정치적 몰락과 함께 그의 장례는 아무런 격식도 없이 초라하게 치러졌다. 다만 프랑스 학술원만이 그를 추도하는 글을 발표하여 조의를 표했을 뿐이다.

라이프니츠는 법률, 과학, 형이상학, 인식론, 신학 등 다방면에 걸쳐 수많은 논문을 썼다. 그리고 당대의 많은 저명인사와 서신을 교환하여, 3만 통에 이르는 많은 편지를 남겼다. 그가 쓴 논문 가운데 유명한 것으로는 「형이상학 서설」(1686), 「자연의 신체계」(1695), 「단자론」(1714), 「이성에 입각한 자연과 은총의 원리」(1714) 등이 있다. 저서로는 『신정론(神正論)』(1710)이 생전에 출판되었으며, 로크의 『인간오성론』에 대한 비판서인 『인간오성신론』은 그가 죽고 나서 한참 후인 1765년에야 출간되었다.

세계는 무수히 많은 단자로 이루어져 있다

데카르트, 스피노자에 이르는 합리론 철학에서는 실체란 과연 무엇인가가 중요한 문제였다. 세계의 궁극적 존재를 올바르게 이해하는 것은 바로 모든 진리의 출발이 되기 때문이다. 물론 합리론자들에게는 이성을 존중한다든지, 수학과 같은 연역적 방법을 사용한다든지 하는 것은 공통된 철학 정신이었다.

데카르트는 실체를 신, 정신, 물질의 셋으로 보았고, 현실세계를 정신과 물질의 이원론으로 파악했다. 이에 대하여 스피노자는 실체를 무한한 신 혹은 자연으로 파악하면서, 신과 자연을 같은 것으로 보는 범신론적 일원론의 세계관을 주장했다. 라이프니츠는 이들의 주장에 대해 다른 견해를 내놓았다.

라이프니츠는 실체란 더 이상 쪼갤 수 없는 것이 되어야 한다고

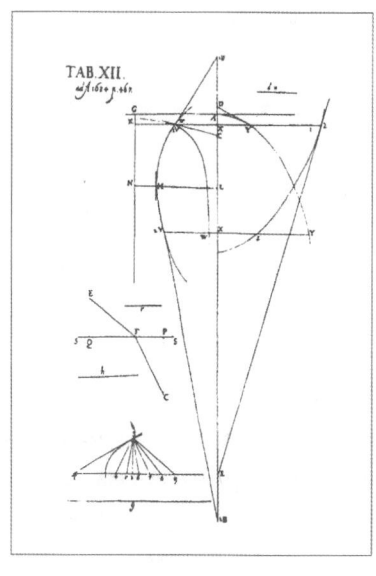

◀ 라이프니츠의 미적분 설명

라이프니츠와 뉴턴은 비슷한 시기에 미적분 원리를 주창했는데, 누가 더 먼저 발견했는가를 놓고 오래도록 논쟁이 지속되었다.

생각했다. 그런데 데카르트의 물질이나 스피노자의 자연과 같은 실체는 그 속성을 연장(延長)으로 파악했는데, 연장이란 얼마든지 쪼개어질 수 있는 성질이라고 한다. 그래서 데카르트나 스피노자의 실체는 진정한 의미에서 실체가 될 수 없다고 말한다. 실체가 연장이라는 속성을 가져서는 안 된다는 라이프니츠의 견해는 곧 실체는 물질적인 것이 되어서는 안 된다는 주장으로 이어진다.

한편, 라이프니츠는 무한한 실체로부터 유한한 사물들이 생겨난다는 스피노자의 주장 또한 설득력이 없다고 생각했다. 이 주장은 유한자의 생성 과정에 대한 설명이 모호하며, 또한 개개인은 무한자의 필연성에 속박됨으로써 활동의 주체로서의 의식을 가질 수 없게 된다는 것이다. 그래서 라이프니츠는 유한자 속에서 실체를 찾았고, 그 실체는 활동할 수 있는 존재라고 보았다.

라이프니츠의 이러한 구상은 곧 실체를 수없이 많은 단자(單子, monad)들로 생각하기에 이르렀다. 단자란 더 이상 쪼갤 수 없는 단순한 실체로서의 개체를 뜻한다. 그래서 단자는 물리학의 원자와 유사한 것으로 생각되기 쉬운데, 원자는 물질적인 것인 반면에 단자는 비물질적인 정신적 개체라는 점에서 근본적으로 다르다.

단자에 대해서는 보다 많은 설명이 필요하다. 단자는 비물질적이기 때문에 공간을 점유하지 않는다. 단자는 생성되거나 소멸되지 않고 영원하다. 단자는 외부로부터 영향을 받지 않으며, 단자의 변화는 내적인 원리에 의해서만 이루어질 뿐이다.

무수히 많은 단자는 모두 제각기 다른 성질을 가지고 있다. 이 세상에 같은 단자는 존재하지 않는다. 단자는 정신적 능력을 가지고 있는데 정도의 차이가 있다. 그래서 최하위의 단자는 무생물과 같이 불분명하고 무의식적인 지각을 하지만, 인간의 정신과 같은 단자는 이성적인 의식을 하며, 최상위의 단자는 신으로서 전지전능한 힘을 가지고 있다.

단자는 하나하나가 전 우주를 반영하는 거울로서 소우주라 할 수 있다. 그것은 마치 아무리 하찮은 생물의 세계라 할지라도 인간의 세계만큼이나 당당한 하나의 세계를 가지고 있는 것과 마찬가지이다. 단자는 서로 다른 것에 대하여 영향을 미치지 않고 독립적이다. 그래서 마치 밀폐된 집처럼 "단자에는 창문이 없다."고 그는 말한다.

이상과 같은 라이프니츠의 단자론은 많은 실체를 인정함으로써 '다원론'의 입장에서 서 있고, 정신과 물질의 상호작용설을 부정하고 정신적 실체만을 인정함으로써 '형이상학적 유심론(唯心論)'에 서 있다.

예정 조화설과 철학적 낙천주의

그런데 단자들은 제각기 독립적인데 어떻게 하나의 세계를 이룰 수 있는가라는 문제가 야기된다. 라이프니츠는 이를 '예정 조화설'로 설명한다. 즉, 신은 단자들이 서로 조화를 이루게끔 창조했기 때문에 단자들은 상호 교섭이 없이도 조화로운 통일을 이룬다는 것이다. 여기서 그는 종교적으로 그리스도교의 입장에 확고히 서 있다. 이 점에서 신의 위치를 소극적으로 보았던 데카르트나, 종교적인 신을 부인한 스피노자와는 확연히 다르다.

예정 조화설은 육체와 정신의 관계에도 적용된다. 즉 육체와 정신은 각각의 본질적인 법칙에 따라서, 육체는 기계적으로 활동하며, 정신은 목적에 맞추어 활동한다. 이렇게 각각의 활동은 다른 형태로 진행되지만 완전한 조화를 이룬다. 그것은 마치 두 개의 시계를 아주 정교하게 만들어서 똑같이 가도록 맞춰놓은 것과 마찬가지라는 것이다. 예정 조화설은 이처럼 기계론적인 필연성을 받아들이면서도 종교적인 목적론을 함께 수용하고 있다.

신에 대한 라이프니츠의 입장은 단순히 신의 존재를 변호하는 데 그치지 않았다. 세상을 조화롭게 창조했다는 견해에서 이미 드러나고 있지만, 그는 신이 이 세상을 가능한 한 모든 세계 가운데서도 가장 훌륭한 것으로 창조했다고 말한다.

그러나 우리는 이 세상에서 수많은 악을 발견한다. 가난, 전쟁, 질병, 범죄 등 이렇게 엄연히 존재하고 있는 악은 도대체 무엇이란 말인가? 이러한 악을 두고서 어찌 이 세상이 가장 좋은 것이라고 말할 수 있을 것인가? 이런 반론에 대해서 라이프니츠의 답변은 걸작이다. 그러한 악이 있기에 이 세상은 선하게 보인다는 것이다. 만일 악이 없다면 선한 것은 결코 선한 것으로 보이지 않을 것이다. 추한 것은 아름다움을 위해 있는 것이며, 불완전한 것은 완전한 것을 위해 있는 것이다. 비록 부분적인 악이 있다 할지라도 전체 속에서는 선한 것이며, 무한한 신의 눈에는 결코 악이란 있을 수 없다는 것이 라이프니츠의 주장이다. 이러한 견해가 바로 그의 '철학적 낙천주의'이다.

이성의 진리와 사실의 진리

라이프니츠는 진리를 두 가지로 구분했다. 즉, '이성의 진리'와 '사실의 진리'이다. '이성의 진리'란 모순율에 근거를 가지고 있는 것으로서, 경험과 무관하게 얻을 수 있는 진리이다. 모순율이란 모순된 명제는 거짓이며, 거짓된 명제에 모순 대립하는 명제는 참이라는 원리이다. 모순율의 원리에 의하여 논리적으로 연역되는 모든 명제는 반드시 옳다. 수학적 진리는 바로 이런 것에 해당한다.

'사실의 진리'는 충족 이유율(充足理由律)에 근거하여 얻게 되는 진리이다. 충족 이유율이란 어떠한 사물도 이유 없이는 존재할 수 없으며, 어떠한 명제도 근거 없이는 참될 수 없다는 원리이다. 그런데 흔히 주위에서 보게 되는 많은 사물과 현상에 대해서, 그러한 것들이 존재하는 이유를 모르는 경우가 무수히 많다. 가령 "물은 끓으면 수증기가 된다."는 사실은 '사실의 진리'에 해당하는데, 이 사실에 대해서는 과학적 지식을 동원하여 상당히 많은 부분을 설명할 수 있겠지만, 궁극적으로 파고들어가면 결국에는 반드시 그래야만 하는 이유를 설명하지는 못하게 된다. 다만 그런 현상을 알고 있을 뿐이다. 이런 '사실의 진리'는 그렇기 때문에 후천적인 경험에 의해 우연히 얻게 되는 진리이다. 라이프니츠는 이렇게 두 가지 진리의 성격을 설명하면서 모순율과 충족 이유율이라는 논리학적 개념을 분명히 했다.

라이프니츠는 이 두 가지 진리는 유한한 인간에 있어서 그렇게 구분될 뿐이지, 무한한 신의 입장에서는 모든 진리는 다 이성의 진리이고 선천적으로 파악된다고 말한다. 우리 인간에게서 우연하게

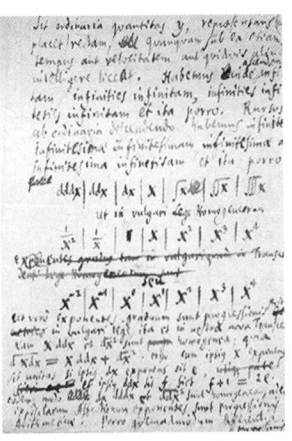
라이프니츠의 친필원고

보이는 것일지라도 이미 신에게는 어느 하나도 우연한 것은 없고 모두 필연적이라는 것이다. 이러한 입장은 그리스도교를 전제로 한 그의 신학적 견해라 할 것이다.

라이프니츠의 진리 구분에서는 이성만이 진리를 얻는 유일한 수단이라는 주장이 약화되면서 어느덧 경험론의 주장이 스며들고 있음을 볼 수 있다. 비록 그가 경험 자체를 강조하지는 않았고, 경험적 진리에 대해서도 논리학의 개념을 빌리기는 했지만 말이다.

라이프니츠의 진리관은 경험에서 출발하지 않고 세상의 궁극적인 존재, 즉 실체에 대한 자신의 견해에서 출발했기 때문에 그는 분명히 합리론자였다. 실체에 대한 견해는 합리론 철학자들의 주요한 쟁점이었다. 그러나 아무리 실체를 정교하게 정의하고 이해한다 할지라도 철학에서 경험을 통한 진리의 인식 문제는 외면할 수 없게 되었다.

11

베이컨

Francis Bacon, 1561~1626

아는 것이 힘이다

16세기 말부터 합리론 철학의 흐름과 함께 근세 철학의 또 다른 흐름이 태동하고 있었으니, 곧 경험론 철학이다. 두 가지 철학은 모두 중세의 학문을 타파하고 신뢰할 수 있는 새로운 학문의 방법을 찾아내기 위한 노력에서 진행되었다. 다만 추구하는 방법에서 차이를 보이는데 합리론이 인간의 이성을 중요시하는 반면, 경험론은 실험과 관찰을 중요시한다.

이 두 가지의 대조적인 철학적 방법은 비슷한 시기에 등장한 후 17세기를 거치면서 서로의 한계를 지적하며 발전해 간다. 그런데 공교롭게도 합리론은 영국을 제외한 유럽 대륙에서 위세를 떨쳐 '대륙의 합리론'이라고도 불리며, 반대로 경험론은 영국에서 위세를 떨쳐 '영국의 경험론'이라고 불리기도 한다.

이제부터 경험론의 입장에 선 세 명의 영국 철학자를 만나볼 것이다. 그 첫 번째는 경험론 철학의 기초를 마련한 베이컨이다.

베이컨은 왕의 도장을 담당하는 관리인 국새상서를 지낸 영국 귀족의 아들로 1561년에 런던에서 태어났다. 그가 태어난 시기는 엘리자베스 여왕이 왕위에 오른 지 3년째가 되던 해로서, 베이컨은 바야흐로 영국이 번영의 황금기를 구가하던 시대에 활동했다.

베이컨은 12세에 케임브리지 대학의 트리니티 칼리지에 입학했다. 그리고는 3학년 때 중퇴했는데, 대학에서 강요하는 스콜라 철학에 대한 강한 거부감 때문이었다. 이 무렵 베이컨은 무의미한 논쟁에 사로잡힌 철학을 혁신시켜서 인간의 실질적인 행복에 이바지하도록 만들겠다고 마음먹었다. 그러나 그 결심은 생의 만년에 이르러서야 실천되었고, 삶의 대부분은 귀족으로서 당연히 걷게 되는 관직생활로 보냈다.

대학을 나온 후 그는 아버지의 권유에 따라 프랑스 주재 영국 대사관의 수행원으로 일하기 위해 파리로 갔다. 그곳에서 3년간 공무를 수행하면서 그는 문학과 과학을 공부했다. 파리에서의 생활은 아버지의 급작스런 별세로 끝이 났으며, 고국으로 돌아온 후에는 변호사가 되기 위해 그레이즈 인 법학원에 들어갔다. 이 법학원은 중세 이래 영국의 4대 법학원 중 하나로, 변호사나 재판관이 되기 위해서는 반드시 이곳의 회원이 되어야 했다. 그는 21세가 되어 변호사가 되었으며, 23세에는 정계 진출을 시도하여 하원의원이 되었다.

    그는 이 무렵부터는 출세에 대한 야망에 사로잡혔다. 그래서 엘리자베스 여왕의 애인으로 소문난 에섹스 남작에게 접근하여 그의 고문이 되었다. 그러나 에섹스와 엘리자베스 여왕의 사이는 곧 나빠졌다. 두 사람 사이의 불편한 관계는 점차 악화되었고, 마침내는 에섹스가 여왕을 몰아내기 위해 반란을 일으키기에 이르렀다. 반란은 실패로 돌아갔는데, 마침 검사직에 있던 베이컨은 에섹스에 대해 사형을 구형했고, 에섹스는 처형되었다. 은인을 저버리는 대신 여왕으로부터 환심을 사고자 했었던 것인데, 하지만 여왕은 끝내 그를 신임하지 않았다.

    엘리자베스가 죽고 제임스 1세가 즉위하면서 베이컨은 마침내 출세의 야망을 달성할 수 있었다. 1607년에 검사 차장이 된 이래, 검사장, 검찰총장, 추밀원 고문관, 궁정 대신을 거쳐 1618년에는 왕에 다음가는 직위인 대법관에 올랐다. 그러나 1621년이 되었을 때 그는 한 소송인으로부터 뇌물을 받았다는 혐의로 고소되었다. 이 재판에서 그는 유죄 선고를 받아 관직에서 파면되고 런던탑에 갇히는 신세가 되었다. 구금은 왕의 사면으로 4일 만에 끝났지만, 이로써 과거의 화려했던 관직생활로는 다시 돌아갈 수 없었다.

    이 사건 이후 그는 고향으로 돌아가 연구와 저술에 전념했다. 관직에 있으면서도 그는 틈틈이 철학에 관한 글을 쓰기도 하였으나, 그의 전 생애를 통해서 학문에 완전히 파묻힌 때는 바로 만년의 5년간이었다. 이 시기에 그는 우수한 학자가 국가를 통치해야 한다는 내용의 『뉴 아틀란티스』를 저술하는 등 왕성한 연구활동을 했다.

그는 1626년 겨울 매우 추웠던 어느 날, 눈 속에다 고기를 묻어 두면 상하지 않고 얼마나 오래 가는지를 실험하다가 폐렴에 걸렸다. 이날 이후 그는 건강을 회복하지 못하고 끝내 숨지고 말았다. 베이컨의 철학적 저서로는 『학문의 진보』(1605), 『노붐 오르가눔(Novum Organum ; 새로운 기관)』(1620) 등이 있으며, 문학적으로 높이 평가받는 훌륭한 수필을 많이 남겼다.

학문은 실생활에 도움을 주는 것이어야 한다

베이컨은 대학 생활 도중 중세의 학문에 염증을 느껴서 학업을 중도에 그만 둔 경력이 말해 주듯이, 과거의 학문적 전통에서 철저히 탈피하여 전혀 새로운 철학적 방법을 수립하는 데 많은 노력을 기울였다. 그는 종래의 학문에 대해 가차없는 비판을 가했다. 종래의 학문은 아무런 가치가 없다고 생각했으며, 특히 중세 학문을 대표하는 스콜라 철학에 대해서는 부질없이 시시콜콜한 논쟁만을 일삼고 있다고 생각하여 혐오했다.

그가 생각한 학문의 목적은 인간의 생활을 풍요롭게 하는 것이며, 또한 사회에 공헌할 수 있는 것이어야 한다고 보았다. 이러한 그의 태도는, 학문이라고 하면 소수의 여유로운 사람들이 지적인 유희를 즐기는 것 정도로 여기던 당시의 풍토에 대한 단호한 거부였다. 그는 학문이란 모름지기 '아는 것이 곧 힘이 될 수 있는 것'이어야 한다고 역설했다.

그렇게 되기 위해서는 학문은 완전히 혁신되어야 한다. 관심을 가지고 인식해야 할 대상은 바로 자연으로서, 학문은 자연을 지배하는 데 목표를 두어야 한다. 그에게서 자연은 더 이상 경외할 관조의 대상이 아니었다. 그리고 자연을 바라보는 태도도 과거의 인습적인 시각에서 탈피해야 했다. 있는 그대로 관찰하고 실험을 통해서 경험을 축적하는 것이 베이컨이 강조한 학문의 자세였다.

참된 지식을 방해하는 네 가지 우상

그런데 실제 생활에서 참된 지식을 얻지 못하는 이유는, 잘못된 편견과 선입견을 가지고 있기 때문이라고 생각했다. 베이컨은 참된 지식을 방해하는 이런 편견이나 선입견을 우상(偶像, Idola)이라고 불렀으며, 사물을 바로 보기 위해서는 이 우상을 타파해야 한다고 주장했다. 이러한 우상의 대표적인 것으로는 다음의 네 가지가 있다.

첫째, '종족의 우상'은 인류의 모든 종족이 가지고 있는 편견이다. 즉, 인간이기 때문에 범할 수 있는 오류이다. 인간이란 감각의 착각이나 감정, 의지 때문에 잘못된 판단에 빠지기 쉽다. 그래서 자연을 대하면서도 있는 그대로 바라보지 못하고, 자연도 인간과 같이 어떤 목적을 추구한다고 믿었다. 그러나 자연현상의 변화는 원인과 결과에 의해 나타날 따름이지, 결코 어떤 의지가 개입되어서 나타나는 것은 아니다. 그러므로 이런 우상을 버리고 자연에 대해서는 그 운동 원리를 파악하고 그 자체로서 이해하여야 한다.

둘째, '동굴의 우상'은 각 개인이 오류를 범할 수 있는 편견이다. 사람은 자기 나름대로 동굴을 하나씩 가지고서 그 속에서 세상을

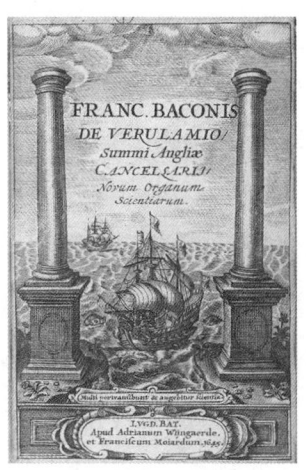
노붐 오르가눔

바라본다. 이런 개인은 동굴 밖의 세상을 바르게 보지 못하고, 자신만의 편협한 시야로 세상을 바라보는 잘못을 범한다. 각자 가지고 있는 기질이나 교육의 정도, 취미, 경험 등은 사람마다 잘못된 편견을 가지게 한다. 그러므로 사람들은 자신의 주관을 고집하지 말고 다른 사람들과 활발한 토론을 벌임으로써 보편적인 시야를 가지도록 노력해야 한다.

셋째, '시장의 우상'은 언어를 잘못 사용함으로써 발생하는 편견이다. 시장이라는 곳은 서로의 필요에 따라 만나서 물건을 사고파는 장소이지만, 또한 많은 사람들이 시끌벅적하게 수다를 떠는 곳이기도 하다. 그런데 사람들 사이에서 언어가 때로는 잘못 사용되어 오해를 낳게 된다. 언어가 잘못 사용되는 경우는 매우 많다. 가령 '운명의 여신'이니 '제1질료'니 하는 것처럼, 실제로는 있지도 않는 것에 대해서도 사람들은 그럴듯하게 이름을 붙이고서 정말 있는 것인 양 생각한다. 그러므로 이렇게 무의미한 말에 집착해서 불필요한 논쟁이나 공상에 빠지는 것을 경계해야 한다.

넷째, '극장의 우상'은 잘못된 논리와 법칙에서 생기는 편견이다. 극장이란 각본을 통해서 실제의 현실이나 역사보다도 더욱 그럴듯하고 우아하게 무대를 꾸밀 수 있는 곳이다. 이렇듯 철학에서도 저마다의 각본을 통해 여러 가지 논리를 세우고 권위를 만들어가고 있는데, 이렇게 생겨난 많은 전통적인 학설과 체계들은 사실과 동떨어져 있다. 그러므로 잘못된 학설과 체계를 타파하고 자기 자신을 관철해서 사실에 충실하도록 해야 한다.

학문의 새로운 방법 — 귀납법

베이컨은 올바른 학문을 하기 위해서는 잘못된 편견이나 선입견에서 빠져나와야 한다고 주장하고 나서, 새로운 학문의 방법을 자신있게 제시했다. 베이컨이 제시한 방법은 바로 귀납법이다. 귀납법이란 관찰과 실험을 통해서 사실을 수집하고, 이를 바탕으로 법칙을 찾아내는 방법이다.

이전까지 고대와 중세의 학문이 의지했던 방법은 주로 연역법이었다. 연역법은 자명한 명제를 전제로 하여 이로부터 새로운 것을 추론해 내는 논리적인 방법이다. 그런데 이 방법은 기존의 잘못된 인식을 타파하지 못하고, 세계를 인간의 사고 속에다 억지로 꿰어맞춘다고 베이컨은 생각했다. 그는 연역법은 새로운 지식을 구하는 데 유용하지 못하다고 생각했다.

연역법의 대표적인 것은 아리스토텔레스가 제시한 삼단논법인데, 베이컨은 이것에 대해 몹시 부정적인 입장을 가지고 있었다. 베이컨의 대표작인 『노붐 오르가눔』은 '새로운 기관'이라는 뜻으로서, 이 이름은 아리스토텔레스의 논리학 책인 『오르가논』(Organon)에 대항해서 붙여진 것이다.

그런데 귀납법이란 그가 독자적으로 창안해낸 논리적인 방법은 아니다. 이미 아리스토텔레스에게서도 귀납적 방법은 소개된 바 있는데, 아리스토텔레스의 귀납법은 단순히 사례들을 열거하는 수준이었다. 이에 대하여 베이컨의 귀납법은 과학적 지식을 얻어내는 적극적인 수단으로서, 다음과 같은 절차를 따른다고 주장했다.

먼저 탐구의 대상이 되는 성질을 가진 사물들의 목록을 작성하고, 다음에는 그 성질을 가지고 있지 않은 사물들의 목록을 작성한 다음, 마지막에는 그 성질의 정도에 따라 정렬시킨 목록을 작성한다. 베이컨은 이러한 세 단계의 목록표를 작성하면 반드시 그 성질에 대한 특징을 찾아낼 수 있다고 믿었다. 예를 들어서, 열의 성질은 어떠한가를 탐구하자면 다음과 같다.

뉴 아틀란티스

뉴 아틀란티스에 수록된 삽화

첫째, 열이 존재하는 것의 목록을 작성 - 태양광선, 벼락, 불꽃 등.
둘째, 열이 존재하지 않는 것의 목록을 작성(단, 위의 것과 비슷하면서도 열이 나지 않는 것) - 달빛, 북극광, 빛이 나는 물고기 비늘 등.
셋째, 조건의 변화에 따라서 다양한 열의 사례 - 병에 걸렸을 때의 열, 동물의 신체 부위에 따라 다른 체온, 석탄이 탈 때 발산되는 다양한 열 등.
이상에서 볼 때 "열이란 중심에서 변두리로 퍼지며, 위로 급하게 움직이는 운동이다."라는 결론을 내릴 수 있다.

그는 마지막의 결론이 위의 세 가지 목록을 작성하면 마땅히 도출된다고 믿었다. 베이컨은 그렇게 주장했지만 앞의 열거 방법으로부터 위와 같은 결론이 반드시 나온다고 단정하기는 어렵다. 그 까닭은 어째서일까?

　귀납법은 관찰 대상이 되는 모든 사실을 빠짐없이 수집하는 것을 전제로 하는데, 이는 사실상 불가능하다. 그리고 그 사실들을 토대로 최종적으로 결론을 내리는 것은 결국 사람의 머리가 하는 일이지, 사실의 나열로 분명한 결론이 저절로 도출되는 것은 아니다. 가령 베이컨이 위에서 든 예에서도, 세 단계의 목록을 나열했다고 해서 모든 이들이 베이컨과 똑같은 결론을 내리지는 않을 것이기 때문이다.

　귀납법은 이처럼 한계를 내포하고 있지만 과학에서는 매우 유용한 수단이 된다. 귀납법에서 주장하는 관찰과 실험은 오늘날 자연과학에서 필수적인 덕목으로 받아들여지고 있는 것이다. 바로 이러한 자세는 베이컨의 학문 방법에서 힘입은 바가 크며, 또한 사물을 있는 그대로 나열하고자 하는 태도는 자연에는 어떤 신비한 힘이 있다고 바라보는 주술적인 자연관을 종식시키는 데 중요한 역할을 했다. 당시만 해도 연금술이나 점성술 등에 대한 사람들의 관심은 매우 높았던 것이다.

경험론 철학의 특징과 베이컨 철학의 의의

　베이컨은 지식을 구하기 위해 관찰이나 실험과 같은 경험을 강조했다는 점에서 경험론 철학의 선구자로 꼽힌다. 경험론 철학은 합리론 철학과의 대비를 통해서 볼 때 보다 선명하게 이해될 수 있다.

　합리론은 인간의 인식 능력은 확실하다는 입장에 서서 논리적

백조는 희다고 할 수 있을까? 경험의 양이 아무리 많아도 단 하나의 예외가 발견되면 더이상 진리라 할 수 없다.

인 추론과 논증을 바탕으로 새로운 사실에 대한 지식을 확대해 나가는 철학적 입장이다. 반면 경험론은 의식 밖의 세계에 대한 관찰을 바탕으로 보편적인 법칙을 찾아가는 입장이다. 합리론은 논리적 연관 관계를 중시하기 때문에 연역적 방법을 취하며, 경험론은 개개의 사실들로부터 보편성을 찾아간다는 뜻에서 귀납적 방법을 취한다.

    이 두 가지는 모두 근세에 비약적인 발전을 이룩한 자연과학에 큰 영향을 주었다. 합리론 철학이 기계적 세계관을 확립함으로써 과학에 수학적 방법을 도입할 수 있게 했다면, 경험론 철학은 인간의 독단적인 사고를 경계하고 자연을 있는 그대로 관찰하도록 했다. 특히 베이컨의 철학적 태도는 영국의 과학자들로부터 절대적인 지지를 받았다. 그래서 17세기 신과학을 창시한 보일, 훅, 뉴턴 등이 속해 있던 '런던 자연과학 협의회'에는 "경험과 실험에 입각하라."는 베이컨의 주장을 표어로 내걸고 있었다.

그러나 베이컨의 경험론은 근대 자연과학의 방법론을 충분히 소화하는 데는 한계가 있었다. 베이컨 자신은 자연과학 분야에서의 혁명적인 발전에 대한 지식이 충분하지 못했고, 수학적인 방법으로 자연을 설명하려는 노력에 대해서도 이해가 부족했다. 따라서 베이컨의 경험론 철학은 새로이 태동하는 과학적 학문을 제대로 설명하지 못했다는 지적을 받는다.

그렇지만 중세의 낡은 세계관을 극복하고 새로운 세계관을 적극적으로 맞이하려는 그의 시도는 철학의 진보에 크게 기여했다. 철학에서 그의 경험론적 입장은 홉스를 거쳐 로크에 이르러 '영국 경험론'이 확고한 자기 모습을 갖추게 되고, 이것은 버클리, 흄 등으로 이어지면서 더욱 발전해 나간다.

12

로크

John Locke, 1632~1704

인간의 마음은 백지상태로 태어난다

사람이 시대를 만드는가, 아니면 시대가 사람을 만드는가? 이런 물음은 한번쯤은 들어보았음직한 말인데, 깊이 생각해보면 아주 다른 역사관을 함축하고 있다. 어느 쪽이 옳은가에 대해서는 단정적으로 답을 내리기는 어렵지만, 철학사를 통틀어 볼 때 시대가 사람을 만들었다고 여겨지는 인물들이 있다. 바로 로크가 그런 사람들 가운데 하나이다.

로크는 생전에 청교도 혁명과 왕정복고, 명예혁명 등 영국 역사에서 유례가 없는 대사건들을 몸으로 겪었다. 역사적 격동은 기존의 정신세계를 흔들어 놓게 마련이다. 로크는 왕권을 둘러싼 잇따른 투쟁을 목격하면서 어느 쪽이 정의의 편인가에 대해 깊이 고심

했다. 그 결과 그는 '자연권 사상'이라는 사회사상을 정립했으며, 그 사회사상과 일관된 맥락에서 자신의 철학을 수립했다. 또한 로크의 철학은 베이컨의 경험론적 입장을 이어받고 이를 더욱 발전시켜서, 대륙의 합리론과 당당히 대비되는 '영국 경험론' 철학을 확고한 기반 위에 올려놓았다.

로크는 1632년에 영국 브리스톨 부근의 링턴에서 태어났다. 그의 아버지는 시골에서 변호사 일을 했으며, 청교도 신앙을 엄격하게 지켰다. 그래서 아버지는 1642년에 청교도 혁명이 일어나자 곧바로 의회군의 기마대장으로 나가 싸웠다.

로크는 14세에 웨스트민스터 학교에 입학하여 6년간 수학했다. 이 학교에서 그는 고전 학문을 교육받았으며, 공부를 열심히 한 결과 수석을 차지했다. 졸업 후에 그는 다시 옥스포드 대학의 크리스트 칼리지에 입학하여 철학을 비롯하여 수학과 자연과학 등을 공부했다. 당시 옥스포드 대학의 학풍은 스콜라 철학이 드셌는데, 그는 스콜라 철학에 대해 반감을 느끼고 대신 데카르트, 홉스 등과 같은 최신 철학에 심취했다. 그의 진보적인 사상은 이때부터 싹튼 셈이다.

24세에 학사학위를 받고 26세에 석사학위를 받은 뒤, 그는 대학의 특별연구원의 신분으로 대학에 계속 남았다. 28세가 되던 해에 모교에서 강사가 되어 그리스어와 철학을 가르쳤으며, 의학 공부를 시작했다. 그의 끝없는 학구열은 이렇게 나이에 관계없이 이어져 갔다. 그래서 그는 자신의 명성을 드높인 철학과 정치학 분야 외에도 과학에 상당한 조예를 가지고 있어서, 보일의 대기에 관한 연구를 돕기도 했고 뉴턴과 교분을 맺기도 했다.

1666년에 그는 나중에 섀프츠베리 백작이 된 애슐리 경을 만나 그 집안의 개인교사와 정치 고문 및 의사로서 역할을 수행했는데, 그 가문과의 만남으로 인해 그는 후에 인생에서 엄청난 정치적인 굴곡을 겪게 된다. 섀프츠베리 백작은 후에 휘그당의 중심 인물이 된 사람으로서 진보적 성향을 가지고 있었다. 백작은 1672년에 작위를 받았는데, 로크는 이때까지는 여전히 학자의 신분으로서 철학과 정치사상에 관한 연구와 집필활동에 몰두하고 있었다.

애슐리 경이 섀프츠베리 백작의 작위를 받고 대법관에 임명되자 로크는 대법관 관할의 교회 일을 감독하는 직책을 떠맡으면서 공직에 발을 들여놓았다. 1년 후 로크는 무역 식민 협의회의 서기관이 되었는데, 백작이 왕의 반대파에 합류하여 파면되자 그도 역시 면직되었다. 그 뒤 로크는 1675에 프랑스 남부로 건너가 4년간 체류했으며, 그곳에서 철학 연구에 전념했다.

로크의 생가

1679년에 섀프츠베리 백작이 다시 신임을 얻어 내각 수반이 되자, 로크는 그의 부름을 받아 돌아와서 고문이 되었다. 그러나 2년 후 백작은 제임스 2세의 왕위 계승에 반대하는 운동을 벌이다가 실각하였고, 이어서 찰스 2세의 서자인 몬머스의 반란에 가담했다가 탄로나서 네덜란드로 망명했다. 로크도 이 사건에 연루되어 역시 네덜란드로 피신했다.

　　1683년부터 네덜란드에서 머물면서 그는 정치적 박해를 염려하여 공개적인 생활을 자제하고 조용히 지냈다. 그러던 중 1688년에 명예혁명으로 네덜란드 총독인 윌리엄이 영국 국왕으로 추대되자 그를 따라 영국으로 돌아갈 수 있었다. 로크는 그 후 11년 동안 상업과 농업을 관장하는 정부 고위직에 봉직했다. 그리고 1700년에 관직에서 은퇴하고 오츠의 한 귀족의 별장에서 4년간 은둔생활을 하다가 1704년에 세상을 떠났다.

　　로크는 다방면에 걸쳐 여러 저서를 남겼다. 그의 첫 저서는 1689년에 간행된 『관용론』이며, 이어서 다음해에 『시민정부론』을 펴냈는데 이 두 저서는 사회적으로나 철학적으로 영국과 유럽, 미국에 걸쳐 큰 반향을 일으켰다. 특히 시민정부론 2편은 『통치론』으로 알려지면서 서양사상사의 중요 고전으로 평가받고 있다.

　　그가 쓴 저서 중 본격적인 철학서로 대표적인 것은 『인간지성론』이다. 이 책은 1670년에 쓰기 시작해서 20년이 지난 1690년이 되어서야 처음 간행되었을 정도로 그의 고심 어린 철학적 사색을 담고 있다. 그리고 여느 철학책들과 달리 쉬운 문체로 씌어져서 생전에도 판을 거듭하면서 많은 사람들에게 널리 읽혀졌다.

인간의 마음은 백지 상태로 태어난다

　로크가 철학에서 임했던 자세는 근거 없는 믿음을 경계한다는 것이었다. 그의 대표작인 『인간지성론』은 인간의 인식 능력, 즉 오성(悟性)은 과연 어떤 것을 믿을 수 있는가를 살펴보기 위한 의도에서 기획되었다. 그런데 과거의 인습적인 사고방식을 타파하고자 했던 것은 근세의 철학자들에게는 공통된 과제였기 때문에, 그의 철학적인 관심사는 특별한 것이 아닐지 모른다.

　그러나 데카르트의 방법적 회의가 진리의 체계를 확고하게 수립하기 위한 적극적인 구상이었다고 한다면, 로크의 철학 구상은 지식으로서 믿어도 되는 것은 과연 무엇인가라는 다소 소극적인 태도에서 비롯되었다는 점에서 차이가 있다. 로크의 이러한 태도는 그의 모든 철학 속에 면면이 배어들어 있다.

　로크는 대부분의 근세 철학자들이 그러했듯이, 과학의 진보에 대해서 상당한 지식을 지니고 있었다. 자연과학은 끊임없이 지식을 넓혀준다고 믿었고, 그 지식을 신뢰했다. 대신 신학에 대해서는 대단히 부정적이었다. 신학자들은 천국과 지옥이니, 신의 은총이니, 최후의 심판이니 하면서 직접 경험할 수도 없는 것을 가지고 무의미한 논쟁만을 일삼고 있다고 생각했다. 로크는 독실한 청교도주의자로서 신을 믿었지만 종교는 지식과는 다른 분야라고 생각하고, 종교적인 문제에 대해서는 '지식'이 아닌 '의견'을 내놓을 수 있다고 주장했다. 사람들이 근거도 없이 독단적으로 믿고 주장을 하는 것에 대해 그는 비판적이었다. 독단적인 믿음을 타파하는 것은 바로 그의 철학의 출발점이었던 것이다.

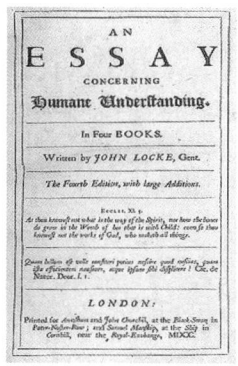
인간지성론

독단적인 믿음에 대한 첫번째 비판 대상은 본유 관념(本有觀念)이었다. 본유 관념은 모든 사람이 당연히 믿어 의심치 않는 것으로서, 태어날 때부터 본래 가지고 있다고 여겨지는 깃이다. 그래서 이것은 생득 관념(生得觀念)이라고도 한다. 로크는 본유 관념의 예로서 명백한 논리적 원리와 실천적 원리를 든다.

그런데 논리적 원리의 가장 기본이 되는 동일률(同一律 : A는 A이다)이나 모순율(矛盾律 : A는 非A가 아니다)을 어린아이나 백치도 안다고 할 수 있을까? 그는 그렇지 않다고 주장한다. 실천적 원리도 문명사회와 야만사회에서는 똑같지 않다. 문명사회에서는 상상할 수 없는 행위가 야만사회에서는 아무렇지 않게 다반사로 행해진다. 로크가 살고 있던 서구 사회에서는 신의 존재에 대해 아무도 의심하지 않지만, 신을 섬기지 않는 사회도 얼마든지 찾을 수 있다. 그렇기 때문에 본유 관념이란 있을 수 없다고 로크는 주장한다.

본유 관념이 없다면 인간의 마음은 본래 '백지(白紙)'와 같은 것이었다고 보아야 한다. 이것은 달리 비유하자면 '빈 방' 또는 '완전히 밀폐된 암실'과도 같다. 인간이 이 세상에 태어날 때 그의 마음에는 아무런 관념도 없다. 그렇다면 인간의 마음속에는 어떻게 관념이 생겨나는 것일까? 이러한 물음에 답하여 로크는 모든 관념이나 지식은 모두 경험에서 얻어진 것이라고 주장한다.

지식이란 관념 사이의 일치 또는 불일치를 지각하는 것이다

모든 관념과, 관념의 결합으로 생겨나는 지식은 오로지 경험에서 비롯된다는 것이 로크의 인식론이다. 그런데 이 주장을 확실하게 뒷받침하기 위해서 그는 경험과 관념을 보다 엄밀하게 분석해 들어간다.

로크는 경험에는 감각과 반성의 두 가지가 있다고 말한다. '감각'이란 인간의 의식 외부에 있는 물질적인 사물이 감각기관과 작용함으로써 생겨나는 것이며, '반성'이란 인간들 자신의 마음의 작용을 지각하는 것이다. 반성을 경험의 일종으로 이해하는 것은 로크의 특징적인 주장이라고 할 수 있는데, 반성은 외적 경험인 감각에 의존한다는 점에서 경험의 일종이며, 따라서 내적 경험이라고 할 수 있다. 결국 아무리 고매한 철학적 사색이라 할지라도 그 원천을 찾아가면 감각과 반성이라는 경험에서 비롯되었다는 것이 로크의 주장이다.

관념도 분석해 보면 두 가지로 나누어 볼 수 있다. 즉, '단순 관념'과 '복합 관념'이다. 단순 관념은 모든 인식의 기초적인 재료가 되는 것이며, 복합 관념은 단순 관념을 인간의 오성이 반복, 비교, 종합함으로써 매우 다양한 형태로 만들어진 것이다.

단순 관념은 네 가지로 분류된다. 첫째, 하나의 감각기관에서 얻어지는 것으로서 색, 소리, 냄새, 맛, 촉감 등이다. 둘째, 둘 이상의 감각기관에서 얻어지는 것으로서 공간, 연장(延長), 모습, 정지, 운동 등이다. 셋째, 오직 반성에 의해 얻어지는 것으로서 기억, 식별, 추리, 판단, 진리, 소신 등이다. 넷째, 감각과 반성들에 의해 얻어지는 것으로서 쾌락, 고통, 힘, 존재 등이다.

여기에서 특히 감각기관으로부터 얻어지는 단순 관념은 사물의 성질과 일정하게 대응한다. 사물의 성질은 제1성질과 제2성질로 구분된다. 제1성질은 물체 자체에 내재해 있는 것으로 고체성, 연장, 형태, 운동, 정지 등이 이에 해당하며, 이 성질은 그와 거의 같은 관념을 제공한다. 이에 반해 제2성질은 색, 냄새, 맛, 소리 등과 같이 주어지는 관념이 물체 자체에도 그대로 있다고는 볼 수 없는 그러한 성질이다.

한편, 복합 관념으로는 양태, 실체, 관계 등이 있다. 양태는 실체의 상태를 나타내는 것으로서 수(數) 또는 사물의 공간적·시간적 상태를 나타내는 것이다. 실체는 그 자체로 존재하는 사물의 관념으로서 신, 정신, 물체 등이 이에 속한다. 그리고 관계는 두 가지 이상의 사물을 비교할 때 생기는 관념으로서 동일성과 차이성, 원인과 결과, 시간과 공간 등 쌍을 이루는 개념이 이에 속하는데, 가장 중요한 것은 원인과 결과의 관계(인과관계)이다.

로크는 지식에 대해 "지식이란 우리가 가진 관념 사이의 일치 또는 불일치를 지각하는 것 이외에 아무 것도 아니다."라고 말한다. 관념 사이의 지각을 제외한 다른 어떠한 것도 그에게는 억측일 뿐이지 결코 지식이 되지 못한다.

로크는 지식을 세 가지로 구분한다. 구분은 관념의 일치 또는 불일치를 지각하는 방식에 따라 이루어진다. 마음이 두 관념 사이의 일치 여부를 다른 관념의 개입이 없이 직접 인식하는 것을 '직각(直覺)적 지식'이라고 한다. 그리고 마음이 다른 관념을 개입하고 논증함으로써 두 관념 사이의 일치 여부를 판별하는 것으로서 '논증적 지식'이 있다. 마지막으로 외부의 대상을 감각기관이 인식하는 것으로서 '감성적 지식'이 있다.

인간은 직각에 의해 자신의 존재를 인식하고, 논증에 의해 신의 존재를 인식하며, 감각을 통해 다른 사물을 인식한다. 로크는 이 가운데 직각적 지식이야말로 가장 확실한 지식이며, 감성적 지식은 가장 낮은 차원의 지식이라고 말한다.

로크 경험론의 특징

경험과 관념, 지식에 이르는 로크의 인식론은 위와 같이 분석과 나열로 이루어져 있다. 그래서 그의 철학을 철저하게 이해하려면 대단한 인내심이 필요하다. 그런데 이렇게 장황한 분석 작업을 통해서 그가 의도했던 목표는 분명하다. 모든 지식과 관념은 경험에서 비롯된다는 사실이며, 특히 대부분의 철학자들이 받아들이고 있었던 본유 관념을 부정하기 위해서는 그것에 대한 정교한 해체 작업이 필요했던 것이다.

본유 관념을 부정했다는 것은 바로 로크가 철저한 경험론의 입장에 섰음을 의미한다. 합리론 철학의 선구자인 데카르트는 회의를 거듭한 끝에 더 이상 의심할 수 없는 '자아'를 찾아냈는데, 바로 이 것은 로크가 주장하는 본유 관념 중 하나였다. 스피노자나 라이프 니츠와 같은 합리론 철학자들도 그들 철학의 출발점을 '실체'에 대 한 정의에서 시작한다. 실체가 무엇인가에 대한 견해는 서로 달랐 지만, 그들은 모두 그러한 것이 당연히 존재한다고 믿었던 것이다. 또한 합리론자들이 이성적 사고의 대표적인 것으로서 수학을 의심 없이 받아들였던 것과는 달리, 로크의 경험론에서는 등장하지 않는 다.

그러나 로크의 인식론은 불완전하다. 합리론에 대한 철저한 공 박이 그의 철학에서 가장 중요한 대목이었는데, 그는 합리론자의 사고방식에서 완전히 탈피하지는 못했다. 지식의 세 가지 분류에서 그 문제점은 그대로 드러난다. 직각(直覺)을 통해 자신의 존재를 인 식할 수 있다는 것은 데카르트의 "나는 생각한다. 그러므로 나는 존 재한다."는 명제와 다를 바가 없다. 그리고 논증에 의한 지식 역시 합리론자들의 사고방식을 따르고 있는 것이다.

로크는 자신의 철학이 완벽하지 못하다는 것을 알고 있었다. 그 러한 사실은 철학적으로는 커다란 결함이 되는 것이지만, 그에게는 해야 할 일이 너무도 많았다. 그의 철학적인 주된 관심은 자연에 대 한 인식의 문제가 아니라 인간사에 관한 것이었다. 인간의 윤리와 바람직한 사회상을 제시하는 것은 그에게서 끊임없는 추구의 대상 이었다.

그래서 그는 생활의 편의와 덕을 위한 식견을 갖추고 현세의 안 락한 생활을 위한 방도를 찾는 데 충분하다면, 그것만으로도 철학의 소임은 다한 것이라고 생각했다. 그는 자신의 철학적 입장을 이렇게 비유한다. 선원은 자기 배의 닻줄로 모든 바다의 깊이를 다 잴 수는 없지만 항해 도중 좌초하지 않을 정도의 깊이를 잴 수만 있다면 그것으로 충분하다는 것이다.

이렇게 로크의 철학은 철저함에 있어서는 한계가 있었지만, 철학사에서 그의 업적은 높이 평가받는다. 베이컨이 실험과 관찰의 원리를 강조하여 경험론 철학의 전통을 만들었다면, 로크는 합리론자들이 믿어 의심치 않는 자명한 원리를 부정하고 경험에서 지식을 찾았다는 점에서 진정한 의미에서의 영국 경험론 철학의 초석을 다졌다. 그는 인간의 합리적 이성에 대한 무조건적인 믿음을 경계했고, 지식은 경험에 의존하기 때문에 자칫 주관적일 수 있다는 점을 일깨움으로써 철학이 독단적인 사유에 빠지지 않도록 경계했다.

로크의 자연권 사상과 사회계약설

로크의 철학은 사회사상을 펼쳐가기 위한 서론에 지나지 않는다. 그는 교육, 정치, 종교, 윤리 등 각각의 실천적 분야에서 중요한 사상을 정립했다. 특히 사회사상가로서는 명예혁명을 옹호한 것으로 유명하다. 그는 홉스의 절대 왕정을 반대했고, 입헌 군주제를 지지했다. 그리고 그는 계몽 시대의 사상가들이 널리 지지하였던 '사회계약설'에 동조하면서 '자연권 사상'이라는 독자적인 사상을 전개했다. 로크가 말하는 자연권이란 사회적 조건과 관계없이 창조자로부터 부여받았다는 권리가 있다고 하는데, 바로 생명, 자유, 재산에 대한 권리 등을 가리킨다.

그의 사회사상을 잘 보여주는 저작은 『통치론』(시민정부2론)이다. 로크는 인간의 '자연상태'는 본래 평등한 상태이며, 여기에는 '자연법'이 불완전하게나마 실현되고 있다고 한다. 즉, 자연상태의 인간사회에서는 자연법의 한계 내에서 다른 누구의 허락이나 간섭이 없이도 각자 자신의 행동을 자유로이 할 수 있다고 말한다. 자연상태에는 자연법이 있기 때문인데, 이 자연법은 곧 인간의 이성이다. 그는 인간의 본성은 매우 이성적이고 사회적이라고 본 것이다.

로크는 비슷한 시대의 사회계약론자인 홉스나 루소와 비슷한 입장에 서 있지만 그만의 독특한 사회사상은 자연권으로서의 사유재산권이다. 본래 자연상태는 평등한 것이지만 노동을 가하는 순간 자신의 노동이 미치는 범위에서는 소유권이 생겨난다고 주장했다. 소유권 사상은 오늘날에는 당연한 것처럼 여겨지지만 자연상태뿐 아니라 일체의 모든 것을 군주의 것으로 간주하는 중세적 사고에 대한 단절 선언이고, 자본주의적 시장 거래의 정당성을 선언한 것으로 사회사상에서 새로운 장을 연 것이다.

그렇지만 자연상태에서 자연법이 완전하게 구현되는 것은 아니

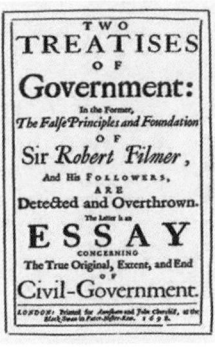

시민정부2론

다. 자연법의 집행이 개개인에게 맡겨지면 인간의 이성은 왜곡되고 본래의 자연상태는 파괴된다. 그렇기 때문에 각자의 자연권을 국가에 맡겨서 자연법이 진정하게 실현되도록 해야 한다. 즉, 정의로운 시민사회로서의 국가의 역할이 바로 여기에 있는 것이다. 로크는 이렇게 국가의 성격과 역할을 규정하고 그 권위를 부여하면서 국가에 대한 개인의 복종을 역설했다.

　이 같은 로크의 사회사상은 홉스와 대비된다. 홉스는 "인간의 자연상태는 만인에 대한 만인의 투쟁"이며 "따라서 인간이 이러한 혼란스러운 위험에서 벗어나기 위해서는 군주에게 모든 권리를 양도하고 국왕의 권력에 절대 복종해야 한다."고 주장했지만, 로크는 자연상태를 온건하고 이성적인 상태로 이해한 데에서 출발하여 사회계약설에 도달하고 있다.

13

흄

David Hume, 1711~1776
경험적인 지식에는 필연성이 없다

흄은 계몽시대라 일컬어지는 시민사회 시대에 활동한 경험론 철학자이다. 그는 베이컨, 로크, 버클리 등으로 이어지는 영국의 경험론을 가장 세련되게 발전시켰고, 관념론 철학으로 이어지는 징검다리 역할을 했다.

흄은 1711년에 영국의 에딘버러에서 태어났다. 집안은 스코틀랜드계이며 검소한 중류가정이었다. 아버지는 그가 어릴 때 세상을 떠났기 때문에 어머니가 그의 교육을 보살폈다. 그는 어린 시절부터 독서하기를 좋아하여 많은 책을 찾아서 읽었다. 학교에 들어가서도 학과수업보다는 도서관에서 훨씬 더 많은 지식을 얻었다.

흄은 지적인 세계에 심취하면서 일찍이 학자로서 명성을 떨치고자 하는 꿈을 키웠다. 그는 청년기의 자신의 모습을 한 편지에서 이렇게 술회하고 있다.

"열여덟 살쯤 되었을 때 나에게는 새로운 사상 세계가 열리는 듯했다. 그것은 나에게 말할 수 없는 희열을 느끼게 하였고, 다른 모든 오락 따위를 집어치우고 나의 모든 열정을 쏟아붓게 했다."

흄은 12세에 에딘버러 대학에 입학하여 인문학 전반에 대한 교양을 쌓고 철학을 공부했다. 대학을 졸업하고 한때는 사업을 시도하다가 1734년에 프랑스로 건너갔다. 그곳에서 그는 얼마 되지 않은 재산을 쪼개 쓰면서 3년을 보내며 집필 활동에 전념했다.

이때 씌어진 것이 그의 대표작인 『인성론』이다. 이 책은 1740년에 영국에서 출간되었다. 그러나 심혈을 기울인 이 책은 자신의 기대와는 달리 별다른 관심을 끌지 못했고, 이에 그는 크게 낙담했다. 이 책이 관심의 대상이 되지 못한 까닭은, 자신의 논조를 세련되게 표현하지 않고 거침없이 기술함으로써 거부감을 산 데다가, 특히 기존의 종교 교리를 불경스럽게도 과감하게 거부했기 때문이었다. 그래서 그의 철학은 나중에 발표된 여러 소논문들이 서서히 알려지면서 진면목을 인정받게 되었다.

『인성론』에 걸었던 기대가 별다른 호응을 받지 못하자 흄은 대학 강단의 길을 단념했다. 그리고 1746년에 영국 대사관에서 근무하던 이탈리아 장군의 비서로 들어가 2년간 일했다. 이 기간 중 그는 돈을 벌면서 철학을 비롯하여 정치, 경제 등 다방면에 걸쳐 글을 썼다.

이 무렵의 철학서로는 『인간 오성에 관한 연구』(1748), 『도덕 원리에 관한 연구』(1751), 『정념론』(1757) 등이 있는데, 이 철학서들은 그가 이미 29세에 출간했던 『인성론』을 부문별로 나누어 다시 풀어서 쓴 책들이다. 한편 흄은 1754년부터 『영국사』를 여러 권에 걸쳐 집필 간행했는데, 이 책은 그에게 예전에는 누리지 못했던 많은 부와 명성을 안겨주었다.

　1763년에는 영국 대사의 수행원으로 파리에 가게 되었는데, 그곳에서 루소를 비롯한 프랑스의 여러 인사들과 교분을 맺었다. 그는 1766년에 귀국하여 2년간 외무부 차관의 직책을 수행했으며, 1769년에 공직에서 은퇴한 뒤로는 에든버러에 정착하여 전에 없던 풍족한 생활을 하면서 지냈다. 이 시절 그는 에든버러 대학과 글래스고 대학으로부터 철학 교수 초청을 받았지만 거절했다.

　그는 소탈한 성품으로 주위 사람들로부터 호감을 사서 많은 청년들이 그를 따랐다. 그 중에는 후에 유명한 역사가가 된 기번과 같은 이도 있었는데, 흄은 그의 능력을 높이 평가하여 역사 저술에 일생을 바치도록 격려했다.

　흄은 1776년에 숨을 거둘 때까지는 『자연 종교에 관한 대화』를 집필하고 고쳐 쓰면서 대부분의 시간을 보냈다. 그는 친구인 애덤 스미스를 이 책의 출판권자로 지명했는데, 스미스는 이 책을 출판하지 못했다. 스미스는 이 책의 내용이 무신론적 성향을 띠어 당시의 정통적인 종교관과는 대립되었기 때문에 그 충격파를 두려워했던 것이다. 이 책은 흄이 죽고 3년이 지나서 조카에 의해 출판되었다.

로크에 대한 버클리의 반론

로크는 철저한 경험론의 원칙에 따라 철학을 수립하려 했으나, 철학의 체계나 이론에서 여러모로 불완전한 점들이 지적되었다. 아일랜드 출신의 버클리(George Berkeley, 1685~1753)는 바로 로크의 경험론에서 불철저한 측면을 극복하고, 흄의 철학에 많은 영향을 준 인물이다.

버클리는, 인식은 감각의 결과 생겨나는 관념에서 유래한다는 로크의 주장을 이어받는다. 그러나 그는 로크가 관념의 배후에 물체가 존재한다고 생각한 것은 잘못이라고 주장한다. 그러한 오류는 로크가 사물의 성질을 잘못 분류한 데서 비롯했다고 본다.

로크는 사물의 성질을 분석하면서 고체성, 연장(延長), 형태, 운동, 정지 등은 물체에 본래 내재해 있는 것(제1성질)으로 파악했다. 그러나 버클리는 이러한 성질이란 사물의 본연의 성질이 아니라 사람의 주관에 불과하다고 주장한다. 딱딱하다는 것은 손으로 만져봄으로써 확인할 수 있는 것이며, 사물이 운동한다는 것은 눈동자의 움직임으로써 확인할 수 있는 것이다. 냄새란 코를 통해 맡아진 것이며, 소리란 귀를 통해 들린 것이다.

존재한다고 생각하는 것에서 이렇게 지각된 관념들을 제거해 버리고 나면 아무것도 남지 않는다. 그에 따르면 결국, 감각한 것이 아닌 다른 어떠한 것도 존재하지 않는다. 즉, 알 수 있는 것은 감각 외에는 아무것도 없다는 것이다. 버클리는 그래서 "존재하는 것은 지각된 것이다(esse est percipi)."라는 유명한 말을 남겼다.

버클리는 물체라는 실체의 존재를 부정했지만, 지각하는 주체로서의 '마음, 정신, 영혼, 나 자신' 따위는 의심 없이 인정했다. 이렇게 정신과 주관적 관념만이 실재한다고 주장하는 버클리의 철학적 입장을 '관념론(idealism)'이라고 한다.

그런데 지각된 관념만이 존재한다면, 실제로 하늘에서 태양을 볼 때와 꿈속에서 태양을 볼 때, 그리고 상상 속에서 태양을 떠올릴 때, 이들 태양들은 모두 같다는 결론이 나올 것이다. 물론 버클리는 이러한 문제점을 알고 있었다. 나의 머릿속에만 있는 태양과 모든 사람의 머리 위에 있는 태양이 결코 같을 수는 없다. 다시 말해서 상상의 관념과 감관에 실제로 새겨진 관념은 구별되는 것이다.

상상의 관념은 나의 의지에 따라서 있기도 하고 없기도 하지만, 감각을 통해 실제로 주어지는 관념은 내 마음대로 없어질 수 없으며 나의 의지로 바꿀 수도 없다. 그렇다면 정신이 수동적인 입장에 놓일 수밖에 없는 관념은 어디에서 오는 것인가? 그는 이렇게 관념의 존재를 보장하는 사유하는 능동적인 정신이 있다고 생각했는데, 그것은 바로 '신'이라고 말한다.

그래서 감각적인 관념은 사람마다 제각각 다른 것이 아니라 같

버클리

은 관념을 가질 수 있는 것이다. '신'은 내가 생각하는 태양과 다른 사람이 생각하는 태양이 같다는 것을 보장해 준다. '신'이 있기에 이 세계는 항구적이며 질서가 있다. 이렇게 버클리는 신의 존재를 끌어들임으로써 자신의 인식론이 극단적인 주관론으로 치우치지 않도록 지켜낼 수 있었다. 이러한 발상은 본래 성직자였던 버클리에게서는 자연스런 것이었다.

버클리의 철학은 흄의 철학에 많은 시사점을 주었다. 버클리는 로크의 불철저한 경험론적인 태도를 더욱 철저하게 밀고 나감으로써 관념의 배후에 실체가 존재한다는 당연한 믿음을 깨뜨렸는데, 흄은 이러한 버클리의 지적을 소중하게 받아들인 것이다. 그러나 버클리 역시 흄의 비판 대상이 되었다. 그 주된 비판의 대상은 버클리가 존재한다고 여겼던 정신적 실체였다. 그러면 흄은 로크와 버클리로 이어져온 경험론을 어떻게 전개해 나갔는지 살펴보기로 하자.

지식은 관념들이 서로 결합하여 만들어진 것

흄은 실체의 존재를 부인하려고 했던 버클리의 정신을 이어받아서 오로지 경험만을 근거로 하여 철학을 수립하려고 했다. 그래서 그는 경험하는 지각을 논의의 출발점으로 삼는다.

흄은 지각을 인상(印象)과 관념(觀念)으로 구별한다. 그에 따르면 인상은 직접적인 것이며 관념은 인상을 바탕으로 하여 생겨나는 것이다. 이러한 구분은 마치 로크가 단순 관념과 복합 관념을 구분한 것과 유사하다. 다만, 로크는 오성(悟性)의 활동에 의해 단순 관

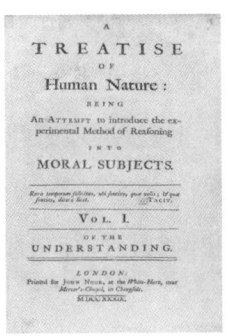
인성론

념을 복합 관념으로 만들어낸다고 했으나, 흄이 로크의 구분에 따르지 않은 것은 그로서는 실체로서의 '정신'이나 '오성'을 인정하지 않았기 때문이다.

그런데 흄이 말하는 인상과 관념의 차이는 엄밀하게 구분되지는 않는다. '인상'이란 감각에 힘차고 생생하게 들어오는 것이며, '관념'이란 인상이 사라지고 난 다음 기억이나 상상 속에서 나타나는 '약한 심상(心像)'이다. 이 구분은 결국 의식으로 나타날 때의 기운과 생기의 정도가 어떠한가에 따라 결정되는데, 그는 이러한 설명을 통해 모든 관념은 인상, 즉 감각적인 경험에 기반을 두고 있다는 것을 강조한 것이다.

한편 관념들은 상호간에 연합작용을 함으로써 다양한 사고를 하게 된다. 인상을 토대로 주어진 관념들은 제멋대로 흩어지는 것이 아니라 일정한 원리에 의해 연합한다. 그 원리는 '관념 연합의 법칙'이라고 하는데, 여기에는 세 가지의 연합법칙이 있다. 유사성의 법칙, 시간이나 공간에서의 근접성의 법칙, 인과의 법칙 등이다.

즉, 어떤 생각을 할 때 서로 유사한 관념끼리 대비하고, 한 장소에서 그 다음에 인접한 장소를 연상하며, 원인과 결과가 되는 것을 결부시켜서 생각한다는 것이다. 이러한 법칙이란 오랜 습관에 의해서 만들어진 사고방식을 가리키는 것이지, 원래 이러한 법칙이 존재하는 것은 아니다. 그래서 흄은 모든 지식이나 학문이란 결국 관념들이 연합해서 만들어진 결과, 다시 말해서 '관념의 다발'에 지나지 않는다고 말한다.

필연적인 지식과 개연적인 지식

흄은 지식을 두 가지로 나눈다. 첫째는 '관념 상호간의 관계'를 다루는 것이고, 둘째는 '사실'을 다루는 것이다.

관념 상호간의 관계를 다루는 지식으로는 수학을 들 수 있다. 수학의 명제는 경험적인 세계에서 벌어지는 사실에 근거하는 것이 아니라, 사유의 논리적인 조작에 의해 얻어지는 것이다. 수학에서는 수학의 논리 구성에 합치하는 '사실'이 현실 세계에서 실제로 존재하느냐 여부는 문제가 되지 않는다. 따라서 수학적 명제는 경험적인 세계에서 확인할 필요가 없이 직각적으로 혹은 논증적으로 확실하며, 절대적 필연성을 갖는다.

그렇지만 경험세계에서의 '사실'에 대한 지식은 성격이 다르다. 가령 "불을 피우면 연기가 난다."는 명제에 대해서는 대체로 맞는 것으로 받아들이지만, "불을 피우면 연기가 나지 않는다."와 같이 이와 정반대되는 명제 역시 틀리다고 말할 수는 없다.

다만 경험에 의해 불을 피울 때 연기가 나는 현상을 많이 보았기 때문에 앞의 명제가 당연한 것으로 받아들이고 있을 뿐이지, 가령

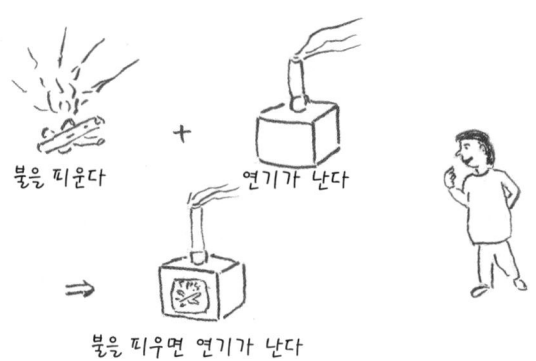

"불을 피우면 연기가 난다"는 명제는 불을 피운다는 행위와 연기가 난다는 개별적 현상을 결합한 것에 불과할 뿐이며, 논리적 필연성은 없다.
그런데도 인과관계가 있는 것처럼 생각하는 것은 두 경험의 시간적 공간적 밀접함 때문이다.

잘 정제된 숯을 태울 때처럼 불을 피워도 연기가 나지 않는 경우를 실제로 관찰할 수가 있는 것이다. 그렇기 때문에 사실에 기초해서 얻어진 지식은 어디까지나 개연성(蓋然性 : 그러할 가능성이 많음)이 있을 뿐이지, 수학적 명제처럼 필연성을 갖는 것은 아니다.

흄은 모든 학문적 명제의 바탕이 되는 철학적 관계를 구분하면서 개연적인 지식을 형성하는 관계로는 동일, 시간과 공간, 인과의 관계 등이 있다고 말한다. 여기서 동일, 시간과 공간의 관계는 지식과 함께 인간에게 주어지는 것이지만, 인과의 관계는 감각을 넘어서 체험하지 못한 존재나 사상(事象)을 추정하게 하는 특이한 성격을 띠고 있다. 이에 흄은 개연적 지식을 설명하면서 인과의 관계에 대해 세밀한 분석을 한다.

흄은 인과관계를 이렇게 설명한다. 공간적으로 접근해 있거나 시간적으로 연속적인 두 대상에 관한 인상이 반복이 될 때 한쪽에서 다른 쪽으로 이행하는 인상을 받게 된다. 여기서 이행하는 인상이 바로 인과성의 관념에 대응하는 인상이다. 그런데 이행하는 인상 속에는 어떠한 필연성이 없듯이 인과의 관계는 필연성이 없다. 다만 두 대상에 대한 인상이 습관적으로 반복됨으로써 마치 앞으로도 그러할 것이라는 주관적인 신념을 가지게 되는 것이다. 즉, 인과관계는 개연적인 관념이다.

인과관계에 대한 흄의 설명은 이에 대한 기존의 믿음을 완전히 흔들어 놓았다. 흄 이전에는 인과관계는 당연한 법칙인 양 믿어 의심치 않는 경향이 있었던 것이다. 특히 스콜라 철학자들이나 데카르트와 같은 합리론자들에게 있어서는 인과의 관계는 본유 관념에 상당하는 절대적인 지위에 있었던 것인데, 흄은 이를 부정해 버린 것이다.

회의론으로 귀결된 흄의 경험론

경험세계의 사실을 바탕으로 한 학문은 필연성을 가지지 못하고 개연성만 가진다는 흄의 주장은 기존의 학문의 지위를 송두리째 흔들어 놓았다. 근대에 발전을 거듭해온 자연과학이란 객관적 사실을 토대로 인과의 법칙을 찾아가는 것인데, 흄에게는 인과법칙이 부인되기 때문에 자연과학 또한 엄밀한 학문이라 할 수 없게 된다.

한편 흄은 '실체'라고 하는 것에 대해서도 비판을 가한다. 그는

'실체' 역시 주관적인 습관에 의해 잘못 나타난 상상의 산물이라고 한다. 우리가 '나'라고 할 때는, 감각기관을 통해 인상을 얻고, 그 인상은 관념을 형성함으로써 '나'에 대한 지각을 하게 되는 것이다. 즉, 내가 나에 대해서 가지고 있는 것은 나의 키와 몸무게, 목소리, 그리고 나의 능력, 친구와의 관계 등과 같은 지각이 있을 뿐이지, 항구불변인 '나'의 관념이나 정신적 실체로서의 '나'와 같은 것은 존재하지 않는다.

흄은 또한 많은 철학자들이 즐겨 다루는 실재, 본질, 정신, 물질, 신 따위를 부정한다. 이러한 것들은 수학적 관념이 아닐 뿐만 아라 경험적 세계와도 무관하기 때문이다. 그런데 바로 이러한 것들은 형이상학이 탐구하는 주된 대상으로서, 결국 형이상학 역시 흄에게는 학문으로서 성립하지 않게 된다.

결국 객관적 실체와 인과의 법칙을 부정함으로써 경험을 바탕으로 해서는 필연적인 지식을 얻을 수 없다는 결론에 빠진 것이다. 이것이 흄이 회피할 수 없었던 '회의론'인 것이다. 그러나 흄의 회의론은 "우리는 아무 것도 알 수 없다."는 불가지론과는 분명히 다른 것이다.

그는 경험론의 방법을 철저하게 추구해간 끝에 참다운 학문의 방법론과 성격을 제시할 수 있었던 것이다. 그는 『인간 오성에 관한 연구』의 말미를 이렇게 장식했다.

"어떤 책이든 다음과 같은 질문을 던져보라. 그것이 양과 수에 관한 추상적 추리를 담고 있는가, 아니면 사실 문제에 관한 실험적 추리를 담고 있는가? 그 어느 쪽도 아니라면 그 책은 불 속에 던져

버려라. 왜냐하면 그 책 속에는 오직 궤변과 환상만이 있을 뿐이기 때문이다."

흄의 학문적 방법론은 이제 칸트를 독단의 잠에서 깨어나게 하였고, 흄이 제기한 문제점을 극복하려는 노력 속에서 칸트의 창조적인 철학이 태동한다.

14
칸트

Immanuel Kant, 1724~1804
인식 형식에 따라 대상을 인식한다

이제부터는 본격적인 독일의 철학 세계로 들어가 보자. 독일은 철학의 본고장이라고 불리울 만큼 수많은 사상가들을 배출하였지만, 유럽에서 독일의 철학자들이 활발하게 활동하기 시작한 시기는 의외로 늦다. 앞서 살펴본 근세 철학자들을 보아도 독일이 아닌 다른 나라의 사상가들이 대부분이다. 이러한 가운데 철학사에서 독일의 시대를 본격적으로 연 사람은 바로 칸트다.

칸트는 대륙의 합리론과 영국의 경험론을 종합한 철학자로서 서양 철학을 이해하기 위해서는 반드시 그의 사상을 이해해야 할 만큼 절대적인 위치를 차지한다. 그리고 철학의 내용뿐만 아니라 철학을 위해 헌신한 그의 진지한 삶은 철학자의 본보기로서 후세에 길이 전해지고 있다.

칸트는 1724년에 동프로시아의 쾨니히스베르크에서 가난한 마구상(馬具商)의 아들로 태어났다. 그의 집안은 마음의 순결과 도덕적 성실성을 강조하는 그리스도교의 한 종파인 경건주의를 섬겼다. 이러한 종교적 분위기는 도덕을 강조하는 칸트의 철학 전반에 적지 않은 영향을 주었다.

칸트는 8세에 초등 과정에서 고등학교 과정까지를 망라하는 프리드리히 학교에 입학하여 8년간 수학했다. 이어 16세에는 쾨니히스베르크 대학에 입학하여 처음에는 신학에 뜻을 두었다. 신학을 택한 것은 어머니의 뜻을 받들기 위해서였는데 그다지 흥미를 느끼지는 못했다. 그러던 중 철학 교수인 크누첸을 알고 나서부터는 서서히 철학의 세계에 몰입했다.

크누첸은 이러한 칸트를 독려하여 자신이 가지고 있는 서적을 아낌없이 제공하면서 최신의 철학과 자연과학의 지식을 전수했다. 이 무렵 칸트는 철학자의 길로 들어서기로 마음먹었.

5년의 대학 과정을 마친 후 칸트는 한 귀족의 농장에 들어가 가정교사 생활을 시작했다. 당시에는 학자의 뜻을 가지고 있는 이들이 마땅한 일자리가 없을 때엔 이렇게 가정교사 생활을 하면서 생계를 꾸려가는 일은 흔히 있는 일이었다. 9년 동안을 이렇게 보낸 후 1755년에 그는 모교에서 박사학위를 받았고, 이 해에 같은 대학에서 시간강사가 되었다.

그는 다시 시간강사 생활을 15년간이나 계속한 끝에 나이가 마흔여섯이 되어서야 비로소 정식 교수가 되었다. 이때까지 그가 대학에서 가르친 과목은 철학뿐만 아니라 수학, 물리학, 지리학, 역학, 광물학 등 매우 다양했다. 이것은 워낙 변변치 못한 수입 때문에 많은 시간을 강의로 바쳐야 했기 때문인데, 한편에서는 다양한 분야에서 방대한 학식을 쌓은 칸트였기에 가능한 일이었다.

이러한 칸트의 학문적 편력은 그의 철학에 탄탄한 기초를 다져줬다. 본격적인 철학 논문을 발표하기까지 그는 주로 자연과학에 관한 연구 업적을 많이 내놓았다. 박사학위를 받은 논문도 「불에 관하여」라는 주제였고, 『천체에 관한 이론』(1755), 『바람에 관한 이론』(1756) 등이 초기의 저술이었다. 그리고 그가 교수가 되었을 때도 원래는 수학 교수의 자격으로 발령을 받았던 것이었고, 나중에 논리학과 형이상학 교수가 된 것이다.

이 시기에 칸트의 자연과학에 대한 뛰어난 통찰력은 천체 생성 기원에 대한 그의 이론 속에 잘 나타나 있다. 칸트는 천체의 기원을 이루는 물질은 매우 미세한 미립자라고 생각했다. 그에 의하면, 이러한 입자들은 농도의 차이에 따라 발생한 인력의 차이에 의해 입자들은 서서히 뭉치기 시작했다. 그 과정에서 입자들의 충돌로 우주 내에 혼돈스러운 운동이 발생하고, 그 운동은 어떤 시점에 이르러 원 운동 형태를 띠었고, 떠돌고 있던 입자는 계속 중력이 큰 천체로 흡수되면서 태양이나 여러 행성이 생겨났다는 것이다. 이러한 칸트의 천체 생성 이론은 그 후 수십 년이 지나 거의 같은 주장을 한 라플라스의 이론과 더불어서 '칸트-라플라스의 성운설'이라고 불리면서 오늘날까지도 유력한 지지를 얻고 있다.

칸트의 일상은 대단히 규칙적인 것으로 유명하다. 아침 5시 정각에 일어나서 밤 10시에 잠들었다. 아침식사는 차 두 잔과 파이프 담배로 대신했으며, 7시까지는 강의 준비를 하고, 9시까지 강의, 그리고 오후 1시까지 독서와 집필, 사색을 했다. 그리고 오후 1시에 점심식사를 하는데 이 시간에 그는 그의 방문객들을 맞아 대화를 나누었다. 3시 반에는 어김없이 보리수가 늘어진 산책로에 나가 여덟 번을 왕복했다. 그가 산책로 나갈 때면 동네 사람들이 시계를 맞출 만큼 정확했다고 한다. 집에 돌아와서는 밤 10시까지 독서를 했다. 이렇게 정확한 생활습관을 가진 그는 평생토록 쾨니히스베르크를 벗어난 일이 없었다.

칸트는 하루 중 정식으로는 점심 한 끼만을 들었다. 많은 식사는 건강에 해롭고 그의 연구 활동에도 방해가 된다고 믿었다. 그는 작은 키에 깡말랐고, 가슴은 움푹 패어서 허약했다. 이런 몸을 건강하게 관리하기 위해서는 특별한 노력이 필요했을 터인데, 식사에 대

쾨니히스부르크대학

한 습관도 건강을 고려하여 스스로 터득했던 것이다.

칸트의 본격적인 철학 저술은 57세가 되어서 비로소 처음 세상에 나왔다. 『순수이성비판』(1781)을 비롯해서 『실천이성비판』(1788), 『판단력비판』(1790) 등은 그의 대표적인 3대 저작으로 꼽히며, 『미래의 형이상학에 대한 서론』(1783), 『도덕 형이상학 원론』(1785), 『이성의 한계 내에서의 종교』(1794) 등도 칸트의 철학을 이해하는 데 빠뜨릴 수 없는 책들이다.

칸트는 만년에 기력이 쇠하면서 시력과 기억력을 잃어 쓸쓸한 나날을 보냈다. 그는 평생토록 독신으로 살았으며, 죽을 때 "만족한다."는 한마디를 남겼다. 이때 그의 나이는 80세였고, 때는 1804년이었다. 그는 간소한 장례를 원했지만, 그를 흠모하는 수많은 사람들은 성대한 장례식으로 위대한 철학자의 죽음을 애도했다.

독단의 잠에서 깨어나다

칸트는 데카르트 이래 근세 학문의 기초를 수립했던 대륙의 합리론 철학에 심취해 있었다. 합리론에서는 인간은 경험의 힘을 빌리지 않고도 이성의 힘으로 보편타당한 학문의 체계를 가질 수 있다고 주장한다. 그러던 칸트는 경험론 철학을 접하고는 큰 충격을 받았다.

경험론에서는 오직 경험만이 인간에게 지식을 제공할 뿐 인간에게는 원래 주어져 있는 관념 따위는 없다고 주장한다. 특히 흄은 누구나 믿어 의심치 않던 '인과관계'마저도 부정해 버리고 이것은 어디까지나 주관적인 신념에 지나지 않는다고 주장한다. 따라서 흄은 경험에 근거하는 자연과학이란 필연성을 갖지 못하며, 더구나 본질, 정신, 신 등과 같이 경험을 초월한 문제들을 다루는 형이상학은 한낱 궤변에 지나지 않는다는 주장을 한다.

이러한 흄의 돌출적인 주장은 칸트의 철학 세계를 완전히 뒤흔들어 놓았다. 그래서 칸트는 흄이 자신을 독단의 잠에서 깨어나게 했다고 술회한다. 그러나 흄의 철학에 따르면 우리가 얻을 수 있는 지식이란 어디까지나 개연성(그러할 가능성이 많음)만을 가질 뿐이지, 언제 어디서나 반드시 올바른(보편적이고 필연적인) 지식을 가질 수는 없게 된다.

즉, 합리론 철학은 외부의 경험세계와는 무관하게 주관적인 독단으로 빠지는 단점이 있고, 경험론에서는 반드시 옳다고 주장할 만한 근거가 없어지기 때문에 회의론에 빠지는 단점이 있다. 이것은 근세 학문과 지식의 올바른 근거를 찾고자 하는 사상가들을 수렁에 몰아넣는 일이었다.

이에 칸트는 합리론의 독단에 빠지지 않으면서도 신뢰할 수 있는 학문의 기반을 다시 마련할 필요성을 느끼게 되었다. 칸트가 이렇게 독단의 잠에서 깨어나는 순간 합리론과 경험론으로 평행선을 달리던 유럽의 근세 철학은 이제 통합의 길로 들어서게 된다.

선천적 종합판단을 찾아서

칸트는 합리론과 경험론 철학이 제기한 문제를 압축적이고 명료하게 부각시켜서 "선천적 종합판단은 어떻게 가능한가?"라는 물음을 제기한다. '선천적 종합판단'이란 칸트 특유의 개념이므로 이에 대해서는 약간의 설명이 필요하다.

먼저 종합판단에 대해 설명하기로 한다. 종합판단은 분석판단과 대비되는 것이다. 이 두 종류의 판단은 주어와 술어의 관계에서 술어의 내용이 주어를 분석함으로써 도출되는가 여부에 따라 구분된다. 즉, 술어의 내용이 주어의 분석을 통해 도출된다면 그것은 분석판단이며, 그렇지 못하면 종합판단이다.

가령, "공은 둥글다."라는 명제를 들어보자. 이 명제에서 '둥글다'라는 술어는 '공'라는 주어의 속성을 분석할 때 이미 그 내용이 내포되어 있는 것이다. 따라서 이 명제는 분석판단에 해당한다.

그런데 "이 공은 빨갛다."라는 명제를 보자. 여기서 '빨갛다'라는 술어의 내용은 '이 공'이라는 주어를 분석함으로써 당연히 도출되는 것은 아니다. 다만 경험을 통해서 이 공이 빨간지 아닌지를 알 뿐이다. 이렇게 주어와 술어의 각각의 정보를 종합한 판단을 종합판단이라고 한다.

분석판단에는 경험과 무관하게 그 명제의 옳고 그름을 즉시 판별할 수가 있지만, 종합판단에서는 그 사실 여부는 반드시 현실세계에서 대조해야만 옳고 그름을 판별할 수 있다. 즉, "공은 둥글다."라는 명제는 무조건 옳으며 "공은 둥글지 않다."는 무조건 틀리다. 그렇지만 "이 공은 빨갛다."라는 명제는 이 표현에 대응하는 사실 여부를 경험세계에서 확인해야만 진위를 판별할 수가 있다.

분석판단은 이렇게 경험과 무관하게 논리적인 관계를 따지기 때문에 합리론자들이 신봉하는 철학적 원리임을 알 수 있다. 그런데 분석판단에서는 새로운 지식을 추가하지는 못한다. 인간은 현실

세계에서 새로운 사실들을 많이 알게 되는데, 명제의 논리에만 치우친다면 경험세계는 지식의 토대가 될 수 없는 것이다. 다만 분석판단을 통해서 인식을 명료하게 할 뿐이다.

반대로 종합판단에서는 주어가 반드시 술어의 내용을 내포할 필요가 없기 때문에 다양한 판단의 명제들을 다룰 수 있으며, 경험에서 얻는 모든 판단들은 지식을 확장시켜 준다. 바로 경험론자들의 철학적 원리다. 그러나 종합판단은 보편타당한 지식을 획득할 수 없다는 단점이 있다. 보편타당한 지식을 경험을 통해 구하려면 모든 경험을 빠뜨리지 않고 낱낱이 수집하여 일반화시켜야 하는데, 그것은 불가능하기 때문이다.

다음으로 '선천적'이라는 개념에 대해 설명하기로 한다. '선천적(a priori)'은 '후천적(a posteriori)'의 반대 개념이다. '선천적'은 태어나면서 주어지는 것이기 때문에 경험과 관계없는 것이며, '후천적'은 경험을 통한 것이다. 그렇다면 위에서 분석판단이란 경험을 필요로 하는 것이 아니기 때문에 선천적 인식이며, 반대로 종합판단이란 경험을 통해 아는 것이기 때문에 후천적 인식이라고 할 수 있다. 따라서 '선천적 분석판단'이나 '후천적 종합판단'이라는 것은 자연스럽지만, 칸트가 주목하고 있는 '선천적 종합판단'이라는 것은 아무래도 특이한 개념이 아닐 수 없다.

그러면 이 선천적 종합판단이란 어떤 의미가 있기에 칸트가 관심을 기울이는 것인가? 앞서 분석판단과 종합판단의 특징을 설명하면서 지적했듯이 이 두 가지 판단은 장점과 단점을 가지고 있었다. 그것은 합리론과 경험론의 장단점이기도 했다. 그런데 선천적

순수이성비판

종합판단이 성립한다면, 이 판단은 선천적이기 때문에 누구에게나 보편성과 필연성을 확보하게 되고, 종합판단이기 때문에 새로운 지식을 계속적으로 확장시켜 나갈 수 있게 된다.

즉 합리론과 경험론의 약점을 모두 극복하면서 진정으로 모두가 신뢰할 수 있으면서 동시에 새로운 지식을 확장해 갈 수 있는 학문적인 토대를 가질 수 있는 것이다. 칸트는 바로 이 선천적 종합판단을 찾고자 노력한 것인데, 그는 그것이 가능하다는 결론을 내렸다.

그 예로 수학을 들었다. '7+5=12'라는 명제는 누구에게나 확실하다. 7+5는 당연히 12라는 결론을 도출하기 때문이다. 그래서 이 명제는 분석판단인 것으로 보인다. 그러나 칸트는 이 명제가 종합판단이라고 주장한다. 왜냐하면 7+5를 아무리 분석한다 해도 12라는 것이 나오지는 않기 때문이라는 것이다. 그는 7과 5를 더한다는 경험이 있기에 12가 나온다는 것이다. 가령 수십억 단위의 숫자들을 더하거나 곱할 때 그 결과가 직감적으로 나올까? 이러한 연산은 경험을 통해 일반화된 공식을 바탕으로 계산 작업을 거쳐 그 결과를 얻을 수 있는 것이다. 그리고 그 결론은 보편타당한 것이기 때문에 선천적인 것이다. 이렇듯이 수학은 선천적 종합판단에 해당한다는 것이 칸트의 주장이다.

칸트는 선천적 종합판단의 성립 가능성을 확인한 후 자연과학과 형이상학에서도 그것이 가능한지를 타진하고자 했다. 선천적 종합판단은 칸트가 확실한 지식을 구하는 근거였으며, 선천적 종합판단이 어떻게 성립하는가를 규명하는 것은 그의 철학의 첫번째 과제였던 것이다.

인식론에서의 코페르니쿠스적 전환

칸트의 인식 이론은 이상과 같은 문제의식을 바탕으로 전개된다. 그는 이전의 인식 이론이 잘못되었다고 주장하고 전혀 새로운 각도에서 철학을 전개하는데, 자신의 철학을 가리켜 '선험철학(先驗哲學)'이라고 한다. 무엇을 인식하느냐가 아니라 우리가 선천적으로 어떻게 인식하느냐 하는 인식의 방법을 다루는 철학이라는 뜻에서이다. 칸트는 8백여 페이지에 달하는 방대한 분량의 『순수이성비판』을 통해 자신의 인식 이론을 전개한다.

칸트에 따르면, 우리의 인식은 경험과 함께 시작하지만 모든 인식이 전적으로 경험의 소산만은 아니라고 한다. 인간에게는 선천적인 인식 형식이 있으며, 이 인식 형식에 따라 인식 작용이 이루어지는 것이다. 즉 인식의 재료가 되는 경험은 주관 속의 형식과 결합됨으로써 인식이 이루어지는 것이다. 인간 안에 있는 이러한 선천적

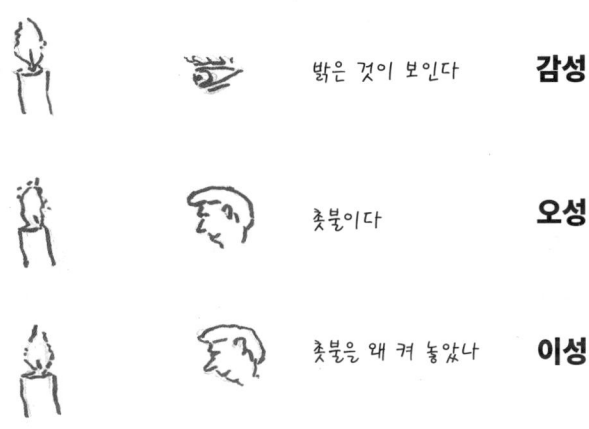

인식의 세 국면

인식 형식은 인식의 객관성을 보장해 주는 것이다.

그렇다면 본래부터 있는 그 인식 형식이란 무엇인가? 감각을 통해 우리는 무수한 종류와 형태의 소재들을 받아들이는데, 이러한 소재들은 우리 주관 속의 공간과 시간이라는 선천적인 형식에 맞추어 받아들여진다. 이러한 작용은 직관이라고 하며, 감성이라는 능력이 수행한다. 공간과 시간은 감성의 두 가지 선천적 형식이다.

그러나 직관은 그 자체로 인식이 완료되는 것은 아니다. 직관된 것은 다시 오성(悟性)이라는 능력을 통해 개념으로 구성하며, 이로써 비로소 인식을 하게 되는 것이다. 이때도 직관의 다양한 소재들이 오성의 선천적 형식과 결합한다. 그 형식은 다음의 열두 가지라고 칸트는 말한다.

양에 관한 것으로서 단일성-수다성-전체성, 성질에 관한 것으로서 실재성-부정성-제한성, 관계에 관한 것으로서 실체성-인과성-상호성, 양상에 관한 것으로서 가능성-현실성-필연성 등이다.

이렇게 인식이란 감각의 시간적·공간적 종합을 다시 열두 범주에 의하여 통일함으로써 이루어지는 것이다. 인식에서 직관과 개념은 서로 밀접하게 연결된다. 이 둘의 관계를 칸트는 "개념 없는 직관은 맹목적이고, 직관 없는 개념은 공허하다."는 말로 표현했다.

이러한 칸트의 인식 이론은 이전의 철학자들에 비해 매우 특이한 성격을 가지고 있다. 그는 자신의 철학 방법을 '코페르니쿠스적 전환'에 비견했다. 종래에는 대상에 따라 인식한다고 생각했지만, 인간에게 내재해 있는 선천적 형식에 따라 대상이 들어와 인식된다는 것은 마치 천문학상에서 천동설이 지동설로 뒤집힌 것만큼이나 획기적인 것이라고 생각한 것이다.

칸트의 인식 이론에 따르면, 다양한 경험이 오성의 선천적 형식과 결합됨으로써 보편적이고 필연적인 자연과학이 성립하게 된다. 즉, 자연과학에서 선천적 종합판단이 가능하다는 것이다. 그러면 형이상학에 대해서는 어떠한가? 그에 따르면 인간들이 인식할 수 있는 대상은 어디까지나 시간과 공간의 형식 속에서 포착되는 경험적인 대상에 한정될 뿐이지, 경험을 초월한 것은 인식할 수 없다.

그런데 종래의 형이상학들은 '영혼'이라든지 '세계'라든지 '신'이라든지 하는 개념들을 다루어왔다. 이러한 개념들은 경험을 초월한 것으로서 인간의 이성이 만들어낸 것이다. 따라서 이러한 개념에 대해서는 어떠한 판단도 내릴 수 없으며, 이러한 개념을 다루는 종래의 형이상학에 대해서도 긍정할 수도 부정할 수도 없다고 한다.

형이상학에 대한 이런 유보적인 판단은 수학이나 자연과학의 근거를 적극적으로 뒷받침해준 것과는 분명히 차원을 달리하는 것이다.

이러한 문제는 이 정도로 종결시킬 수도 있는 것이지만, 칸트의 철학은 인식의 문제보다는 오히려 다음과 같은 도덕의 문제에 더 많은 무게가 실려 있다.

칸트의 도덕률과 요청된 '신'

칸트는『순수이성비판』에서 이룩한 보편타당한 지식의 원리를 바탕으로 도덕의 원리를 마련했다. 이것은 그의『실천이성비판』에서 다루어지고 있다. 여기서 말하는 '실천이성'이란 구체적인 행동에서의 실천이 아니라, 내적인 결의에 관한 이성인 동시에 의지를 말한다.

칸트는 율법이라고 일컬을 만큼 엄격한 도덕의 원칙을 추구했다. 그의 율법은 예외 없는 것을 추구하기 때문에 조건 없이 명령에 따르는 것이다. 이것을 '정언명법(定言命法)'이라고 하는데, 조건에 따른 명령인 가언명법(假言命法)과 구분된다. 칸트의 무조건적인 정언명법은 다음과 같은 한마디로 압축적으로 표현되어 있다.

"네 의지의 격률(格率)이 언제나 동시에 보편적 입법(立法)의 원리가 될 수 있도록 행위하라."

이 표현을 풀어서 설명하자면, 내가 하고자 하는 행위가 누구에게나 똑같이 적용될 수 있는가를 잘 생각해보고 행동하라는 것이다. 칸트는 자신의 도덕률에 부합하는 예로서, "너 자신에 있어서나 다른 사람에 있어서나 반드시 인격을 목적으로 대할 것이지 결코 수단으로 대하지 말라."는 말을 하였는데, 이것 역시 그의 도덕관과 인간관을 잘 드러내주는 유명한 말이다.

도덕에 관한 칸트의 이론은 인간의 존재에 대한 자신의 생각을 바탕으로 하고 있다. 칸트가 생각한 인간이란 자연적인 존재와 예지적인 존재의 두 측면이 있다. 자연적인 존재는 마치 모든 자연현상이 자연의 법칙에 따라 운동하듯이 인간도 이를 따르지만, 예지적 존재로서의 인간은 자연현상을 뛰어넘는다.

자연적인 존재로서의 인간은 모든 동물과 마찬가지로 자연 그대로의 본성을 따르는데, 이러한 인간에게는 남을 헤아려준다든지 또는 양심의 가책을 느낀다든지 하는 것은 없다. 그러나 인간은 한편으로는 예지적인 존재이기 때문에 동물과는 달리 자연의 법칙을 뛰어넘으면서 자유를 누린다. 이렇게 칸트의 자유는 인간을 인간답게 하는 것이며, 또한 도덕적 가치의 기본이 되는 것이다.

그러면 자유는 어디에서 입증되는가? 이에 대해 칸트는 이것은 사유의 대상이 아니라 필요에 의해 요청된 것이라고 말한다. 즉 실천이성의 요청이다. 이러한 것으로는 '자유' 외에도 '영혼 불멸'과 '신의 존재'가 있다. 도덕에 철저히 충실한 사람의 행복을 보장하기 위해서는 현세만으로는 충분히 보상할 수 없으므로 '영혼은 불멸'해야 하고, 또 현세와 내세를 관장하면서 도덕 질서를 유지하고 도덕과 행복을 일치시켜주기 위해서는 '신'이 있어야 한다.

이 세 가지의 요청은 인식의 이론으로는 설명할 수 없지만 실천적인 입장에서는 학문적으로도 필연적이라는 것이 칸트의 주장이다. 이제 '이론 이성'에서는 배척되었던 자유, 영혼, 신이 다시 적극적인 위치로 인정받음에 따라 형이상학도 학문으로서 충분히 인정받게 되었다.

계몽주의의 완성과 독일 관념론의 도래

이론의 이성으로 해결할 수 없었던 형이상학을 칸트가 적극적으로 추구한 것은 도덕을 중시했던 칸트의 철학적 태도를 반영한다. 칸트는 일찍이 계몽사상가 루소(Jean Jacques Rousseau, 1712~1778)를 접하고 비로소 인간을 존경하게 되었다고 토로할 만큼 루소로부터 많은 영향을 받았다. 루소에 대한 흠모와 열정이 어찌나 대단했던지 그의 방에 걸린 것이라고는 루소의 초상화밖에 없었다고 하고, 그의 산책이 중단된 유일한 때는 루소의 책에 빠져 있었을 때였다고 한다.

이렇게 칸트의 철학은 사회윤리적으로 계몽주의 사상의 영향을 듬뿍 받으면서 형성되었는데, 칸트를 계기로 하여 독일에도 본격적인 계몽주의 사조가 팽배하게 되었다. 그리고 칸트의 철학은 인간의 이성을 강조하는 계몽주의 시대에서 인간의 인식 능력에 대해 비판을 가함으로써 인간 인식 능력의 범위를 확고히 획정해 주었으며, 인간의 이성에 밀려서 흔들리던 그리스도교 신앙이 설 수 있는 자리도 만들어주었다. 이러한 점에서 그의 철학은 자연과학과 그리스도교의 조화를 시도했다고 할 수 있다.

이론보다는 실천이나 도덕을 우위에 둔 것도 칸트 철학의 중요한 특징의 하나로 지적되는데, 그의 인식 이론 자체에도 다음과 같은 난점이 있다. 즉, 인식은 있는 그대로의 대상을 인식하는 것이

사람이 꽃이라고 인식해도 진정한 물자체는 알 수 없다

아니고, 인식 형식을 통해 종합된 것만을 인식하므로 '사물 자체('物自體' 또는 독일어로 'Ding an sich'라는 용어로도 널리 쓰임)'는 알 수 없고 다만 인간에게 비추어진 현상만을 인식할 뿐이라는 것이다.

이렇게 '물 자체'를 인식할 수 없다는 칸트의 주장은 많은 논란을 일으켰고, 또한 칸트 철학에 있어 커다란 문제점으로 지적되었다. 이에 이후의 철학자들은 현상과 '물 자체'로 분리된 칸트의 인식 구조를 극복하기 위해 많은 노력을 기울이게 된다.

대륙의 합리론과 영국의 경험론을 종합한 칸트 철학은 이후 피히테, 셸링, 헤겔로 이어지면서 하나의 새로운 사상 조류를 형성한다. 이러한 철학적 흐름은 '독일 관념론'이라고 일컬어지는 것으로, 대상보다는 사유하는 정신을 보다 근원적으로 바라보는 철학 사조이다.

15
헤겔

Georg Wilhelm Friedrich Hegel,
1770~1831

이성적인 것은 현실적이고,
현실적인 것은 이성적이다

헤겔은 1770년에 독일 뷔르템베르크 공국의 수도인 슈투트가르트에서 태어났다. 아버지는 이 공국의 재무관이었고, 어머니는 당시 뛰어난 교양인으로 평생토록 헤겔의 마음 한구석에 자리했다.

헤겔은 5세에 라틴학교에, 7세에 김나지움에 입학해서 학업을 쌓은 후 18세가 되어 튀빙겐 대학 신학과에 들어갔다. 그는 대학에서 5년간 수업했는데, 2년간은 철학을, 3년간은 신학을 공부했다. 그는 대학 시절에 셸링, 횔덜린 등과 함께 수학했고, 19세가 되던 해에 프랑스 혁명이 일어나자 그들은 혁명을 열렬하게 지지했다.

헤겔의 철학에 많은 영향을 주고 또 연구의 동반자가 된 인물은 셸링이었다. 셸링은 헤겔보다 다섯 살 아래이지만 어려서부터 매우 뛰어난 천재성을 발휘하면서 철학과 예술 등 다방면에 걸쳐 두드러진 활약을 보였다. 이에 반해 헤겔은 느리면서도 끈질기고 깊숙하게 파고드는 성향이어서 셸링처럼 젊어서는 주위의 눈길을 끌지 못했고, 그의 나이가 마흔이 다 되어서야 비로소 철학의 진면목을 드러내기 시작했다.

1793년에 대학을 마친 후 헤겔은 1800년까지 프랑크푸르트와 스위스 베른에서 가정교사 생활을 했다. 1801년에 헤겔은 셸링의 추천으로 예나 대학에서 강사 자리를 얻어 1806년까지 그곳에서 살았다. 당시 예나 대학은 쉴러가 역사 교수로 재직하고 있었고, 피히테와 셸링이 철학 강의를 하면서 당대 독일 철학의 구심을 이루고 있었다.

헤겔은 셸링과 교우하면서 「비판적 철학잡지」를 함께 발간하여 1802년부터 2년간 편집일을 맡아보았다. 1803년에 셸링이 예나를 떠날 무렵 그는 점차 셸링의 철학에 대해 여러 부문에서 견해를 달리하면서 자신의 독창적인 철학을 발전시켜 나갔다.

1806년에 프로이센이 나폴레옹이 이끄는 프랑스군과의 대전투에서 패하여 망할 무렵 헤겔은 대작 『정신현상학』을 완성했다. 전쟁의 와중에서 헤겔은 예나를 떠났는데, 그는 『정신현상학』의 원고를 소중하게 품속에 간직하고 다녔다. 그의 조국은 비록 프랑스에 패했지만, 그는 프랑스 혁명의 의미를 이해하였을 뿐 아니라 감격해마지 않았다. 나폴레옹이야말로 유럽과 독일을 근대화시킬 위대한 영웅으로 생각한 것이다. 그는 이 무렵 나폴레옹을 직접 목격하고는 이렇게 말했다.

"나는 마을에서 황제가 말을 타고 지나가는 것을 보았다. 말 위에서 세계를 지배하려는 오직 한 가지 일에만 집중하는 인물을 여기서 본다는 것은 실로 말할 수 없는 감격이었다. 나는 그를 숭배하지 않을 수 없다."

예나가 함락되고 대학이 폐쇄되자 헤겔은 1808년까지 뉘른베르크에서 신문 편집일을 맡아보았고, 이어 1816년까지는 그곳의 한 인문고등학교에서 교장으로 재직했다. 그 무렵 헤겔은 41세의 나이로 결혼했고, 이듬해인 1812년에는 그의 두번째 대작 『대논리학』을 완성했다. 그리고 이 역작에 힘입어 그는 1816년에 하이델베르크 대학의 철학 교수로 임명되었으며, 1817년에는 『소논리학』을 완성했다.

다음해에 헤겔은 피히테의 후임으로 베를린 대학의 철학 교수로 자리를 옮겼다. 이곳에서 그가 죽을 때까지 13년 동안 헤겔의 철학은 프로이센을 중심으로 독일 전역에서 절대적인 권위를 얻었으며, 그는 당대 독일 지성의 최고 반열에 올랐다. 헤겔은 생전에 일찍이 어떠한 철학자도 누려보지 못한 추앙을 받았다. 그리고 많은 제자들이 그를 따르면서 그의 주변에는 '헤겔학파'라는 거대한 흐름이 형성되었다. 헤겔은 1830년에 베를린 대학의 총장으로 취임했고, 이듬해에 『논리학』의 수정판을 집필하던 중 콜레라에 걸려 숨졌다.

헤겔의 철학 저술은 위에 열거한 책 외에도 1821년에 간행한 『법철학』이 있으며, 이밖에 그가 죽은 후 강의록을 토대로 제자들이 간행한 『미학』, 『종교철학』, 『역사철학』, 『철학사』 등 많은 철학서들이 있다.

피히테와 셸링의 관념론

칸트로부터 비롯된 독일 관념론은 피히테와 셸링이라는 두 인물을 거쳐서 헤겔에 이르게 된다. 여기서 잠시 피히테와 셸링의 철학에 대해 살펴보기로 한다.

칸트의 철학은 '현상계(現象界)' 대 '물자체계(物自體界)', '이론이성' 대 '실천이성'이라는 서로 화합하지 않는 이원적인 구조를 등장시켰다. 이 세계관은 칸트 철학의 약점이자 문제점으로 지적되었고, 많은 철학자들에게는 풀어야 할 과제로 남겨졌다. 칸트 자신도 이 문제점을 극복하기 위해 실천이성을 이론이성에 대해 우위에 놓으면서 그 대립을 누그러뜨리려 했지만 진정한 해결책이 되지는 못했다. 이에 그의 뒤를 이은 독일의 많은 철학자들은 칸트의 문제점을 해결하고자 노력했는데, 그 중 피히테와 셸링이 단연 두각을 나타냈다.

이 두 사람이 칸트 철학이 남긴 문제점을 해결하기 위해 취한 방법은 현상계와 물자체계, 혹은 자연계와 정신계를 뛰어넘는 절대적 존재를 등장시켜 양자를 통일하려고 했다는 점에서 유사하다. 그리고 이들의 철학은 자연계의 구체적인 현상보다는 그들 나름대로의 다양한 관념을 등장시킴으로써 독일의 철학 세계를 관념론의 세계로 깊숙이 몰고 갔다.

칸트보다 약 40년 후에 태어난 피히테(Johann Gottlieb Fichte,

1762~1814)는 스스로를 칸트의 후계자라고 자처하면서 칸트 철학의 문제점을 극복하기 위해 노력했다. 피히테는 칸트가 이론이성과 실천이성을 분리한 것을 못마땅하게 여겼다. 그리고 칸트가 실천이성이 이론이성에 대해 우위에 선다고 말하기는 했지만, 그것은 선언일 뿐 설명이 되지는 못한다고 여겼다.

피히테

피히테는 칸트의 이론이성과 실천이성을 각각 이론적 자아와 실천적 자아로 대치시키고, 이론적 자아는 대상에 대해 수동적인 태도를 취하며, 실천적 자아는 대상에 대해 능동적인 태도를 취한다고 말한다. 피히테는 이렇게 '자아'의 개념을 빌어 그의 철학을 전개한다. 그에게서 '자아'란 존재하는 것 일체를 가리킨다.

자아는 본질적으로 다른 것에 의해 제약되지 않고 능동적으로 자신을 정립한다. 이러한 순수한 의미에서의 자아는 의식할 수는 없다. 인간은 자아를 대상과의 관계 속에서만 파악할 수 있다. 대상이란 자아에 대립해서 있는 것인데, 그 대상은 자아의 활동의 결과이자 동시에 자아가 능동적으로 극복해야 하는 '그 무엇'이기도 하다. 이렇게 자아는 대상을 낳으면서 그 대상을 극복하고자 하는데, 그 궁극적인 목표는 '절대적 자아'를 지향하는 것이다. 절대적 자아란 일체의 대상과 무관하게 그 자체로서 정립하는 자아이다.

이론적 자아가 자아 활동의 결과적 측면이라면 실천적 자아는 대상을 능동적으로 한정하려는 주체적 측면이라고 할 수 있으며,

헤겔 221

셸링

이 양자의 관계는 통일되어 있으면서도 이론에 대해 실천이 우위에 있다. 이렇게 하여 피히테는 칸트의 이론이성과 실천이성의 분립을 통일했다.

셸링(Friedrich Wilhelm Joseph Schelling, 1775~1845)은 피히테가 말하는 절대적 자아란 다름 아닌 '절대자' 그 자체라고 말한다. 셸링은 주관과 객관, 정신과 자연은 절대자로부터 생겨난 것이라고 말한다. 그에게서 주관과 객관, 정신과 자연이란 그 뿌리에서는 동일하다. 절대자 속에는 이러한 구별이 전혀 없다.

그런데 정신과 자연으로 드러나 보이는 것은, 이 양자 속에는 서로의 요소를 다 함께 가지고 있으면서도 어떠한 요소가 더 양적으로 우세한가에 따라 그 형태가 드러나는 것이라고 말한다. 마치 플러스와 마이너스 극의 양이 같으면 중성이지만, 어느 한쪽의 양이 더 우세한가에 따라 극성이 결정되고, 그 강도 또한 달라지는 것과 같은 이치로 설명할 수 있다.

셸링은 이와 같이 정신과 자연을 같은 선상에서 파악하고서, 자연적 요소가 가장 많은 단계에서부터 정신적 요소가 가장 많은 단계까지 연속적인 하나의 계열을 제시했다. 그래서 그는 자연적 요소가 가장 많은 것은 물질이며, 정신적 요소가 가장 많은 것은 유기체라고 생각했다.

헤겔의 절대적 관념론

　헤겔은 셸링이 자연이나 정신은 본질적으로 같으며 다만 현상적으로만 다르게 보일 뿐이라는 주장에 반박한다. 헤겔은 그 차별성을 절대자라는 것을 통해 하나로 통일시켜 버리는 것을 받아들일 수 없었다. 따라서 셸링의 절대자는 다시 규명되지 않으면 안 되었다.

　헤겔은 셸링이 말하는 절대자는 진정한 의미에서 절대자가 아니라고 지적한다. 절대자란 외부에 그와 대립하는 어떠한 존재도 허용할 수 없는데, 셸링의 절대자는 유한자를 그 외부에 갖고 있으면서 대립하고 있다.

　진정으로 절대자라고 할 때에 그것은 일체의 대립을 넘어서고 일체의 것을 자기 안에 포괄하는 것이어야 한다. 그것은 유한자와, 그에 대립하는 무한자를 모두 자기 안에 포괄하는 것으로 '참된 무한자'라고 할 것이다. 그리고 이 절대자는 모든 차별성을 자기 속에 포함하면서 동일성도 보존하고 있다.

　헤겔은 절대자를 이렇게 규정함으로써 유한자가 어떻게 절대자로부터 나올 수 있는가에 대해 설명할 수 있었다. 헤겔에게 있어서 유한자는 절대자로부터 나오는 것이 아니라 유한자를 그 속에 내포하고 있으며, 내부에 있는 유한자의 변화를 통해 절대자도 발전한다. 즉, 절대자는 정지해 있지 않고 발전하는 것이다. 그리고 절대자는 역사 속에서 자기를 구체적으로 실현해 나간다.

　헤겔은 그 절대자를 '정신'이라고 파악하며, 또 '절대정신'이라고도 한다. 헤겔은 역사란 절대자가 자신의 본질을 점차 명료하게 드러내는 과정이라고 한다. 그는 절대자, 곧 절대정신은 이성이라고 파악하고, 그 본질은 자유라고 한다. 그래서 역사는 이성적인 자유를 점차 실현해 가는 과정이라고 보았다.

위와 같은 절대자 개념을 중심으로 한 헤겔의 철학에서는 몇 가지 특징을 지적할 수 있다. 그 중 하나는 절대자를 발전 과정에 있는 변화하는 것으로 본 점이다. '변화'는 헤겔 철학에서 대단히 중요한 개념이다. 헤겔은 일체의 것은 변화의 과정을 통해서 발전한다고 생각했기 때문에 헤겔의 절대자 또한 변화하는 것으로 보았고, 그 절대자는 왜 변화할 수밖에 없는 구조를 가지고 있는가를 설명하려 했던 것이다.

그리고 헤겔 철학에서는 '정신'이 특별한 의미를 가진다. 셸링은 정신을 자연과 대립하고 있는 것으로 보면서도 질적으로는 다른 것으로 보지 않았지만 헤겔은 정신을 자연보다 우위에 두었고, 그것이 구체적인 역사 속에서 구현되는 과정을 묘사하려 했다.

한편 헤겔 철학은 거대한 체계를 형성하고 있다는 점이 또 하나의 특징이다. 헤겔은 세계의 진행과정을 정신의 자기 전개 양상으로 보면서, 그 과정을 이론적으로 고찰하는 것이 바로 철학의 과제라고 생각했다. 그에 따르면 정신의 자기 전개는 3단계의 과정을 거치는데, 첫 단계는 '즉자적(即自的) 단계'로서 변화 이전의 상태이며, 둘째 단계는 '대자적(對自的) 단계'로서 정신이 시간과 공간 속의 자연의 형태로 자신을 드러내는 것이며, 셋째 단계는 정신이 다시 자기 자신으로 되돌아오는 단계로서 '즉자대자적(即自對自的) 단계'이다.

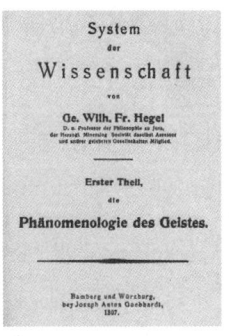
정신현상학

　헤겔은 이러한 단계에 맞추어 철학의 과제도 부여된다고 보고, 첫째 단계의 과제는 논리학이며, 둘째 단계의 과제는 자연철학이며, 셋째 단계의 과제는 정신철학이라고 말한다. 이와 같이 헤겔의 철학은 정신의 변화발전의 과정을 그려내고, 각각의 단계에 따른 과제를 빠짐없이 다루려 하기 때문에 방대하며, 그러한 체계 자체가 곧 헤겔의 철학이기도 한 것이다.

　헤겔의 관념론 철학은 피히테와 셸링의 관념론을 이어받으면서 완성시켰다. 그는 피히테의 관념론을 주관적 관념론으로 셸링의 관념론은 객관적 관념론으로 부른 뒤, 자신의 관념론은 절대적 관념론이라고 하여 앞의 두 철학이 가진 한계를 극복했다고 자부했다.

헤겔의 변증법 — 생성과 변화의 논리학

　앞서 언급한 바와 같이 변화는 헤겔 철학의 중요한 특징이다. 헤겔이 변화를 설명하는 논리는 변증법으로 잘 알려져 있다.

　'헤겔'이라고 하면 당연히 '변증법'을 떠올릴 만큼 변증법은 헤겔 철학의 특징을 대표하고 있다. 그러나 변증법은 본래 헤겔이 창안해 낸 논리학은 아니었다. '변증법(辨證法)'이라는 용어의 본래 뜻은 대화를 통해 진리를 터득한다는 것이다. 그렇기 때문에 고대 그리스 시대에 소크라테스가 대화를 통해 진리를 발견해가는 과정도 다름 아닌 변증법이라 할 수 있고, 가까이는 피히테의 '자아의 철학'의 논리 전개도 헤겔의 변증법과 매우 유사하다. 그런데 헤겔에 이르러 변증법은 그 체계가 가다듬어지고 내용도 풍부해져서 오늘날 '변증법'이라고 일컬을 때엔 헤겔의 변증법이 가장 널리 알려지게 된 것이다.

헤겔 이전에 논리학이라고 하면 아리스토텔레스의 논리학이 대표하고 있었다. 아리스토텔레스의 논리학은 '형식논리학'으로서 고정된 사실에 대한 참과 거짓을 판별하기 위한 도구였다. 따라서 헤겔 철학에서 강조되는 생성과 변화를 설명하기 위해서는 전혀 다른 논리학이 필요했는데, 이것이 헤겔의 변증법이다.

헤겔은 사물이 변화하는 운동을 세 단계를 거치는 주기적 운동이라고 보았다. 이 단계들은 정립(These) → 반정립(Antithese) → 종합(Synthese)의 과정을 밟는다. 이 세 단계의 변증법은 정(正) → 반(反) → 합(合)으로도 부른다. 이것을 인식 과정에 적용하여 다시 설명하면 다음과 같다.

① 하나의 입장을 일단 긍정한다(정립).
② 그 다음 이 입장 속에 어떤 모순이 있음을 알게 된다(반정립).
③ 모순을 파악함으로써 새로운 입장을 내게 된다(종합).

이 세 단계를 거치면서 인식은 보다 고도화된다. 즉, 종합의 단계에서는 앞 단계의 정립과 반정립을 적당히 절충하는 것이 아니라

질적으로 새로운 인식으로 발전하는 것이다.

이러한 변증법적인 과정은 인식의 과정뿐만 아니라 변화하는 모든 사물에 대해서도 적용할 수 있다. 가령 씨앗이 껍질을 깨고 자라서 꽃을 피우는 과정도 씨앗이(정립) 자기를 부정하고(반정립) 완전히 새로운 식물로 성장(종합)하는 과정으로 이해할 수 있다.

여기서 종합에 이른 식물은 그것으로 멈추는 것이 아니라 꽃을 피우고 새로운 씨앗을 맺으며, 이 씨앗은 다시 새로운 식물로 성장하고 긴 세월을 거치면서 개량된다. 이렇듯 종합은 어느 목표를 이루면서 끝나는 것이 아니라, 종합 그 자체가 새로운 변화를 위한 정립이 되어 끝없는 변화를 이어가게 된다. 마찬가지로 우리 인간의 인식도 종합에서 멈추는 것이 아니라 새로운 인식을 향해 계속되어 간다.

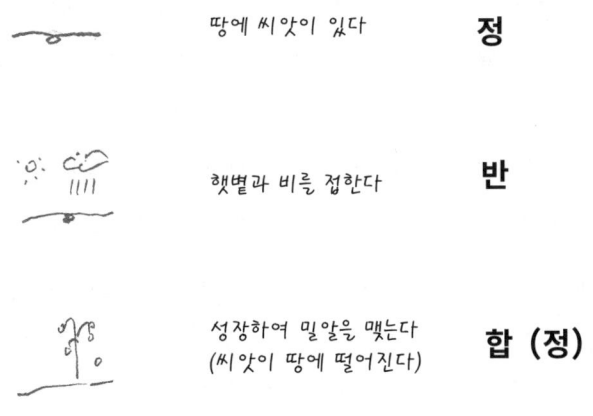

변증법의 과정

헤겔의 역사관과 이상적인 사회

헤겔의 철학은 역사를 토대로 이룩한 철학이라 일컬을 만큼, 그는 역사와 사회에 대해 많은 연구를 했다. 그가 남긴 『역사철학 강의』를 보면 동서고금을 망라하여 방대한 역사 지식의 소지자였음을 알 수 있다. 그의 '절대자'의 개념이나 '변증법적 논리학'도 바로 역사에 대한 연구를 바탕으로 만들어진 철학이다.

앞에서 역사란 절대자가 자신의 본질을 명료하게 드러내는 것으로서, 그 본질이란 자유이기 때문에 이성적인 자유를 실현해가는 과정이 곧 역사라고 했다. 그렇기 때문에 그에게서 역사는 진보를 향한 역사였다. 그는 역사를 연구한 결과 고대에서 중세 및 근대에 이르는 역사의 전 과정은, 자유가 극히 제한된 사회에서 점차 자유가 보다 많은 사람들에게 확대되는 과정으로 보았다.

그런데 헤겔은 역사를 움직이는 주체는 개인이 아니라 '세계정신'이라고 말한다. 세계정신이란 절대정신이 세계사 속에서 나타나는 것이다. 하지만 우리는 역사 속에서 개개인의 인물이 역사적인 사건을 일으키고, 이러한 사건들이 또다른 사건들을 야기하고 엮어지면서 역사가 변화하는 것으로 보게 된다. 이에 대해 헤겔은 역사 속에서 개개인의 인물은 결국 세계정신의 뜻에 따라 행동하는 것이라고 말한다. 즉, 역사 현실 속에서 나타나는 일체의 현상은 이성의 뜻, 즉 '이성의 간계(奸計)'에 따른 필연적인 결과이다. 결국 모든 역사 속에서의 현상이란 역사 이성의 반영으로서, 그는 "이성적인 것은 현실적이고, 현실적인 것은 이성적이다."라는 유명한 말을 남겼다.

헤겔은 개인의 자유와 사회의 자유가 함께 실현되는 공동체를 이상적인 것으로 여겼다. 이러한 공동체를 헤겔은 '인륜'이라고 표현했다. 헤겔은 이러한 사회의 모범으로서 고대 그리스의 폴리스, 특히 아테네의 민주정치를 들었다. 그는 거기서 인간이 공동생활을 하면서 자유를 실현하는 것을 본 것이다.

한편 헤겔은 인륜을 실현하는 도구로서 '국가'를 찬양했다. 그는 국가야말로 가족이나 시민사회의 여러 모순을 극복하는 가장 훌륭한 인륜이라고 생각한 것이다. 그리고 국가의 훌륭한 모범으로 헤겔 말년의 '프로이센'을 예로 들었다. 그가 프로이센을 이상으로 삼았던 것은 당시 프로이센이 계몽적인 개혁을 추진하고 있었기 때문이다.

청년 시절에 이웃 나라 프랑스의 대혁명을 뜨거운 가슴으로 지켜본 헤겔은 나폴레옹 시대에 이르러서 모든 구제도가 타파되고 새로운 법 제도가 수립되자 이를 열렬히 환영했다. 나폴레옹의 유럽 원정도 헤겔에게는 침략이 아니라 자유의 전파였다. 그러나 나폴레옹의 원정 결과 유럽 전역이 전쟁의 소용돌이에 빠지자 헤겔은 이제 막 개혁을 추진하려고 하던 프로이센으로 눈을 돌리고 그의 이상을 걸었던 것이다.

보수와 진보로 분열된 헤겔학파

유럽에서 헤겔 철학의 권위는 절대적이었다. 따라서 그 이후의 서양 철학은 어떤 형태로든 헤겔 철학에서 영향을 받았다고 해도 과언이 아니다. 그런데 헤겔을 추종하면서 형성된 헤겔학파는 두 갈래로 분열되면서 서로 다른 경향으로 발전해갔다.

하나는 슈트라우스, 포이어바흐를 거쳐서 마르크스로 이어지는 청년헤겔학파이고, 다른 하나는 딜타이, 빈델반트, 크로체 등으로 이어지는 노년헤겔학파이다. 헤겔 철학의 영향을 이렇게 청년기와 노년기로 구분한 까닭은 헤겔 청년기의 급진적 역사사회관과, 노년기에 있어서 자신의 조국 프로이센에 대한 찬양과 같은 보수적인 입장은 분명히 다른 색채를 띠고 있었기 때문이다.

헤겔 철학이 두 갈래로 나누어진 계기는 슈트라우스의 『예수의 생애』가 발단이 되었다. 슈트라우스는 이 책에서 헤겔의 철학을 바탕으로 복음서를 해석하면서 복음서의 내용을 역사적 사실이 아닌 종교적 이념의 형상화라고 주장했는데, 이것은 격렬한 논쟁을 촉발시켰다. 논쟁 과정에서 보수적 신학관을 가진 이들은 헤겔 노년기의 현상에 대한 긍정 정신에 주목하면서 종교와 철학의 조화를 꾀하려 했다. 그리고 이러한 조류가 계기가 되어 신학뿐만 아니라 역

헤겔은 나폴레옹을 침략자가 아닌 자유를 전파하는 세계정신의 구현자로 보았다

사철학 등 다양한 분야로 확대되면서 청년헤겔학파와는 다른 철학 조류를 형성했다.

청년헤겔학파는 슈트라우스의 비판적 정신을 더욱 강조하여 포이어바흐와 같은 급진적인 철학자는, 신이란 다름 아닌 인간의 창조물이라는 주장을 하기에 이르렀고, 이러한 주장은 마르크스의 유물론 사상에 토대가 되었다. 마르크스는 정신을 우위에 두고 세계를 설명하려는 헤겔의 철학을 비판했다. 그는 물질을 중심으로 보는 유물론의 입장에다 헤겔의 변증법을 결합한 변증법적 유물론의 철학을 수립하여 헤겔 철학에서 독창적으로 벗어났으며, 산업자본주의의 어두운 현실을 타파하기 위한 사회주의 혁명 이론으로 발전시켰다.

16

쇼펜하우어, 키르케고르, 니체

Arthur Schopenhauer, 1788~1860
Søren Kierkegaar, 1813-1855
Friedrich Wilhelm Nietzsche, 1844-1900

과연 인간의 이성은 합리적인가

여기에서는 지금까지의 주류적 철학에서 잠시 벗어나 보기로 한다.

쇼펜하우어, 키르케고르, 니체. 이들의 이름을 듣노라면 여느 철학자들과는 다른 이미지를 떠올리게 된다. 바로 '고독한 선지자'의 이미지다.

실로 이들은 다소 독단적이라고 할 만큼 당대 철학의 큰 흐름과는 동떨어져서 자신들만의 고유한 철학사상을 전개했다. 그렇지만 이들의 철학이 '태산명동의 서일필'처럼 공허한 메아리가 되어버린 것은 아니다. 이들의 철학은 생존 시대에는 각광을 받지 못했으나, 이들이 죽은 후 시대적 상황이 바뀌면서 뒤늦게 빛을 보게 된다. 그래서 '선지자'라고 부를 만한데, 이들은 공교롭게도 하나같이 결혼도 하지 않고 독신으로 고독하게 살다 갔다.

일견 유사해 보이는 이들 세 철학자들의 철학 세계로 들어가 보면 겉모습처럼 유사하지는 않다. 이들 사이에는 사실 어떠한 교류가 있지도 않았고, 사상 또한 제각기 독특하다. 다만, 인간의 합리적인 이성에 대한 믿음이 굳건했던 당시의 물질문명 시대 한켠에서 이성의 불합리함에 주목했다는 공통점이 있다.

이들의 통찰은 머지않아 많은 사람들로부터 공감을 얻게 되어, 이들은 시대의 전환기에서 예언자와도 같은 역할을 했다. 각각의 철학을 후대에 끼친 영향으로 구분해 본다면, 쇼펜하우어는 '생의 철학'에서, 키르케고르는 '실존철학'에서, 그리고 니체는 두 철학 분야 모두에서 선구적인 역할을 했다.

염세주의자의 대명사 쇼펜하우어

쇼펜하우어라고 하면 누구나 '염세주의(厭世主義)'를 떠올릴 만큼 그는 염세주의자의 대명사로 알려져 있다. 그의 세계관을 보면 염세적인 것은 틀림없다. 하지만 철학 전체를 '염세적'이라는 한 마디로 규정해 버린다면 그의 철학을 엉뚱한 편견에 사로잡히게 할 우려가 있다.

쇼펜하우어는 1788년에 독일의 단치히에서 부유한 상인의 아들로 태어났다. 어머니는 당시에 상당한 교양인으로서 후에는 여류작

가로서 명성을 날렸다. 쇼펜하우어는 아버지가 무역에 종사한 덕택에 어려서부터 유럽의 각지를 돌아다니면서 견문을 넓힐 수 있었으며, 아버지의 요구에 따라 외국어에 대한 소양을 길렀다.

쇼펜하우어의 아버지는 그가 가업을 이어가기를 원했으나, 그는 학업에 뜻을 두었다. 18세가 되었을 무렵, 그는 정규 학교에 입학하여 본격적으로 공부를 시작했고, 21세가 되어 괴팅겐 대학 의과에 입학했다가 철학을 접하고는 관심을 바꾸었다. 그곳에서 2년간 수학한 후 베를린 대학으로 옮겨 철학을 비롯해서 문학, 역사, 과학 등 다방면으로 학업을 쌓았다. 그리고 1813년에「충족이유율(充足理由律)의 네 가지 근원」이라는 논문으로 박사학위를 받았으며, 1819년에는 그의 대표적인 저서로 꼽히는『의지와 표상으로서의 세계』를 펴냈다.

그는 부친이 물려준 유산으로 생활하면서 학문 활동을 했고, 달리 직업을 구하려고 하지는 않았다. 그러던 그가 1820년에는 베를린 대학의 전임강사가 되었는데, 이것은 철학적으로 인정을 받고 싶었기 때문이다. 그 당시 베를린 대학에는 대철학자 헤겔의 강의가 대단한 인기를 끌고 있었다. 평상시 그는 헤겔을 가리켜 '미친 소리나 지껄이는 삼류 철학자'라고 매도하고 자신이야말로 위대한 천재라고 자부해 마지않았는데, 그는 헤겔을 꺾겠다는 욕심에서 헤겔과 같은 시간에 강의를 개설했다가 참담한 결과를 맛보았다. 결국 그는 불과 한 학기 만에 베를린 대학을 떠나고 말았다. 그리고는 강아지를 한 마리 구해다가 '헤겔'이라는 이름을 붙이고 강아지를 구박하면서 분을 삭였다고 한다.

쇼펜하우어는 다시 야인으로 돌아왔지만, 학문에 대한 집념은 계속 이어졌다. 그러나 그의 철학은 세인들로부터 내내 관심을 끌지 못하여, 그의 책을 펴낸 출판사에서는 그의 책 대부분을 폐지로 처분하기도 했다. 그의 철학은 만년에 이르러서야 빛을 보게 되는데, 이는 1848년 시민혁명의 좌절 이후 그의 염세적인 세계관에 많은 사람들이 공감을 보냈기 때문이다. 그의 철학은 대학 강단보다는 문학이나 음악 분야의 예술가들로부터 찬사를 받기 시작했다. 그래서 음악가 바그너는 가곡「니벨룽의 반지」를 작곡하여 그에게 바치기도 했다. 그의 인생은 말년에는 더 이상 고독하지는 않았으나, 그것도 잠시였을 뿐 그는 1860년에 심장마비로 세상을 떠나고 말았다.

쇼펜하우어는 주저인 『의지와 표상으로서의 세계』에서 세계는 의지이자 또한 표상이라고 주장한다. 그는 칸트의 정통 후계자로 자처하면서, 인식하는 세계는 공간과 시간, 그리고 인과율(因果律)에 의해 제약된다고 말한다. 이 세계는 참다운 실재가 아니라 표상(表象)으로서, 지적인 능력으로 인식할 수 있다.

그런데 지적인 능력으로는 인식할 수 없는 세계가 있는데, 그것은 의지로서의 세계이다. 이 의지는 합리적인 것이 아니라, 자기가 가지고 있지 않은 것을 향해 맹목적으로 끊임없이 분투하는 것이다. 물이 쉬지 않고 흘러가고, 쇠붙이가 자석에 끌려가는 것, 그리고 위장이 식욕을 지향하고, 눈이 보는 것을 지향하는 것은 이 세계가 의지로 충만해 있음을 보여준다. 이 의지는 공간, 시간, 인과율

의지와 표상으로서의 세계

등 그 어떠한 것에도 제약되지 않으며, 다만 천재적인 직관에 의해서만 인식된다.

이렇게 쇼펜하우어가 생각하는 세계는 의지인 동시에 표상인데, 현상에 대해 연구하려는 과학자에게는 세계가 표상이지만, '물자체(物自體)'를 파고들어가는 철학자에게 있어 세계는 의지이다. 쇼펜하우어의 철학은 결국 관념론의 일종으로서, 의지를 강조한 '주의주의적(主意主義的) 관념론'이라고 할 수 있다.

쇼펜하우어는 이제 그의 세계관을 염세적인 방향으로 인도한다. 의지는 쾌락을 얻기 위해 끝없이 노력하는데, 이것은 무엇인가를 결여한 상태이며, 따라서 고통을 겪는 것이다. 욕망은 충족되고 나면 곧 새로운 욕망이 생겨난다. 고통도 지나고 나면 새로운 고통이 찾아온다. 세계는 이처럼 최악의 것이다.

그는 고통스러운 세계에서 벗어나 해탈에 이르는 길이 두 가지가 있다고 말한다. 한 가지는 예술 활동을 통해 영원한 이데아에 도달하는 것이며, 또 한 가지는 인도 사상에서와 같은 수련을 통해 의지의 활동을 부정하는 것이다. 그는 특히 두번째의 방법을 강조하여, 이것이 진정한 영구적인 해탈이라고 말한다. 마치 성자와도 같은 경지에서 도덕적인 실천을 할 때 그 사람은 사사로운 욕망을 뛰어넘어 모든 인간의 고통을 체험하고 인류의 보편적인 동정심을 갖게 된다고 한다. 이처럼 쇼펜하우어는 실제로 인도 철학에서 영감을 받은 바가 컸다.

쇼펜하우어의 염세적 세계관은 이처럼 생(生)을 부정하는 것이 아니다. 그는 자살을 부정하였고, 자신에게 행여 무슨 일이 일어날까 두려워서 잠을 잘 때에는 권총을 침대 옆에 두고 잘 정도였다. 그래서였는지는 몰라도 어쨌든 그는 아무 탈 없이 72세의 천수를 누렸다.

실존철학의 선구자 케에르케고르

키르케고르는 덴마크의 코펜하겐에서 부유한 보석상의 아들로 태어났다. 17세가 되어 그는 코펜하겐 대학의 신학과에 입학했다. 그러나 신학보다는 문학과 철학에 더 흥미를 느껴, 신학 국가고시를 포기했다.

이 무렵 그는 어머니와 다섯 오누이를 불과 몇 년 사이에 잃는 슬픔을 겪었고, 또 자신이 아버지와 어머니 사이의 정상적인 결혼에서 태어난 것이 아니라는 사실을 알고 나서 방황에 휩싸인다. 훗날 그가 "나는 방탕한 생활에 빠진 적이 있다."고 참회한 나날을 이 시절에 보냈다. 1838년에 아버지가 세상을 떠나자, 그는 마음을 가다듬고 그리스도교로 돌아왔다. 그리고 2년 뒤 아버지와의 당초 약속대로 목사 시험에 합격했다. 그러나 이 무렵 그는 인생에서 또 한번의 변화의 계기를 맞는다.

27세가 되던 1840년에 그는 올센이라는 소녀와 결혼하기로 마음먹고 약혼을 했다. 그러나 바로 다음날 그는 그녀와의 약혼은 잘못되었다는 회의에 빠진다. 그는 자신의 과거에 대한 자책감에 휩싸여서 순진하고 명랑한 소녀와 결혼한다는 것은 용납될 수 없다고 생각했다. 1년 후 결국 파혼을 하고 그는 큰 결심을 한다. 한 세대에 두세 명 정도의 예외적인 존재만이 해낼 수 있는 큰일을 해야겠다고 마음먹은 것이다.

그는 곧 베를린으로 가서 독일 철학을 연구하기로 했다. 그래서 베를린 대학에서 셸링의 강의를 듣고 감명을 받기도 했으나, 점차 실망감을 느끼고 서둘러 귀국했다. 그 뒤 그는 본격적으로 저술 활동을 시작했다. 1843년에 첫 저서 『이것이냐 저것이냐』를 출간한 후, 『공포와 전율』(1843), 『반복』(1843), 『철학적 단편』(1844), 『죽음에 이르는 병』(1849) 등을 비롯해서 많은 저서를 잇달아 출간했다.

그는 만년에 국가 교회가 진정한 그리스도교 정신에 충실하지 않고 권력과 영합해서 타락의 길을 걷고 있다고 생각하여, 이를 맹렬히 비난했다. 그의 도전은 당연히 주위의 거센 저항을 불러일으켰고 고립을 가져왔다. 그러나 그는 이 작업이 그리스도의 수난의 삶을 따르는 일이라고 굳게 믿고, 자신의 온 정력과 재산을 다 바쳤다. 그러던 1855년에 그는 길거리에 쓰러졌다가 1개월 후 세상을 떠나고 말았다. 이 때 그의 나이는 불과 42세였다. 그의 철학은 그가 죽은 후에도 한동안 관심의 대상이 되지 못하다가, 20세기에 '실실존주의'라는 새로운 철학 사조가 움트면서 비로소 각광을 받기 시작했다.

키르케고르는 자신을 책 속의 오자(誤字)에 비유하기도 하고, 자신이 태어난 해인 1813년에 발행한 지폐에 비유하기도 한다. 이러한 비유는 사생아로 태어난 자신의 출생 사연에서 비롯된 것이다. 그는 이렇듯 고독하고 우울한 모습으로 자신을 묘사했는데, 이것은 그가 '실존'에 대한 자각을 깨닫게 하는 계기가 되었다.

보편적이고 일반적인 것이 아닌 자신만의 존재, 이 세상 무엇과도 바꿀 수 없는 자신만의 존재에 키르케고르는 주목하게 된 것이다. 그러나 실존을 자각하는 순간 인간은 불안과 직면하게 된다. 불안은 무(無)에서 비롯된다. 그는 실존의 자각에서부터 인간이 불안에서 해방되고 구원되는 길을 제시하고자 했다.

키르케고르는 자신의 실존사상을 헤겔 철학과 대비시켜서 전개한다. 헤겔의 철학은 '체계'의 철학으로서 객관적인 진리를 추구한다. 그는 이에 대항하여 '주관적인 진리'를 강조한다. "무엇을 인식하느냐가 중요한 것이 아니라 내가 무엇을 해야 하느냐가 중요하다."고 그는 말한다. 객관적인 진리가 아무리 위대하다 해도 나의 생명과 영혼에서 떨어져 있다면 그것은 무의미하다고 생각한 것이

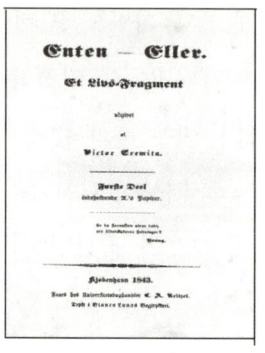
이것이냐 저것이냐

다. 그래서 그는 자신의 존재를 파악하고 자신이 무엇을 어떻게 해야 할 것인가를 적극적으로 추구한다.

키르케고르는 실존을 세 단계로 구분한다. 첫째는 미적(美的) 단계이고, 둘째는 윤리적 단계, 셋째는 종교적 단계이다. '미적 단계'는 감성과 향락 속에 빠진 생활이다. 여기에는 동물적인 생활에서부터 예술적 생활에까지 차등이 있기는 하지만, 본질적으로 불안과 절망에서 기인된 것이라는 공통점이 있다. '윤리적 단계'는 인간으로서 보편적인 사회적 가치를 추구하는 것이다. 이 단계에서 인간은 스스로 자기 행위에 대해 결단을 내려야 한다는 자각을 하지만, 완전한 도덕적 이상을 성취할 수 없는 한계를 느낀다. 이제 '종교적 단계'에서 인간은 신에게 복종을 하고 비로소 인간의 무력감과 허망함을 떨치게 된다. 즉, 신앙을 가지는 것이다.

그는 헤겔의 변증법 논리와 유사하게 하나의 단계에서 좌절을 겪고 난 후 다음의 윗 단계로 뛰어넘는다는 논리를 폈다. 그러나 이 세 단계는 자연스럽게 이어지지 않으며, 주체적으로 결단하지 않으면 뛰어넘을 수 없다. 그래서 그는 '이것이냐 저것이냐'라는 표현으로 결단을 강조한다. 이렇게 키르케고르는 인간 실존의 의미와 그 정체를 드러낸 후, 결국 종교로의 귀의를 통한 인간 구원의 길을 제시했다. 신앙의 문제를 인간의 실존과 연계한 키르케고르의 사상은 이후 신학에 많은 영향을 끼치게 된다.

망치를 든 철학자 니체

니체는 1844년에 독일 작센의 레켄이라는 마을에서 태어났다. 아버지는 루터교의 목사였고, 할아버지와 외할아버지 역시 목사로서, 그는 그리스도교의 집안에서 태어나 성장했다. 학창시절에 니체는 고전문학과 어학에 심취하여 이 분야에서 뛰어난 재능을 나타냈다. 글 짓는 일은 그에게 커다란 즐거움이었으며, 음악감상도 생활에서 빼놓을 수 없는 중요한 일부였다.

1864년에 니체는 본 대학에 입학하여 신학과 고대 철학을 공부하였으나, 신학은 곧 포기하고, 스승인 리츨 교수를 따라서 라이프치히 대학으로 옮겨갔다. 이 시절 그의 정신세계에서 커다란 사건을 맞게 되었는데, 쇼펜하우어의 『의지와 표상으로서의 세계』를 읽은 것이었다. 그는 이 책을 헌책방에서 우연히 발견하여 단숨에 읽어치우고는 쇼펜하우어의 특이한 사상 세계에 완전히 심취하고 말았다. 그래서 그가 이후에 써낸 많은 글에는 쇼펜하우어의 영향이 물씬 배어 있다. 음악을 몹시도 사랑했던 그는 작곡가인 바그너를 좋아했고 후에 절친한 친구가 되었는데, 바그너 역시 쇼펜하우어의 사상에 깊이 빠져 있었다는 사실과 무관하지 않다.

니체는 스물네 살의 젊은 나이에 바젤 대학의 고전 언어학 교수로 초빙되었다. 추천한 사람은 스승 리츨 교수로서, 당시 니체는 아직 학위도 받지 않은 상태였지만 그의 빼어난 능력을 높이 샀던 것이다. 교수 생활 도중 1870년에 그는 프랑스와의 보불전쟁에 참전했다가 심한 이질에 걸려 제대했다. 이때 나빠진 건강은 내내 회복되지 못하여 평생 그를 괴롭혔다.

니체는 1872년에 『비극의 탄생』이라는 첫 저서 이래 많은 책을 썼다. 이 책에서 그는 그리스도교를 비방하여 학계로부터 격렬한 비난을 받았고, 학생들도 그를 외면했다. 그러면서 그에게 위안이 된 것은 바그너의 격려였는데, 이나마도 1876년에 절교하며 더욱 쓸쓸해지고 말았다. 방랑 생활로 몇 년을 보낸 후 1879년에 정식으로 대학을 사임하고 홀로 독서와 창작 활동에 몰입했다. 그는 1888년 44세의 나이에 정신착란을 일으켜 길바닥에 쓰러졌다가 영영 회복하지 못하고 20세기의 문턱인 1900년에 세상을 떠났다.

그의 저서로는 대표작인 『차라투스투라는 이렇게 말했다』(1885)를 비롯해서, 『인간적인 너무나 인간적인』(1880), 『선악(善惡)의 피안(彼岸)』(1886), 『이 사람을 보라』(1888) 등 다수가 있고, 사후에 『권력에의 의지』(1901) 등이 출판되었다.

니체의 저서 제목들은 기존의 철학서들과는 달리 특이해서 독자의 호기심을 끌기에 충분하다. 그래서 책장을 막상 넘겨보면 온통 느낌표로 가득 차서 독자들은 상당한 혼란에 빠진다. 전문적인 철학 용어도 없고 논리적으로 치밀한 전개도 없어서 잔뜩 긴장한 독자들은 어리둥절해지는데, 그러한 만큼 그의 철학은 전편을 통해서 음미해야만 그 진수를 파악할 수 있다. 마치 문학과도 같은 것이 니체 철학의 특징이다.

니체는 '생의 철학자'라고 불릴 만큼 역동적인 생을 추구한다. 그런 점에서 쇼펜하우어는 니체의 스승과도 같다고 하겠으나, 니체는 쇼펜하우어가 추구한 생의 지향을 훨씬 뛰어넘는다. 쇼펜하우어는 세계의 본질은 맹목적인 생존의 의지라고 하면서, 종국에 가서는 해탈의 방법을 통해 고통에서 벗어날 수 있다고 주장했으나, 니체는 권력에 대한 의지라는 적극적인 대안을 제시한다.

니체는 "신은 죽었다."고 선언했는데, 이것은 신의 존재에 대한 부정에 머무르는 것이 아니라, 그리스도교를 중심으로 한 일체의 유럽 세계의 가치관을 부정하는 것이다. 그를 가리켜 '망치를 든 철학자'라고 한 것은 그가 기존의 가치관을 철저히 파괴하려 했다는 것을 강조하기 위한 표현이다.

니체는 겸손, 평화, 사랑, 동정 따위는 약자의 도덕이자 노예의 도덕이라고 말한다. 그는 이런 것을 완전히 뛰어넘는 초인을 그렸다. 초인은 그가 출현을 갈망해 마지않는 인물인 동시에 추구해야 할 바람직한 상이기도 하다. 이 초인은 종래의 성인과는 완전히 다르다. 초인은 이성적이고 도덕적인 완성체가 아니라, 정열적인 생을 추구하면서 인간적인 약점을 뛰어넘으며 자신의 운명을 사랑하는 자이다. 초인은 권력 의지를 구현한다.

그런데 초인의 권력은 세속적인 경쟁 속에서 성취하는 지배력

차라투스트라는 이렇게 말했다

이 아니라, 넘쳐흐르는 생명력이며 초인의 완전함이다. 초인은 새로운 창조자이다. 초인은 생을 부정하지 않으며, 의미도 목표도 없이 피할 수 없이 닥쳐오는 있는 그대로의 생을 적극적으로 받아들인다. 이는 영겁회귀(永劫回歸)로서 운명을 사랑하고 허무주의를 극복하는 것이다.

니체는 특유한 격한 어조를 통해 비인간적인 권위를 가차없이 비판하면서 진정한 인간의 모습을 되찾고자 한다. 그가 활동하던 시기는 물질문명의 발달로 인간 소외의 문제가 대두되던 때였으며, 급속한 변화의 물결과 기존의 가치관이 교차하던 때였다. 그 속에서 니체는 평균화되고 자아를 상실해 가는 인간을 구하려 했다.

그의 목소리는 20세기에 들어와서 다시 주목받게 된다. 인간 '이성'의 신뢰를 바탕으로 한 '발전'에 대한 믿음이 깨어지고 풍요 속의 빈곤과 대규모의 전쟁이라는 '반이성'의 광란이 휩쓸고 간 뒤, 니체는 사람들 마음속에 다시 찾아온 것이다. 그래서 그를 '예언자'라고 부르기도 한다.

4
현대 철학의 조류

마르크스

러셀

듀이

하이데거

프랑스 1830년 7월 혁명 (들라크루아 그림)

2,500년에 걸친 철학의 여정에서 이제 마침내 현대 철학에 당도했다. 근세 철학의 전개과정을 보면서 중세의 신 중심의 철학이 인간 중심의 철학으로 옮겨가고 인간의 합리적 이성이 어떻게 개화되어 나갔는지를 살펴볼 수 있었다. 인간의 이성은 근세의 사상이 복원해낸 누구도 부정할 수 없는 숭고한 가치가 되었다.

그런데 19세를 거치고 20세기로 접어들면서 인간 이성에 대한 새로운 도전이 나타난다. 인간의 이성이 이룩해낸 물질문명에 대한 회의가 나타났으며, 또한 이성의 합리성에 대해 근본적인 회의가 싹튼 것이다. 인간 이성에 대한 도전은 철학에서 새로운 변화의 계기를 맞게 되었고, 20세기에 들어서면서 철학은 근세 사상과 구분되는 현대 철학으로 변모한다.

근세 세계관의 동요와 현대철학의 등장

계몽사상으로 대표되는 근세의 세계관은 시민혁명과 산업혁명을 거치면서 인류에게는 자유와 물질적 번영을 가져다주었다. 이러

산업혁명

한 것들은 인간 이성의 빛나는 산물로 간주되었고, 인류의 앞에 전개되는 역사는 의심의 여지가 없는 '진보'를 다짐해주는 것이었다.

19세기의 사회는 경제적으로 전에 없던 비약적인 생산 증대를 이룩했다. 산업혁명은 줄기차게 진행되었고, 19세기 후반에 '제2차 산업혁명'을 맞으면서 산업화는 더욱 박차를 가할 수 있었다. 석탄을 에너지로 하는 경공업 중심의 산업화가 1870년경에 석유와 전력을 새로운 동력원으로 하는 중공업 중심의 산업혁명으로 변모된 것이다. 이에 따라 열역학, 화학, 전자기학, 제강, 통신 등과 같이 과거에는 없던 새로운 산업이 태동하면서 물질문명은 하루가 다르게 변모해갔다.

산업혁명의 질적 변화는 기업과 국가에도 큰 영향을 주었다. 산업화의 진전으로 기업도 대규모화되면서 기업간 통합과 경쟁, 독점이 심화되었다. 이러한 경쟁은 국가 권력과 결합하면서 해외 시장의 확보를 위한 국가간의 경쟁으로 비화되고, 마침내는 새로운 식민지 확보를 위한 쟁탈전으로 이어졌다.

약육강식의 냉혹한 경쟁과 함께 끝없이 늘어나는 생산이 과연

연소자와 부녀자의 노동

인류에게 행복을 보장할 수 있는가에 대한 강한 회의를 불러일으켰다. 자본주의의 비약적인 발전은 기계화의 진전에 따른 결과이기도 하지만, 다른 한편에서는 노동자를 가혹하게 혹사한 대가라는 사실을 사람들은 새삼 깨닫게 되었다.

무제한적인 생산을 위해 18시간에 이르는 노동이 계속되고 연소자, 부녀자, 노약자까지 생산에 동원되었다. 끝없이 쏟아져 나오는 상품들은 노동에 지친 사람들에게는 아무런 풍요를 보장하지 않았다. 19세기의 엄청난 산업화를 바라보는 시선도 이제는 장밋빛 낙관론에서 서서히 비관적으로 바뀌어가기 시작했다.

이제 물질문명과 과학에 대한 찬사가 사라지면서 인간 이성에 대한 무조건적인 찬양도 수그러졌다. 인간 자신에 대한 재조명도 활발해졌고, 인간을 억압하는 체제를 타파하려는 운동이 서구 전역을 휩쓸기도 했다. 그런가 하면 인간의 인식 구조를 완전히 새롭게 조망하려는 진지한 노력이 나타나기도 했다.

이 같은 새로운 사상은 근세 사상 전통에서도 미온적으로 남아 있던 신 중심의 세계관을 철저히 파괴하는 유물론 사상의 등장을

다윈

계기로 더욱 촉발된다. 유물론은 바로 근세 사상을 마감하는 철학 사조이자, 19세기의 비약적인 과학적 발견과 물질문명의 소산이었다.

현대 전환기의 새로운 사상 — 유물론, 신칸트학파, 생의 철학

　새로운 발견과 발명이 이어지며 제2차 산업혁명에 이르는 시기는 가히 인류의 역사에서 '유물론의 시대'라고 일컬을 만했다. 특히 1859년에 발표된 다윈의 『종의 기원』은 물질에 대한 믿음을 더욱 공고히 하면서 기존의 관념적 지식 체계를 근본적으로 뒤흔들었다. 다윈이 주창한 진화론은 지금까지 간직해왔던 인간 존재에 대한 '근엄함'을 철저히 파괴했다. 이것은 마치 코페르니쿠스가 지구를 우주의 중심에서 변두리로 몰아낸 것과 같은 엄청난 대사건으로서, 인간을 자연의 수많은 동물들 가운데 하나로 지위를 격하시켰다.

　이에 따라 과학과 물질을 절대적으로 중시하려는 사상적 풍조가 만연하였는데, 철학에서 이러한 믿음을 철저하게 따르고자 한

공상적 사회주의자 (오웬, 푸리에, 생시몽)

것이 유물론이었다. 초기의 유물론은 인간의 정신적 활동 일체를 부정하고 모든 것을 물질적 작용으로 환원하려 했다. 이 유물론은 종래의 신학적·형이상학적 사고를 완전히 부정하고, 세계에는 오로지 물질만이 존재하며 신뢰할 수 있는 것은 오직 물질에 대한 과학적 지식뿐이라고 주장했다. 이것은 19세기 과학혁명이 낳은 필연적인 산물이었지만, 한편에서는 기존의 세계관과 가치관을 일거에 무너뜨리는 위험한 사상으로 취급되기도 했다. 이러한 초기의 유물론은 '기계론적 유물론'이라고도 일컬어진다.

산업자본주의 시대의 빈부격차, 가혹한 노동, 인간성의 파괴는 자본주의에 대한 혐오감을 불러오면서 새로운 사회로의 열망을 꿈꾸도록 했다. 이러한 사람들 중에는 자본주의 체제를 전면적으로 변혁시켜서 새로운 체제의 건설을 주장하는 사상가들이 있었다. 오웬, 푸리에, 생시몽 등이 사회주의 초기 사상가들이다. 특히 이러한 운동을 정형화시킨 이는 마르크스로서, 그는 당시에 풍미하던 사회주의 운동을 철학적 입장에서 뒷받침했다. 그는 유물론의 철학에 헤겔의 변증법을 흡수하여 '변증법적 유물론'을 제창했다. 이 철

빈델반트

학은 사회주의 운동의 근본 원리로 발전해갔는데, 물질의 변화 원리를 사회운동의 원리로 확장시켜 적용한 것이다.

유물론적인 사상이 맹위를 떨치는 가운데 19세기 후반에 접어들면서 유물론에 대한 비판적인 철학이 등장했다. 그 대표적인 철학으로 1870년대부터 발흥한 '신칸트학파'가 있다. 이 철학은 물질을 우위에 두는 유물론을 비판하고 관념론적인 철학을 복원하려고 했다. 신칸트학파는 유물론에서 강조하는 과학적 원리는 인정하지만 과학적 지식만으로 체계적인 세계관으로 받아들이기에는 한계가 있다고 보고, 칸트의 인식론과 이상주의적 윤리사상을 이어가려고 했다. 이 입장에 선 철학자들로는 코헨(H. Cohen, 1842~1918), 빈델반트(W. Windelband, 1848~1915) 등이 있는데, 이들은 각각 신칸트학파의 분파인 마르부르크 학파와 서남 학파의 효시가 되었다.

그런가 하면 또 다른 시각에서 유물론에 대립되는 입장의 철학이 나타났는데, 곧 '생의 철학'이라는 것이다. 이 철학은 인간의 합리적 이성 그 자체에 대해 근본적으로 문제를 제기한다. 이미 쇼펜

베르그송

하우어의 철학에서 그 맹아가 나타난 바 있는데, 그는 이성의 근저에 있으면서 이성을 포함하고 이성을 움직이는 것으로 '생'이 있다고 믿는다. 이러한 입장은 칸트와 같은 합리적 이성의 존중이나, 더 나아가 물질의 원리에 대해 전폭적인 신뢰를 보내는 유물론과는 거리가 먼 것이다. 생의 철학은 다윈의 진화론이 소개되자 생물의 진화가 가능한 것은 그 근저에 생이 작용하고 있기 때문이라고 주장하면서 영향력을 확대해나갔다.

생의 철학자로 대표적인 인물은 베르그송(Henri Bergson, 1859~1941)이다. 그는 과학에 대한 비판에서 출발하여 외적인 물질의 세계와 내적인 의식의 세계를 구별했다. 그는 의식에 직접 주어지는 '순수 지속'이야말로 의식의 본질을 이룬다고 보았으며, 이것은 세계의 내적 본질로서 '생의 약동'이라고도 했다. 이 '생의 약동'은 분석적인 이성에 의해서가 아니라 직관에 의해서 단번에 파악될 수 있다고 주장했다.

역사철학자 랑케

현대 철학의 여러 조류

　현대 철학은 근세까지의 철학과는 판이하다. 우선 철학의 영역에서 커다란 변화가 나타났다. 고대 이래 철학은 인문이나 자연 분야를 가리지 않고 인간과 세계를 둘러싼 모든 지식 및 원리를 망라하는 학문의 대명사로 받아들여졌었다. 그러나 18세기 이후 학문에서 실사구시적인 조류가 확대되고 과학지식이 비약적으로 늘어나면서 여러 가지 전문적 지식 영역이 철학에서 분리되고 개별 학문으로 체계화되었다. 심리학, 역사학, 언어학, 사회학 등과 같은 새로운 학문 영역이 철학에서 분화되어 나간 것이다.

　이에 따라 철학의 임무와 학문적 영역에 대한 논의도 새롭게 모색되었다. 그러한 과정을 거치면서 철학의 중요한 역할로 새롭게 대두된 것이 수많은 개별 학문의 기초를 마련하고자 하는 것이다. 즉, 개별 학문이 학문으로서 성립하기 위한 논리적 근거를 제공하고 개별 학문의 지식에 대해 비판적 시각에서 재평가하도록 하는 것이다. 오늘날 역사철학, 과학철학, 사회철학, 법철학, 수리철학, 예술철학 등과 같이 각종 학문의 뒤에 철학이 결합된 형태는 바로

253

후설

이러한 취지에서 태동한 것인데, 이에 따라 철학의 영역도 보다 세분화되어 가는 양상을 보이고 있다.

이와 같이 분야별 철학이 성립하고 있는 배경에는 20세기 이후에 크게 유행하고 있는 철학의 흐름과도 관련을 맺고 있다. 즉 분석철학이라는 것으로서, 이것은 실증주의적 학문 태도를 철학이라는 것 자체에 대해 적용한 것이다. 즉 철학이라는 학문의 객관적 근거를 실증주의적인 태도로 규명하려는 노력이다. 그러한 노력의 결과 철학을 떠받치고 있는 것은 바로 언어라고 보고, 언어의 구조와 사상과의 관계에 대한 연구가 활발히 일어난 것이다. 이러한 철학적 태도는 20세기 초부터 크게 유행하여 오늘날까지 철학의 주요한 영역으로 자리를 잡고 있다.

분석 철학과 더불어 20세기 초에 태동하여 꾸준하게 독자적인 영역을 형성하고 있는 것으로 현상학(現象學)이라는 분야가 있다. 현상학은 엄밀하고 보편적인 학문의 구축을 목표로 하는데, 철학이 자칫 관념적인 세계관을 독단적으로 제시하려는 잘못된 태도를 비판하고, 일체의 선입견을 떠나서 마음에 직접 주어지는 것을 가능

제2차세계대전 공습

한 한 정확하고 완전하게 기술하려고 한다. 이 같은 철학을 창시한 사람은 후설이며, 이 현상학의 태도는 심리학이나 사회학 등 여타의 학문 분야에도 광범위하게 영향을 미쳤다.

한편 사회주의 체제의 확대와 함께 공산권을 중심으로 마르크스 철학이 현대 철학의 주요한 영역으로 자리를 잡고 발전했다. 마르크스 철학은 비공산권 국가에서도 사회의 모순을 타파하기 위한 사상으로서 광범위하게 연구되고 있다. 서구 산업사회의 비인간화를 극복하기 위한 노력의 일환으로 발전한 프랑크푸르트 학파는 특히 청년헤겔사상을 연구 발전시켜가고 있는데, 현대 철학에서 한 영역을 형성했다.

이 밖에 두 차례의 세계대전을 겪으면서 인간에 대한 극도의 회의적인 견해가 만연하면서 실존철학이 크게 유행하였고, 실용주의, 철학적 인간학, 신철학 등등 다종다양한 철학의 영역이 태동하면서 발전하고 있는데, 이것은 현대 사회의 복잡다단한 특징을 그대로 반영하고 있다.

17
마르크스

Karl Heinrich Marx, 1818~1883

철학자의 임무는 세계를 변혁시키는 것이다

하 나의 사상이 역사를 움직인다는 것은 놀라운 일이 아닐 수 없다. 그것도 문명세계의 전 인류를 대상으로 한다면 더욱 그러할 것이다. 바로 마르크스의 철학이 그렇다.

역사적으로 볼 때 지구상의 많은 사람들에게 영향을 미친 사상이 없었던 것은 아니다. 예수나 석가, 마호메트의 종교는 분명히 그런 예라 할 것이다. 그렇지만 그 어느 종교나 사상도 마르크스주의처럼 지구상의 모든 인류에게 영향을 끼치지는 못했다. 때로는 사람들을 열광시키고 때로는 증오의 대상이 되기도 하면서 인류의 삶의 방식을 구속하고 변화시킨 마르크스의 사상은 과연 무엇인가?

마르크스는 1818년 독일의 트리어에서 태어났다. 그의 아버지는 변호사로서 칸트 철학을 신봉하는 수준 높은 교양인이었다. 이 같은 집안 환경의 영향을 받아 마르크스는 일찍이 고대 그리스의 문학과 근대 계몽사상을 접할 수 있었다.

마르크스는 17세이던 1835년에 본 대학에 들어갔다가 1년 뒤에 베를린 대학으로 옮겼다. 그는 아버지의 뜻에 따라 법학부에 들어갔지만 주로 철학과 역사에 관심을 가졌다. 그래서 막상 졸업을 하게 된 곳은 예나 대학의 철학부였고, 박사학위를 받은 논문의 제목도 「데모크리토스의 자연철학과 에피쿠로스의 자연철학의 차이」였다. 마르크스의 논문은 고대 사상을 대상으로 했지만 그가 심취한 철학은 당시 맹위를 떨치던 헤겔 철학이었다. 그는 헤겔 철학 중에서도 특히 청년헤겔학파에 공감을 보냈는데, 대학을 졸업할 무렵에는 그 자신이 이 분야에서 지도적인 인물로 떠오르고 있었다.

학자로서 뛰어난 재능을 가졌던 마르크스는 대학 졸업과 함께 교수가 되고자 했다. 그렇지만 프로이센 정부가 청년헤겔학파를 위험한 사상이라고 간주하고 배척함에 따라 그는 교수에 대한 꿈을 접을 수밖에 없었다. 마르크스의 첫 진로는 이렇게 좌절되었지만 철학 연구에 대한 열정은 중단되지 않았다. 그러면서 사회활동에도 적극적으로 관심을 기울이며 점차 급진적 사상을 키워갔다.

마르크스의 본격적인 사회활동은 대학 졸업 1년 뒤인 1842년 『라인 신문』 편집진에 들어가면서 시작된다. 그러나 이 신문은 프로이센 정부로부터 곧 발간 금지 처분을 받게 되어, 그는 1843년에 갓 결혼한 아내와 함께 파리로 건너갔다. 이후 그는 인생의 대부분을 탄압과 망명의 세월로 보내게 된다.

1844년은 그의 인생에서 특별한 의미를 갖는 해이다. 바로 그 해에 파리에서 직물 공장주의 아들인 엥겔스(Friedrich Engels, 1820~1895)를 만나게 된 것이다. 엥겔스는 마르크스가 망명 생활 속에서도 왕성한 연구활동을 하는 데 경제적으로 큰 도움을 주었을 뿐만 아니라, 사상적 동반자이자 혁명운동의 동료로서 평생을 같이 했다.

1848년에 두 사람은 「공산당 선언」을 발표했다. "만국의 노동자여 단결하라!"라는 역사적 문구로 끝을 장식한 이 선언문은 '공산주의연맹'의 요청에 의한 것이었다. 이 선언문이 공산주의 사상의 효시가 된 것은 아니었지만, 마르크스주의에 입각한 '과학적 사회주의'의 출범을 선포하는 문건이 되었다.

이들은 같은 해 3월에 독일에서 혁명이 일어나자 곧바로 독일로 돌아가서 이에 가담했다. 자유주의를 전면에 표방하면서 노동자들이 대거 가세한 혁명이었는데, 마르크스와 엥겔스는 이에 더하여 노동자의 권리 신장을 포함하는 사회주의로의 진로를 제시하고 고취했다. 그러나 혁명은 7월에 실패로 돌아갔고 이들은 추방당했다. 그 결과 마르크스는 파리로 갔다가 다시 추방당하여 런던으로 건너가 그곳에서 내내 살았다.

1850년대와 1860년에 걸쳐 그는 경제학 연구에 몰두했다. 연구의 성과는 1867년에 『자본론』 제1권으로 발간되었고, 제2권과 제3권의 원고도 계속 집필되었다가 그가 죽은 후 엥겔스에 의해 정리, 출간되었다. 자본주의 체제의 원리를 심층 규명하고 그 파멸이 필연적임을 주장하는 『자본론』은 사회주의 체제의 당위성을 뒷받침하는 가장 중요한 논거가 되었고, 오늘날에도 자본주의 연구를 위한 주요 고전으로 전해지고 있다.

엥겔스

철학자이자 혁명운동가로 평생토록 지칠 줄 모르고 활동한 마르크스는 1883년 65세의 일기로 런던에서 생을 마감했다. 그의 저서로는 위에 언급한 것 외에도 『경제학 철학 초고』(1844), 『독일 이데올로기』(1845), 『철학의 빈곤』(1847), 『정치경제학 비판』(1859) 등 다수가 있다.

노동하는 인간과 소외된 인간

마르크스는 『경제학 철학 초고』와 같은 초기 저작에서 인간의 노동 문제에 깊은 관심을 가졌다. 노동에 대한 그의 이해는 마르크스의 인간관을 선명하게 드러내 주는 것으로서 방대한 그의 철학에서 밑바탕을 이루는 것으로 평가되고 있다.

마르크스는 인간의 본질을 '노동하는 인간'으로 파악한다. 인간이 노동하는 행위는 자신의 삶에 필요한 유용한 것을 만드는 과정이다. 그 과정은 자연 속에서 소재를 택하여 자연에 작용을 가하는 것이며, 그렇게 함으로써 자연의 소재와 본성을 변화시키는 것이다. 노동은 이렇게 자연적인 것을 인간의 필요에 맞도록 만들어내기 위한 합목적적인 활동이다.

그런데 노동이란 단지 일상적인 동일 수준의 반복이 아니라 보다 높은 형태로 나아가는 발전 과정이다. 그것은 노동이 합목적적이라는 특성을 가지고 있기 때문이다. 인간은 노동을 하면서 머릿속에서 노동의 결과를 미리 그리고, 그에 맞추어 노동을 한다. 그 과정에서 인간은 자연 속에서 새로운 법칙성을 찾아내며 그 원리를 이용하게 된다.

인간이 노동을 하면서 머릿속에서 미리 생각한다는 것은 인간을 다른 동물과 구별해주는 본질적인 특성이다. 제아무리 형편없는 건축가라 할지라도 정교한 집을 짓는 꿀벌보다 훌륭하다. 꿀벌은 본능에 따라서 집을 지을 뿐 자신이 어떤 집을 짓는지 알지 못하지만, 건축가는 머릿속에서 집을 짓고 그에 따라 건축하기 때문이다. 인간이 자신의 생각에 따라서 노동을 하는 것은 진정한 자유를 얻는 과정이다.

그러나 마르크스가 자본주의 체제하에서 관찰한 노동은 결코 이러한 진정한 노동이 되지 못하고 '소외된 노동'이었다. 따라서 인간은 노동을 통해 자유를 얻지 못하고 자신을 소외시키는 결과만을

공산당 선언   자본론

낳는다. 그는 자본주의하에서 인간이 노동을 통해 어떻게 소외되는지를 노동의 단계에 맞추어서 다음과 같이 설명한다.

첫째로, 노동자는 생산물로부터 소외된다. 그가 만든 것은 자신의 것이 되지 못하고 자본가의 소유물로 됨으로써 그는 자신이 직접 생산한 것에 대해 낯설게 되는 것이다. 예를 들면 고급 승용차를 만드는 사람은 노동자들이지만 정작 그 자동차를 타는 사람은 그들이 아니라 부유한 사람들이라는 것이다.

둘째로, 노동자는 그의 노동으로부터 소외된다. 인간은 생산활동을 통해 자기 자신의 의미를 발견하게 되는데, 자본주의 체제하에서는 노동을 통해 만족을 얻지 못하며 단지 생존만을 위해 일할 따름이다.

셋째로, 인간은 노동으로부터 소외됨으로써 인간이 인간다워지는 것으로부터 소외된다. 즉 유적(類的 : 인류로서 고유한 특성을 가진) 본질로서의 인간이 되지 못한다.

넷째로, 생산물과 생산활동으로서 노동, 그리고 유적 존재로부터 소외됨으로써 마침내 인간이 인간으로부터 소외된다. 그래서 인간은 다른 사람과 대립하게 된다.

이러한 소외의 분석에서 드러나듯이 인간이 소외를 극복하고 인간성을 회복하기 위해서는 자본주의 경제의 모순을 극복해야 한다. 즉 자본주의 경제구조하에서 사유재산과 탐욕, 노동의 분업, 경쟁 등은 인간의 소외를 발생시키는 요소들로서, 마르크스는 이를 극복해야 할 필요가 있다는 것이다.

마르크스에게서 '노동'과 '소외'의 문제는 마르크스 철학의 시발

꿀벌과 같은 곤충은 정교하게 집을 짓는다.
그러나 그것은 본능적 행위이지만 인간은 자신의 노동의 결과가 무엇인지를
알고 있기 때문에 인간의 노동은 위대하다.

점을 이루는 개념인데, 이러한 개념은 헤겔의 철학에서 이미 등장한 것이었다. 그러나 헤겔 철학은 관념론에 서 있었기 때문에 헤겔의 노동 또한 추상적인 사유의 활동이었다. 마르크스는 헤겔의 착상을 바탕으로 노동을 구체적인 사회의 현실 속에서 해석하고 의미를 재발견했다.

변증법적 유물론

　마르크스의 철학은 '변증법적 유물론'과 '사적 유물론'이라는 두 개의 축으로 집약된다. 먼저 그의 변증법적 유물론에 대해 알아보기로 한다.

　변증법적 유물론은 변증법 철학과 유물론 철학을 결합한 것으로서, 세계의 운동 원리를 설명하는 것이다. 여기서 변증법은 헤

겔 철학에게서, 그리고 유물론은 포이어바흐(Ludwig Feuerbach, 1804~1872)에게서 영향을 받은 것이다.

포이어바흐는 당시 헤겔학파 내에서 열띤 논쟁의 대상이 되었던 신학의 본질에 대해 이렇게 주장했다. 종교란 인간의 행복 추구 욕구로부터 비롯되었으며, '신'이란 다름 아닌 인간의 행복을 보장하기 위해 인간이 창조해 낸 것이다. 이러한 포이어바흐의 주장은 실체로서의 신을 부정해버리는 것이었다. 포이어바흐는 또 인간에 대한 이해에서도, 인간을 신과의 관계에서 파악할 것이 아니라 구체적이고 현실적인 자연 속에서의 인간으로 이해해야 한다고 주장한다. 신을 부정하고 자연 속에서 인간을 바라보는 관점은 바로 유물론의 입장에 서는 것이었다.

마르크스는 포이어바흐의 유물론 사상을 받아들이면서 인간에 대한 이해를 더욱 진전시켜 나갔다. 그는 추상적인 인간이 아닌 역사적·사회적 현실 속에서 활동하는 인간, 세계를 변화시키는 존재로서 실천하는 인간으로 파악해야 한다고 주장했다. 또 정신과 물질의 관계에서도 우리의 관념이란 인간의 두뇌 속에서 물질이 전환된 것이라고 주장하여 기존의 독일 관념론의 전통에서 완전히 벗어나 유물론의 입장을 분명히 취했다.

이 같은 유물론에 토대를 두면서 마르크스는 헤겔의 변증법을 적용하여 세계의 변화 발전 과정은 물질에 기초하면서 변증법적으로 진행된다고 주장했다. 헤겔의 변증법은 관념론에 입각한 것이었는데, 마르크스는 이를 유물론의 관점으로 바꾼 것이다.

변증법적 유물론에서는 세 가지의 법칙을 제시한다. 엥겔스가 정식화한 이 법칙은 다음과 같다. 첫째, '양에서 질로의 전화 법칙'이다. 예컨대 물이 얼음이나 수증기로 변하는 것은, 물에 대한 열의 양적인 작용이 특정 시점에 이르게 되면 질적으로 전혀 다른 형태를 발생시키는 것을 보여주는 것이다. 둘째, '대립물 상호 침투와 통일

포이어바흐

의 법칙'이다. 자연에는 음과 양, 작용과 반작용 같이 대립하는 요소들이 존재하는데, 이는 서로 대립한 채로 있는 것이 아니라 서로 영향을 주어 통일을 이루게 된다는 것이다. 셋째, '부정의 부정 법칙'이다. 가령 밀알이 자기를 부정함으로써 싹을 틔우고, 그 싹은 다시 자기를 부정하여 밀로 성장하게 되는 과정을 설명한다.

그런데 변증법적 유물론의 법칙은 단지 자연현상을 설명하는 데만 적용되는 것이 아니라, 사회와 역사 속에서도 발견할 수 있다. 봉건제가 지속되면 모순이 누적되어 체제는 붕괴하고 자본주의 체제로 전화하는데, 이는 양에서 질로의 전화에 해당한다. 또 대립물 상호 침투와 통일의 원리는, 한 사회 내에 지배계급과 피지배계급이 존재하는 것과 이들은 투쟁의 과정을 통해 통일을 이룬다는 것을 설명한다. 부정의 부정 원리는, 노예제가 부정되어 봉건제가 되고, 봉건제는 다시 부정되어 자본주의 체제를 낳는 것을 보여준다.

결국 마르크스 철학에서 변증법적 유물론은 자연현상뿐만 아니라 역사와 사회에 두루 적용되는 필연적인 법칙이라 할 만한 것이었는데, 이것은 단지 하나의 세계관에 국한되는 것이 아니라 인식

론, 방법론 및 실천의 문제 등에까지 보편적으로 적용되는 원리로 발전했다.

사적 유물론

사적 유물론(史的 唯物論)은 유물론에 입각한 역사의 변화 원리를 설명한 것이다. 사적 유물론에서는 사회생활의 기초는 물질이라고 하면서, 특히 생산양식이 사회생활을 결정하는 것으로 본다. 여기서 생산양식이란 무엇인가?

인간이 생산활동을 하는 데에는 두 가지 요인이 작용하게 된다. 한 가지는 생산을 하는 데 필요한 '힘'으로서 자연력이나 전기, 또는 각종의 도구들이 이에 해당한다. 이것을 일컬어 '생산력'이라고 한다. 그러나 생산력만 생산활동에 작용하는 것이 아니라 인간은 서로 협동하면서 생산활동을 한다. 즉 인간은 집단으로서 생산활동을 하는데, 생산에 참여하는 집단적인 형태가 '생산관계'다. 그런데 생산력과 생산관계는 고정된 것이 아니라 역사적으로 변화해 왔다. 생산력은 옛날에는 보잘것없었지만 오늘날에는 과거보다 훨씬 진보했다. 생산력의 발전은 생산관계에도 영향을 주어 인간이 생산활동에서 집단적으로 협동하는 형태도 달라지게 되었다.

생산력과 생산관계는 특정한 생산양식을 규정하는데, 이것은 역사적으로 볼 때 네 단계를 거쳐 왔다. 원시 공산제, 고대 노예제, 중세 봉건제, 근대 자본제가 그것이다. 각 생산양식은 이전의 생산양식보다 진보한 것으로서 이는 역사의 진전을 보여주는 것이다.

여기서 마르크스는 과거의 생산양식이 새로운 생산양식으로 전환한 것은 점진적이고 자연스러운 과정을 거치면서 이루어진 것이 아니라, 그 체제에서 착취당하는 계급의 투쟁 결과로 이루어진 것이라고 한다. 고대의 노예나 중세의 농노는 노예제와 봉건제를 타파하는 투쟁을 수행한 계급이라는 것이다. 마르크스에 따르면 자본주의 체제에서는 노동자가 자본가들로부터 착취받기 때문에 노동자 계급이 투쟁함으로써 자본주의 체제를 타파할 수 있으며, 이로써 생산수단을 사회적으로 공유하는 사회주의를 실현하고, 더 나아가 궁극적으로는 계급이 없는 이상적인 공산주의 사회로 나아갈 수 있다고 주장한다. 그는 이러한 과정은 피할 수 없는 역사의 필연이라고 주장하며, "인류의 모든 역사는 계급투쟁의 역사이다."라고 선언한다.

이처럼 사적 유물론은 유물론에 토대를 두고 역사의 발전과정을 설명하기 때문에 '유물사관'이라고도 한다. 한편 사적 유물론에 따르면 생산양식의 변화에 근거한 하부구조가 상부구조를 결정한다. 즉 정치나 법률, 사상, 문화 등은 상부구조로서, 이는 생산양식이라는 하부구조에 조응하여 형성되며, 따라서 하부구조의 변화는 상부구조의 변화도 초래하게 된다. 이러한 역사의 해석방법을 가리켜 '경제적 결정론'이라고 한다.

마르크스주의의 계승과 발전

마르크스는 19세기에 활동하면서 사회주의 운동 이론을 체계화했지만, 그가 꿈꾸던 사회주의 세계의 실현은 목격하지 못한 채 눈을 감았다. 그러나 그의 사상은 이후 많은 사상가들과 혁명가들에게 영향을 주어 사회주의 운동이 본격적으로 일게 되었다. 이 가운데 대표적인 인물은 레닌(Vladimir Ilich Lenin, 1870~1924)이다. 그는 러시아의 볼셰비키 혁명을 주도했을 뿐만 아니라 마르크스 철학에 자신의 사상을 결합하여 마르크스-레닌주의를 체계화했다. 레닌의 혁명 성취는 마르크스 철학에 힘을 더해 주었고, 사회주의권을 중심으로 방대하고도 체계적인 연구를 발전시키는 계기가 되었다. 그래서 오늘날 마르크스주의라고 하면, 흔히 레닌의 사상과 결합된 마르크스-레닌주의를 가리키게 되었다.

마르크스-레닌주의에서는 변증법적 유물론과 사적 유물론을 마르크스주의의 기본 원리로 자리매김하는 한편, 철학의 당파성을 주장하여 철학은 노동자 계급의 혁명적 실천과 정치노선에 결합해야 한다고 주장한다. 따라서 레닌주의에 있어서 철학은 실천과 분리될 수 없는 성격을 가지게 된다.

한편 스탈린이 권력을 장악한 후에 마르크스-레닌주의는 공산당 지도부의 결정을 절대시하는 사상적 도구로 변모되었다. 당 지도부의 결정은 소비에트뿐만 아니라 전 세계 노동자 계급을 대표하는 것으로 절대 신성시된 것이다. 이는 대중에 대한 자유의 억압과 스탈린의 개인 숭배로 이어져서 훗날 비판의 대상이 되었다.

서구 사회에서의 마르크스주의는 자본주의가 초래하는 비인간화, 정치적 민주주의의 허구성 등에 대한 대안으로서 특히 인간 해방의 사상으로 발전되었다. 헝가리의 루카치는 경제 결정론적인 유물사관을 배척하고 인간은 의식적인 주체로서 역사 속에서 능동적으로 역사를 만들어간다고 주장하여, 소비에트의 교조주의적인 마

르크스주의에서 벗어난 새로운 시각을
제시했다. 그리고 호르크하이머, 아도르
노, 마르쿠제 등 프랑크푸르트 학파는
특히 마르크스의 초기 저작을 근거로 인
간의 소외 문제에 관심을 집중시켰다.

레닌

후진국에서도 마르크스주의는 1960
년대 이후 동유럽과 중국의 사회주의화
를 계기로 각 나라의 특유한 실정에 맞추어 발전해 갔는데, 중남미
를 중심으로 발전한 종속이론은 그 한 예다. 종속이론에서는 이들
국가의 경제적인 낙후성은 후진국들이 세계 자본주의의 주변부에
위치하여 중심 국가에 종속됨에 따라 비롯되었다고 보고, 정치 경
제적 종속에서 탈피하지 않는 한 영원히 저개발에서 벗어날 수 없
다고 주장한다.

1980년대 이후 마르크스주의는 전에 없던 변화의 소용돌이에
휘말리게 되었다. 사회주의의 종주국인 소련이 붕괴하면서 동구권
과 중국 등이 기존의 사회주의 노선을 대폭 수정하고 시장경제 원
리를 대거 도입하여 마르크스주의의 현실 적합성에 대한 논란이 크
게 일게 된 것이다. 하지만 자본주의가 존재하고 그 체제하에서 모
순이 존재하는 한 그 대안으로서 마르크스 철학은 현대 철학에서
여전히 중요한 위치를 유지해 갈 것이다.

18
러셀

Bertrand Russell, 1872~1970
철학은 논리학으로 환원될 수 있다

고등학교 시절이면 한 번쯤 접하게 되는 철학적 에세이인 『행복의 정복』의 저자는 바로 러셀이다. 그래서 러셀이라고 하면 수필가로서 우리에게 친숙하지만, 그는 본래 철학자로서 현대 철학에서 중요한 업적을 남긴 인물이다. 뿐만 아니라 사회 운동가로도 두드러진 활동을 했으며, 수많은 저서를 통해서 폭넓은 독자층을 가지고 있다. 그는 워낙 왕성한 욕구를 가지고 다방면에서 열정적인 활동을 했는데, 그런 점에서 견준다면 러셀만큼 활동적인 철학자도 없을 것이다.

러셀은 1872년에 영국 웨일스의 트렐렉에서 명문가의 아들로 태어났다. 러셀의 할아버지는 1832년에 선거법을 통과시키는 데 공을 세운 바 있고, 빅토리아 여왕 시대에 두 번이나 수상을 역임한 정치가이자 자유사상가였다. 러셀의 부모는 그가 어릴 때 모두 세상을 떠났기 때문에, 그는 조부모 밑에서 성장했다. 조부모는 엄격한 청교도적인 분위기를 강조하여 어린 러셀은 늘 검소한 생활을 해야 했다.

러셀은 어려서 정규 학교에는 다니지 않고 대신 스위스, 독일, 영국 출신의 가정교사로부터 교육을 받았다. 어린 시절부터 그는 철학적인 사색을 많이 했고, 형 프랭크에게서 배운 수학은 일찍이 그를 매료시켰다. 이때 배운 수학은 그를 학문의 세계로 인도하는 계기가 되었는데, 훗날 그가 본격적으로 철학을 연구하면서 가장 큰 무기가 된 것도 바로 수학이었다. 한편 그는 지칠 줄 모르는 독서가로서 많은 책을 섭렵하면서 역사와 문학에도 일찍이 상당한 교양을 쌓았다.

18세가 되어 러셀은 케임브리지 대학의 트리니티 칼리지에 입학하여 수학과 철학을 전공했다. 대학 생활 4년 동안 그는 많은 친구들과 사귀었다. 그의 대학 시절에는 화이트헤드(Alfred North Whitehead, 1861~1947), 무어(George Edward Moore, 1873~1958) 등과 같은 당대의 뛰어난 인재들이 한곳에 모여들었다. 이들은 훗날 현대 철학의 거목으로 성장한 인물들로서, 러셀은 이들과 활발한 토론을 벌이면서 학문을 심화시켜 갈 수 있었다.

1894년에 러셀은 대학을 졸업하고 파리 주재 영국 대사로 몇 달 동안 근무했다. 그 해에 러셀은 결혼했고, 다음해에 독일을 두 번

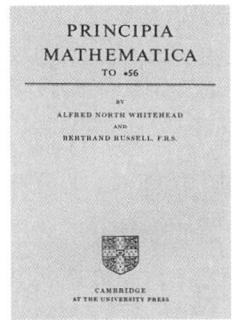

화이트헤드 　　　　프린키피아 메타메티카

방문하고 사회민주주의에 대해 연구하여, 최초의 저서인 『독일 사회민주주의론』을 썼다.

1899년에 러셀은 모교인 케임브리지 대학으로 돌아와 철학을 가르치면서 학자로서의 길을 본격적으로 걷기 시작했다. 1900년은 그 스스로 '자신의 지적 생애에서 가장 중요한 해'로 여기는 해이다. 이 해에 러셀은 파리에서 열린 국제 철학자 회의에 참석했다가 이탈리아의 수리철학자인 페아노(Giuseppe Peano, 1858~1932)를 만났는데, 이를 계기로 그는 12년 동안 수리철학에 몰두하게 된다.

그 연구의 성과로 러셀은 1903년에 그의 선배이자 동료인 화이트헤드와 공동으로 『수학의 원리』를 저술했고, 역시 공동 저술로서 1910년부터 1913년에 걸쳐 3권으로 된 『프린키피아 마테메티카(수학 원리)』를 발간했다. 이 무렵부터 그는 거의 해를 거르지 않고 저술을 펴냈는데, 그 영역은 철학을 비롯해서 사회 비평, 에세이 등 분야를 가리지 않았다. 그래서 그의 학문적 성과를 이 책과 같은 좁은 지면에서 일일이 열거한다는 것은 거의 불가능할 정도이다.

그는 일생 동안 두 번 투옥된 경험이 있다. 1차대전 중이던 1918

년에 그는 반전운동에 나서서, 신문에 반전사상을 고취하는 논문을 기고했다가 6개월 동안 투옥되었고, 1961년에는 핵무장을 반대하는 시위를 주도하여 89세의 고령의 몸으로 1주일 간 투옥된 바 있다. 이러한 경험은 그가 단지 학문에만 파묻혀 있지 않았음을 보여준다.

러셀은 정치에도 관심을 가져서 1907년에 하원 선거에 출마하여 당시 보수당 당수인 채플린과 겨뤘으나 크게 패했고, 이후 두 차례나 더 선거에 나섰다가 모두 낙선한 이력을 가지고 있다. 1920년에는 볼셰비키 혁명 후 소련의 실태를 둘러보기 위해 영국 노동당의 비공식 단원으로 가서 레닌, 트로츠키 등 지도자들과 의견을 나누기도 했다.

러셀은 1950년에 노벨문학상을 수상했다. 그는 주최측으로부터 "현대의 가장 뛰어난 합리성과 인간성의 대변자이며, 서양 자유사상가의 대표요, 두려움을 모르는 자유언론의 투사"라는 찬사를 받았다.

2차대전 이후 러셀은 핵전쟁의 위험성에 대해 경고하면서 핵무장에 반대하는 운동을 적극적으로 벌였다. 1957년에는 핵무기 확산에 반대하는 과학자의 모임을 주선했고, 1963년에는 핵전쟁의 위협에 항거하기 위한 국제재단인 '버트런드 러셀 평화재단'을 만들었다. 그의 만년의 활동은 이렇게 반전 평화운동에 할애되었다.

러셀은 1970년에 한 세기에 이르는 긴 삶을 마감했다. 러셀은 60여 권에 이르는 많은 저서를 남겼다. 대표적인 철학서로는 앞에서 소개된 것 외에『철학의 제문제』(1912),『의미와 진리의 탐구』

(1940), 『인간 지식론』(1948) 등이 있다.

철학은 논리학으로 환원될 수 있다

러셀은 철학에서 새로운 관심 영역을 끊임없이 찾아다녔다. 그런 까닭에 러셀은 하나의 완결된 철학 체계를 수립하지는 못했다. 그렇지만 이것은 결코 그의 단점이 되지는 않는다. 그는 완전한 것을 추구하려고 했기 때문에, 자신이 몰두해서 완성한 철학에 대해서도 그것이 결함을 가지고 있다고 생각되면 과감히 자신의 이론을 부수곤 했던 것이다.

그래서 그의 변화무쌍한 철학에서 변함없이 확고한 알맹이만을 추린다는 것은 쉽지가 않다. 러셀에게는 이런 어려움이 있지만 철학에서 그가 남긴 업적은 대단하다.

특히 기호 논리학과 분석 철학 분야에서 러셀은 그 선구적인 위치를 차지하고 있다. 이 분야의 철학은 20세기로 들어서면서 새롭게 발전한 것으로서, 그는 현대 철학의 새로운 지평을 앞서 개척했다.

러셀이 철학에서 추구한 것은 '어떻게 진리를 완전하게 찾아낼 수 있을 것인가?'였다. 러셀은 초기에 당시 풍미하고 있던 헤겔의 관념철학에도 관심을 가지긴 했지만, 이러한 관념의 세계를 믿어도 되는가에 대해 곧 회의를 품었다. 그리고는 철학의 진정한 임무는 무엇인가에 대해 골몰했다.

그리하여 그는 지금까지 대부분의 철학이 근거가 없는 관념의 세계나 형이상학을 추구함으로써 철학이 명료해지지 않았다는 생각에 도달했다. 또 과학의 놀라운 발전을 철학자들이 도외시하고 있음을 개탄하면서, 자신의 철학은 철저히 과학적인 것이 되어야 한다고 생각했다. 이러한 까닭에 그는 종교적인 문제와 같이 경험과 유리된 세계는 철학의 대상이 될 수 없다고 생각하고, 이러한 과제를 철학의 영역에서 배제시켰다.

그래서 러셀이 찾아낸 철학의 임무와 방법은, 수학과 같이 아무런 주관적 편견이 없는 분석의 방법을 통해서 철학적인 문제를 해결해내는 것이었다. 그리고 그 방법으로서 논리학의 추론 방법을 사용하면, 어떠한 명제에 대해 진위를 판별할 수 있을 것이라고 생각했다. 그는 원래 수학을 논리학으로 환원할 수 있다는 생각에서 수리 논리학에 대한 연구에서 출발했으나, 일반적으로 사용하는 언어들도 논리적인 구조를 가지고 있다는 생각에 미쳤고, 마침내는 언어로 표현되는 모든 철학적 명제를 논리학의 방법으로 환원할 수 있다는 믿음에까지 도달했다.

다음과 같은 추론을 예로 들어보자.

"① 연필은 생물이든가 혹은 무생물이다. ② 연필은 생물이 아니다. ③ 그러므로 연필은 무생물이다."

이러한 추론을 기호를 사용해서 단순화하면 다음과 같다.

"① p 혹은 q ② p가 아니다. ③ ∴q"

다시 이것을 모두 기호로 표시하면 다음과 같다.

"① p∨q ② ~p ③ ∴q"

최종적으로 도달한 기호의 추론에서는, 기호 대신에 여러 가지 언어를 대입할 수 있으며, 이렇게 나올 수 있는 여러 추론들은 ①, ②와 같은 형식을 따르기 때문에 ③의 논리적 결론은 동일하게 나온다. 또 이것은 다음과 같은 논리함수로도 표시할 수가 있다.

"$[(p \vee q) \sim p] \supset q$"

이렇게 되면 철학적인 추론은 마치 수학과 같은 형식을 띠게 된다. 이와 같이 기호로 표시하는 논리학을 '기호 논리학'이라고 한다.

러셀은 이렇게 기호로 단순화시키면 복잡한 철학적 명제의 진위도 명쾌하게 풀릴 것이라고 생각했다. 분명히 이것은 획기적인 발상이었다. 그런데 일상 언어를 사용하는 철학에 이러한 방법론을 적용하기 위해서는 전제가 필요하다. 과연 언어 세계가 논리적인 형식을 가지고 있느냐 하는 것이다.

논리적 원자론과 거짓말쟁이의 역설

러셀은 세계의 구조와 언어의 구조의 관계를 이렇게 말한다.

"문장들의 구조와 문장들이 지시하고 있는 사건들의 구조 사이에는 어떤 관계가 발견될 수 있을 것이라고 생각한다. 나는 언어적인 사실로써 표현될 수 없는 인식 불가능한 구조가 있다고는 생각하지 않는다. 그리고 우리가 충분히 주의를 기울인다면 언어의 속성은 우리가 세계의 구조를 이해하는 데 도움이 될 것이라고 믿는다."

그의 주장은 곧, 언어의 구조와 세계(사건)의 구조는 일치하기 때문에, 언어의 구조를 분석함으로써 세계의 구조를 해명할 수 있으며, 따라서 철학적인 문제도 언어의 분석을 통해 풀 수가 있다는 것이다. 그리고 그 과정은 앞서 말한 대로 기호 논리학의 방법을 통해 단순 명쾌하게 풀어나갈 수가 있다는 것이다.

이러한 믿음은 '논리적 원자론'이라고 하는 그의 세계관에서 비롯된 것이다. '논리적 원자론'이란 우리가 세계의 궁극적인 요소에까지 도달할 수 있으며, 이 구성 요소들간의 관계는 이를 반영하는 언어의 관계로 표현할 수 있다는 주장이다. 한마디로 세계가 수학적인 논리 구조를 가지고 있다는 주장이다.

그런데 그는 언어를 논리적으로 분석하는 과정에서 중대한 문제에 봉착하게 되었다. 그 문제는 이런 것이다.

누군가가 "내가 하는 말은 모두 거짓말이다."라고 했다고 하자. 이 사람은 거짓말만 하는 사람이므로 "내가 하는 말은 모두 거짓말

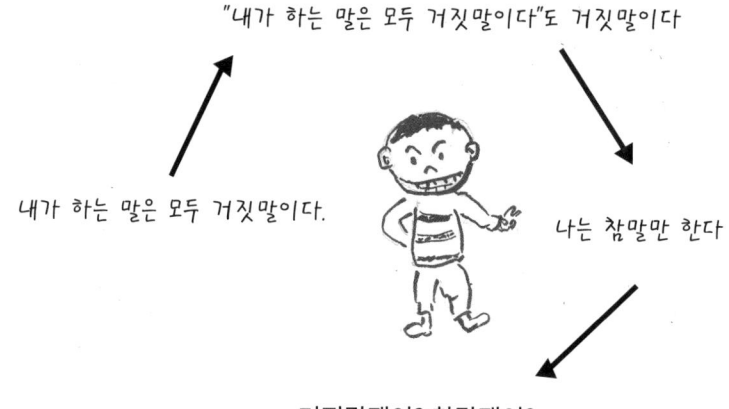

거짓말쟁이? 참말쟁이?

이다."라는 말 역시 거짓말이 된다. 결국 이 사람은 참말만 하는 사람이 된다. 이것은 해괴한 역설이 아닐 수 없다.

이러한 역설은 왜 생겨났을까? 앞에서 그 거짓말쟁이는 자기가 거짓말만 한다고 말하면서, 하나도 빼놓지 않고 '정말로' 거짓말만 할 수가 있다. 그러한 상황을 충분히 상정할 수가 있다. 그런데 거짓말로 받아들이는 대상을 그가 선언한 사실에까지 적용함으로써 문제가 발생한 것이다.

러셀은 그래서 해결책을 제시한다. 명제에 서열을 구분하는 것이다. 가령 "꽃이 아름답다."라는 문장을 S라고 하고, "S는 한국말로 씌어 있다."라는 문장을 S'라고 하자. 여기서 S'의 술어는 S에 대해 말하고 있는 것이지, S' 자체에 대해서는 말하지 않는 것이다.

또 위의 예에 이어서 "S는 옳다."라는 명제와 "S는 맛있다."라는 명제가 있다고 하자. "S는 옳다."라는 명제는 "S는 한국말로 씌어 있다."라는 명제와 같이 진위를 판별할 수 있으나, "S는 맛있다."라는 명제는 도무지 말이 되지 않는다. 러셀에 따르면, 여기서 '옳다'라는 말과 '한국말로 씌어 있다'라는 말은 같은 계열에 있지만, '맛있다'는 다른 계열에 있는 말이다. 러셀은 그래서 문장의 진위 판별 이전에 문장이 의미가 있는 것인지를 먼저 살펴보아야 한다고 말한다.

이렇게 문장에 대한 분석이 보다 정교화되어 가면서 그의 이론은 세련되어 갔지만, 세부적인 적용 과정에서 들어가면서 많은 비판을 받게 되었다. 그리고 언어에 대한 분석도 본래는 수리 논리학으로부터 확장시킨 것인데, '거짓말쟁이의 역설'은 수리 논리학에서 그대로 드러난 문제였다. 그래서 그는 철학을 논리학으로 대체하려는 노력을 포기하게 되었고, 군더더기와도 같은 조건을 붙여서 설명해야 하는 자신의 언어 분석 방법에 대해서도 회의를 품게 되었다.

분석 철학으로 이어진 러셀 철학

세계와 언어의 구조에 대한 러셀의 생각과 언어의 분석 작업은 그의 후계자들에 의해 더욱 빛을 보게 되었다. 러셀의 사상을 계승한 철학자들은 그의 견해를 그대로 받아들이지는 않았지만, 그의 철학적 방법론에 영향을 받아 철학을 관념의 유희에서 구하고 인간의 사고를 명료하게 할 수 있는 수단을 발견하고자 노력하였다.

비트겐슈타인

러셀의 철학을 가장 가까이에서 이어받은 사람은 오스트리아 태생의 비트겐슈타인(Ludwig Wittgenstein, 1889~1951)이다. 그는 러셀에게서 수학하면서 러셀의 '논리적 원자론' 사상을 수립하는 데 영향을 주었으며, 이 사상에 입각해서 자기 나름의 독창적인 철학을 발전시켰다. 그는, 철학의 임무는 어떤 세계관을 주장하거나 가치를 추구하는 데 있는 것이 아니라, 엄밀한 의미 분석을 행하는 데 있다고 생각했다. 그 분석의 대상은 바로 언어였다.

비트겐슈타인은 언어 분석을 통해 궁극적으로 사람들을 철학적 문제의 고민에서 해방시키는 치료법을 만들어내려고 했다. 그래서 그는 대단히 엄밀한 논리의 전개를 통해서 언어의 구조와 세계의 구조 사이에 어떠한 관계가 있는가를 설명해 냈으나, 후기에는 자신의 초기 이론을 뒤집고 말았다. 일상적인 언어의 의미에 대해 새로운 가치를 발견하게 된 것이다.

러셀이나 비트겐슈타인이 자신의 철학을 변경할 수밖에 없었던 것은 그 분야에서 새로운 방법론을 개발하는 과정에서 나타난 불가피한 현상이었다고 할 수 있다. 그러나 이들의 문제의식은 철학계에 새로운 바람을 불러일으키면서 많은 이들 사이에 활발한 연구가 나타났다. 그 결과 '분석 철학'이라고 하는 현대 철학의 주요한 영역이 본격적으로 형성되었다.

19
듀이

John Dewey, 1859~1952

지식은 생활의 도구이다

이번에는 미국으로 눈을 돌려서 실용주의 철학을 살펴보자. 잘 알다시피 미국이라는 나라는 영국 등 유럽의 여러 민족들이 건너가 건국한 나라이다. 처음 미국으로 건너간 영국의 청교도들이 종교의 자유를 찾아서 갔듯이, 미국으로 이민간 사람들은 과거의 전통에서 탈피하여 새로운 정신적 가치를 추구하려 했다. 이들은 유럽의 철학적 전통과 무관하게 새로운 철학을 수립했는데, 실용주의 철학이 바로 그것이다.

따라서 실용주의 철학은 미국에서 생겨나 미국에서 발전한 철학이다. 그 가운데 듀이는 실용주의 철학을 가장 체계적으로 정리하고 이를 전파하는 데 커다란 역할을 한 인물이다. 그는 철학자로서뿐만 아니라 교육사상가로서도 많은 활동을 했다.

듀이는 1859년에 미국 동북부에 위치한 버몬트 주의 벌링턴에서 태어났다. 듀이의 집안은 농사를 짓다가 식료품상을 하고 있었다. 생활은 넉넉지 못했으나 부모는 세 형제를 모두 대학에 진학시킬 만큼 교육열이 대단했다. 듀이는 어려서부터 책 읽기를 즐겨했는데, 보고 싶은 책을 사기 위해 신문 배달과 농장일을 하기도 했다.

듀이는 1875년에 버몬트 대학에 입학했다. 그가 대학에서 배운 것은 그리스어, 라틴어, 수학, 지리학, 생물학, 심리학, 경제학, 국제법, 철학 등 다양했다. 그 중 대학 생활 동안 듀이에게 영향을 끼친 것은 다윈의 진화론과 콩트의 실증주의였다.

1879년에 대학을 졸업하고 듀이는 3년간 중학교와 초등학교에서 교사 생활을 했다. 이 시절에 그는 철학에 심취하여 고전을 광범위하게 읽었다. 점차 철학에 몰입한 듀이는 「사변철학잡지」에 두 편의 철학 논문을 기고했는데, 이 논문이 호평을 받고 게재되자 일생을 철학 연구에 바치기로 결심했다.

이에 듀이는 1882년에 존스 홉킨스 대학의 대학원에 들어가서 모리스 교수의 영향으로 헤겔을 집중적으로 연구했다. 1884년에 그는 「칸트의 심리학」이라는 논문으로 철학 박사학위를 받았고, 그 해에 모리스 교수를 따라서 미시간 대학으로 건너가 철학 강사에 취임했다. 그는 1894년까지 미네소타 대학에서 재직한 1년간을 제외하고는 미시간 대학에서 줄곧 철학을 가르쳤다.

듀이는 1894년에 시카고 대학으로 옮겨가서 철학과 심리학, 교육학을 합친 학부의 학장으로 취임하여 1904년까지 그곳에서 재직했다. 시카고 대학 재직 시절 그는 대학 내에 실험학교를 만들어 아동들에 대해 자신의 새로운 교육론을 적용해 보기도 했다.

1905년에는 컬럼비아 대학의 초빙으로 다시 자리를 옮겨 1930년까지 25년간 재직했는데, 이 시절에 그는 철학자로서, 교육자로서, 사회비평가로서 눈부신 활약을 하면서 세계적으로도 명성을 크게 떨쳤다. 듀이는 컬럼비아 대학 재직 중이던 1919년에 일본의 도쿄 대학에서 강의를 하였고, 이어서 중국으로 건너가 3년간 베이징 대학과 난징 대학 등지에서 강의했다. 그리고 1924년에는 튀르키예, 1926년에 멕시코, 1928년에는 소련을 방문하여 그의 철학을 설파했다.

듀이는 1952년에 92세를 일기로 타계했다. 듀이는 철학자로서뿐만 아니라 실천을 중시한 인물로서, 교육의 역할을 강조하여 교육학 분야에도 매우 중요한 업적을 이룩했으며, 그 밖에 정치와 사회 문제에 걸쳐 수많은 글과 저서를 남겼다.

그는 50여 권의 저서와 750여 편의 논문을 남겼는데, 그 중 대표적인 저서로는 『학교와 사회』(1900), 『윤리학』(1908), 『민주주의와 교육』(1916), 『확실성의 탐구』(1929), 『논리학 - 탐구의 논리』(1938) 등이 있다.

미국 실용주의의 전통과 발전

실용주의적 사고는 어느 사회에서나 나타날 수 있는 것이긴 하

퍼스 　　　　　제임스

지만, 특별히 미국에서 철학으로 꽃을 피운 데에는 미국의 특수한 역사적·사회적 배경 때문이었다. 실용주의가 철학으로 모습을 갖춘 시기는 서부 개척이 한창이던 때였다. 이들은 척박한 환경과 싸우면서 자연을 정복하고 경제를 일구어 갔다. 이들의 삶은 끝없는 도전이자 실험의 연속이었다. 이러한 삶의 현장에 유럽의 여러 철학 조류들이 흘러들었지만, 이들의 행동적인 정서에 맞지 않았다. 이들에게는 사변적이고 관조적인 철학보다는 현실적이고 행동적인 철학이 요구되었다. 이러한 배경에서 실용주의 철학이 등장했다.

실용주의라는 용어는 '프래그머티즘(pragmatism)'을 번역한 말인데, 이 말의 어원은 그리스어의 '실천' 또는 '행동'을 뜻하는 'pragma'와 '주의'를 뜻하는 'ism'이 합성된 말이다. 따라서 실용주의라는 말 속에는 관념보다는 실천을 강조한다는 의미도 내포되어 있다.

프래그머티즘, 곧 실용주의라는 말을 처음으로 사용한 철학자는 퍼스(Charles Sanders Peirce, 1839~1914)이다. 퍼스는 관념을 명석하게 하는 것이 철학의 임무라고 생각하고, 기존의 철학적 전통과는 판이한 주장을 했다. 그는 머릿속에 있는 관념을 배격하고, 관념을 행동으로 옮길 때 나타나는 결과야말로 진정한 관념이라고 생각했다. 그리하여 그에게는 실제적으로 결과를 가져오지 않는 관념은 무의미한 것이다.

퍼스의 이러한 주장은 1878년에 발표된 「우리의 관념을 어떻게 명석하게 할 것인가」라는 논문을 통해 공표되었는데, 이 주장은 미국 실용주의 철학의 효시로 평가되고 있다. 퍼스의 이러한 주장을 이어 받아서 실용주의를 체계화하고 철학에서 하나의 흐름으로 발전시킨 사람은 제임스(William James, 1842~1910)이다.

제임스는 퍼스의 실용주의적 주장을 경험세계로 더욱 끌어들였다. 제임스에게 있어서 '논리적'이라든지 '참'이라든지 하는 것은 중요하지 않다. 오직 철학을 실제 생활에 적용시킬 때 인간의 삶에 어떠한 영향을 미치는가만이 중요할 뿐이다. 그에게서 진리란 고정불변의 것이 아니라 경험을 통해서 인간에게 유용한 것으로 검증된 것이어야 한다. 이렇게 하여 진리는 만들어가는 것이 된다.

제임스는 철학적 명제의 타당성은 각각의 실천적 경험의 결과에 따라 논증해야 한다고 주장한다. 그래서 제임스는 "참다운 관념은 우리가 이해할 수 있고, 확인할 수 있고, 검증할 수 있는 관념이며, 그릇된 관념은 그렇게 할 수 없는 관념이다."라고 말한다. 그는 철학에서 추상적이고 관념적인 것을 배척했고 경험에서의 결과를 중시한다. 그리고 지식은 성장하기 때문에 진리 또한 수정되는 것이다.

제임스의 실용주의적 관점은 종교에 대해서도 그대로 적용된다. 제임스는 신을 가정하는 것이 생활에 도움이 된다면 그것은 진리라고 말한다. 그는 신과 종교를 실용주의적인 관점에서 받아들인다. 그리고 그는 이러한 실용적인 이유에서 신앙을 권했는데, 세계의 다양성에 따라 각자의 필요에 맞추기 위해선 다신론이 보다 현명하다고 주장했다. 마찬가지로 세계관에서는 모든 것을 하나의 원리로써 통일적으로 이해하려는 일원론보다는 여러 가지의 원리가 복합되어 있는 것으로 이해하는 다원론적인 세계관을 지지했다.

제임스의 철저한 실용주의적인 관점은, 그러나 그의 주장이 지나치게 주관적이라는 비판을 받게 되었다. 이에 대해 듀이는 실제적인 효과란 사회적 환경 속에서 바라보아야 한다고 주장했다. 이 점이 듀이의 실용주의가 지닌 커다란 특징이다.

듀이의 도구적 실용주의

듀이는 지식이 생겨나는 배경과 역할을 환경과 경험 속에서 설명한다.

현재 인간사회는 자연계와 사회 환경 속에서 항상 위험한 상태에 직면하고 있다. 이 위험에서 벗어나 안전하고 평온하게 생활하기 위한 도구로서 발견한 것이 기술이다. 인간은 기술을 통해 자연과 사회의 위험에서 벗어나고 자연의 힘을 이용하여 안전하게 살아간다. 이 기술에 관해 습득한 것이 지식이다. 지식은 일상생활의 방편이며 도구이다.

인간이 사고를 하는 것도 환경과 생활상의 경험에서 곤경에 처할 때이다. 만일 아무런 변화가 없이 평온한 상태에서 생활하는 사람이 있다면 그는 아무것도 생각하지 않겠지만, 환경의 변화에 따라 초래되는 위험을 극복하기 위해서는 사고를 하게 되는 것이다.

이처럼 인간의 사고는 새롭게 닥쳐오는 환경을 극복하기 위한 수단이 된다. 그래서 듀이는 인간의 사고, 지식, 사상이란 자연적인 혹은 사회적인 환경에서 비롯되는 문제의 해결을 위한 도구가 된다 하여, 듀이는 그의 실용주의를 가리켜 특별히 '도구주의'라고 불렀다.

듀이에 따르면 진리는 고정된 것이 아니라 변화하는 것이다. 따라서 절대적인 진리란 없으며, 진리는 탐구하는 전 과정이다. 듀이는 탐구의 과정을 다섯 단계로 구분하여 설명한다.

① 문제의 발견 – 경험이 불확정한 상태에 빠지면 안정을 취하고자 한다.
② 문제의 설정 – 불확정한 상태를 지성적으로 이해하고 분석한다.
③ 가설의 발견 – 해결책이 될 만한 가장 합리적인 가설을 세운다.
④ 사실의 검토 – 가설과 사실이 일치하는지를 검토한다. 이때 지성은 여러 방법을 동원하여 실험을 하게 된다.
⑤ 문제의 해결 – 가설과 사실이 일치하는 것이 확인됨으로써 문제가 해결된다.

그런데 만일 문제가 해결되지 않으면 다른 가설을 세워 이후 과정을 되풀이한다.

탐구란 결국 사람과 환경 사이의 상호작용이다. 이 둘 사이에 어떠한 모순이 발생하면 탐구는 그치지 않고 사고는 계속된다. 지식은 탐구의 결과 생겨나며, 지식은 새로운 탐구를 위한 도구가 된다.

듀이에게 있어서 이론이란 실천과 분리되어 있는 것이 아니다. 철학의 임무는 외부 세계를 개조하는 것이며, 그 시대의 사회적·도덕적 갈등의 문제를 해결하는 것이다.

수단을 중시하는 윤리관과 교육사상

듀이의 철학에 따를 때 그가 실천적인 분야에 지대한 관심을 기울이게 된 것은 자연스러운 일이다. 그의 윤리관과 교육관을 살펴보자.

듀이의 윤리학에서는 절대적인 선이나 악은 없다. 종래의 윤리학에서는 절대적인 선이 있다고 생각하고, 선한 목적에 따라 행동하는 것은 결과에 무관하게 옳다는 입장이 우세했다.

이에 대해 듀이는 수단을 중시한다. 수단은 이미 목적을 내포하기 때문에 어떻게 좋은 수단을 사용하느냐 하는 문제는 자연히 좋은 목적을 함께 동반하는 것이다. 목적이란 어떠한 문제 상황에 빠졌을 때 그 문제가 만족스럽게 해결된 상태이다. 그렇기 때문에 절대적인 목적이 우리 인간의 외부 세계에서 홀로 존재할 수는 없으며, 인생에서 끊임없이 부딪치게 되는 문제 상황을 풀어나갈 현명한 수단을 찾는 것이 중요하다.

듀이의 이러한 가치론은 도구주의 철학의 관점에서 쉽게 이해가 되는데, 그는 개인과 사회가 끊임없이 진보의 방향으로 발전해야 한다는 믿음을 가지고 있었다. 인간은 부단히 자신을 변화시키며, 사회 또한 인간의 진취성을 바탕으로 개선될 수 있다고 믿었다.

듀이는 교육 분야에서 진보적인 교육을 주장한 인물로 평가되고 있다. 듀이에 따르면 교육이란 사회생활 그 자체이다. 그래서 학교와 사회는 분리되어서는 안 된다. 학교의 교육은 사회생활의 일부로서 학교생활 자체가 경험의 내용이 되어야 한다. 그에 따르면 학교가 사회에 진출하기 위한 준비 과정으로 머물러서는 안 되는 것이다.

학교는 단순화된 현실로서, 그 현실에서 학생은 스스로 규율을 끌어내어야 한다. 학교 안에서 학생은 각자가 가지고 있는 소질과 능력을 계발하도록 하여야 한다. 여기서 선생의 역할은 풍부한 경험과 지혜를 바탕으로 학생들의 잠재력을 키우고 집단의 규율을 스

어린이와 함께 하는 듀이

스로 세워나가는 데 도움을 주는 것이어야 한다. 선생이 학생들에게 지식을 주입하거나 선생이 앞서서 학생들을 지도하는 것은 바람직한 학교 교육이 되지 못한다.

듀이는 민주주의란 끊임없이 인간의 생활과 사회를 개선하고 재조직하는 교육 경험을 통해서 더욱 완벽하게 나아가야 할 이상 또는 목표로 생각했다. 듀이는 중단 없는 사회 개혁을 추구했고, 철학의 역할은 여기에 있다고 보았다.

20
하이데거

Martin Heigegger, 1889~1976
존재란 무엇인가

이번에는 실존주의 사상가를 만나보기로 한다. 실존주의는 철학에 관심을 가진 사람들이라면 가장 먼저 접하게 되는 철학 분야라고 할 수 있다.

실존주의라는 철학 사조는 문학에서도 크게 유행한 바가 있듯이 논리보다는 직관이나 정서에 호소되는 측면이 많다. 그래서 엄밀한 논리를 바탕으로 하는 철학적 전통과는 다른 색조를 띠고 있으며, 철학자들의 논조 또한 개성이 뚜렷하다.

실존주의 사상가들 중에서도 인간 존재의 의미를 가장 체계적으로 탐구한 철학자를 꼽는다면 하이데거를 들 수 있다. 그러나 하이데거는 삶의 문제를 주제로 연구한 철학자이면서도 나치에 협력한 편력으로 끊임없이 구설수에 오르는 불행한 인물이기도 하다.

하이데거는 1889년에 남부 독일 바덴 주의 작은 마을 메스키르히에서 태어났다. 이 지방은 휠덜린과 헤르만 헤세를 비롯한 많은 문인을 배출한 곳으로, 프랑스와 인접하여 가톨릭의 분위기가 짙은 곳이다. 그래서 그는 어려서부터 토마스 아퀴나스의 스콜라 철학의 영향을 받고 신비적인 사상에 심취했다.

1909년에 그는 프라이부르크 대학에 입학하여 처음에는 목사가 되기 위해 신학을 택했다. 입학 후에는 철학을 접하면서 전공을 철학으로 바꾸었으며, 수학과 자연과학, 역사학 등 다양한 분야에서 학업을 쌓았다. 1914년에 그는 「심리주의에 있어서의 판단론」이라는 논문으로 박사학위를 받았고, 1916년에는 「둔스 스코투스의 범주론과 의미론」으로 교수 자격을 인정받았다.

하이데거가 철학에서 많은 영향을 받은 사람은 후설(Edmund Husserl, 1859~1938)이다. 후설은 현상학이라는 철학 분야에서 커다란 업적을 남긴 인물로서, 하이데거는 프라이부르크 대학의 강사가 되면서 그의 밑에서 10여 년간 철학을 연구했다. 그래서 하이데거는 자신의 철학은 스승의 현상학적인 방법을 통해 이루어졌다고 말한다.

1923년에 그는 마르부르크 대학의 교수로 초빙되었으며, 1928년에는 프라이부르크 대학으로 돌아와 은사인 후설의 뒤를 이어 정교수가 되었다. 이즈음 그는 철학적 명성을 드높인 중요한 저서를 발표했는데, 바로『존재와 시간』이다. 이 책은 1927년에 후설이 편

집을 맡아보던 「철학 및 현상학적 연구 연보」 제8권에 발표한 것으로, 본래 전반부와 후반부로 구성될 예정이었으나, 후반부는 끝내 발표되지 않아 미완성이 되고 말았다. 그러나 이 책은 존재론과 실존철학 분야의 연구에서 빼놓을 수 없는 것으로서, 현대 철학에서 대단히 중요한 철학서 중 하나로 꼽힌다.

1933년에 그는 프라이부르크 대학의 총장으로 취임했다. 그러나 이 총장 취임은 그의 일생에서 매우 불행한 사건이 되고 말았다. 1933년은 독일 역사에서 나치가 정권을 잡은 해인데, 그는 총장 취임과 함께 '독일 대학의 자기 주장'이라는 연설을 통해 노력 봉사, 국방 봉사, 지식 봉사라는 '삼위 일체'를 통해 나치에 협력할 것을 주장한 것이다.

그가 총장에 재임한 것은 불과 반 년으로 끝나고 말았지만, 나치에 대한 그의 협력은 후일 많은 사람들 사이에서 두고두고 분분한 논란을 일으켰다. 그를 변론하고 싶어하는 사람들은 그는 초기의 혁명적 성격의 나치즘을 옹호하였을 뿐이며, 곧 변질되어 전쟁광이 된 나치즘에 대해서는 비판적인 태도를 취했다고 강변한다.

아무튼 그의 이러한 행보는 같은 실존철학 분야의 동료인 야스퍼스(Karl Jaspers, 1883~1969)와 대조적인 모습을 보여 주었다. 야스퍼스는 그의 부인이 유태계란 이유로 대학 강단에서 쫓겨나고 출판의 권리도 박탈당했는데, 2차세계대전이 끝나자 이번에는 반대로 하이데거가 대학에서 쫓겨나고 야스퍼스가 강단으로 돌아온 것이다.

하이데거는 1953년에 프라이부르크 대학으로 돌아올 수 있었지만, 곧 사임했다. 그 후 그는 프라이부르크의 교외에 머물면서 조용히 사색과 저술 활동을 하다가 1976년에 87세의 일기로 세상을 떠났다. 저서로는 『존재와 시간』 외에 『칸트와 형이상학의 문제』(1929), 『형이상학이란 무엇인가?』(1929), 『근거의 본질』(1929) 등이 있다.

실존철학이란 무엇인가

'실존철학' 또는 '실존주의'는 철학에 대한 지식이 많지 않은 사람에게도 익숙한 말이다. 그만큼 실존철학은 철학 가운데도 친숙한 편이며, 더 나아가 실존철학이야말로 철학의 본령이라고 생각하는 사람들도 적지 않은 듯하다. 철학이란 바로 고뇌하는 것인데, 자신의 삶과 운명을 사색하는 것만큼 진지한 일도 없기 때문이다.

우리나라에 서양 철학이 전래된 역사가 백 년 남짓 정도라고 할 때, 실존철학의 전래는 이 땅에서 서양 철학의 시작이었다 해도 사실 과언이 아니었다. 그리고 유럽에서 실존철학이 2차세계대전 이후에 붐을 일으키고 있었을 때, 마침 우리는 6·25라는 전란을 겪음으로써 '실존'에 대한 관심은 당연히 커질 수밖에 없었다.

이렇게 실존철학은 학교에서 철학 교육의 기회가 제한되었던 지적 풍토에서 철학에 대한 관심을 일으키는 데 적지 않은 역할을 한 것임에는 틀림없다. 그러나 많은 경우 실존철학이 철학의 대명사로 간주되었고, 또 실존철학에 대한 편협한 이해로 말미암아 철학 전반에 대해 편견을 가지게 되는 요인이 되기도 했다. 즉, 철학이란 음울한 학문이며, 철학도는 기행을 일삼는 특이한 사람인 것처럼 여기는 경우가 많다는 것이다.

그러나 철학의 역사적 흐름에 대해 약간의 지식이라도 가진 사람이라면 실존철학은 현대 철학의 한 부분에 지나지 않는다는 사실을 알 수 있을 것이다. 실존철학은 철학의 여러 주제 중 한 분야로서, 특히 20세기에 대전란을 겪으면서 맹위를 떨치게 된 사조이다. 물론 실존철학은 전쟁과 같은 극한적인 시기에만 고조되는 것은 아니다. 실존철학이 추구하는 주제는 시대와 무관하게 항상 제기되는 것이며, 현대 사회에서와 같이 소외의 문제가 끊임없이 제기되는 한 실존철학의 연구는 지속될 것이다.

그러면 실존철학을 본격적으로 다루기에 앞서 '실존'이란 무엇인가를 짚고 넘어갈 필요가 있다. 실존(實存)이란 '본질'에 대립되는 말이다. 이때 본질이란 '그것은 무엇인가?'라는 물음에 대한 답에 해당한다. '그것은 책상이다.'라고 할 때 그 책상은 크건 작건, 나무로 만들어졌건 철로 만들어졌든, 흰색이건 갈색이든, 좌우간 그것은 본질적으로 책상이다. 그러나 실존의 관점에서 볼 때에는 그 책상들은 저마다 고유한 특성을 가진 서로 다른 존재이다.

사람의 경우 군대와 같은 획일적인 사회 속에서는 개개인은 본질적으로 병력의 일부에 지나지 않지만, 인간이라는 한 사람 한 사람의 입장에서는 그렇게 단순하게 다루어질 수는 없다. 각각의 사람은 저마다 고유한 가치를 좇으면서 자신의 고유한 삶을 추구한다. 바로 이런 점에 주목하여 사람을 바라보기 시작할 때 인간은 실존적인 존재가 된다.

실존의 문제를 본격적으로 제기한 철학자는 19세기의 키르케고르로 꼽힌다. 이 보다 조금 뒤에 니체도 비슷한 주장을 하여 니체 또한 실존주의의 초기 사상가로 일컬어지기도 한다. 이후 하이데거를 비롯해서 마르셀, 야스퍼스, 사르트르 등이 본격적으로 실존의 문제에 집중한 철학자들이다. 이들에 대해서는 실존 회복의 방법을 기준으로 유신론적 입장과 무신론적 입장으로 대별하기도 한다. 키르케고르, 마르셀, 야스퍼스 등은 유신론적 실존철학자에 해당하며, 하이데거, 사르트르 등은 무신론적 실존철학자에 해당한다.

하이데거의 존재론

하이데거는 스스로 자신의 철학을 실존철학이라고 분류되는 것을 못마땅해 한다. 그는 자신의 철학은 어디까지나 존재론이라고 하였는데, 그의 존재론은 곧 실존철학에서 추구하는 본질적인 내용을 담고 있기 때문에 여전히 그는 실존철학에서 중요한 인물로 간주되고 있다.

하이데거는 지금까지의 존재론은 존재자(存在者)에 대한 이론이었다고 전제하고, 자신의 존재론은 존재에 대한 이론이라고 말한다. 즉, "존재란 무엇인가?"가 하이데거 철학의 주제이다. 그러면 존재는 무엇이고, 존재자란 무엇인가?

존재자란 존재하는 구체적인 사물을 가리킨다. 돌, 나무, 책상, 하늘, 강 등은 존재자이다. 그러나 존재는 추상적인 개념이다. 존재란 '있음'이라고 말할 수 있다. 그러나 하이데거가 추구하는 존재에 대한 이론이란 사전적인 의미에서의 '있음'은 아니다. "존재자가 존재한다."고 할 때 여기에서의 '존재함', 곧 '있음'이 하이데거가 관심사로 추구하는 문제이다. 즉, 존재자와의 관련 속에서 '있음'이 하이데거 존재론의 대상이다. 저 돌은 어떻게 존재하고 있는가? 나는 어떻게 존재하고 있는가? 등등.

그런데 존재에 대한 탐구는 당연히 인간이 매개가 된다. 다시 말해서, 존재자의 존재를 이해하려면 인간이라는 존재자가 매개가 되는 것이다. 여기서 인간은 존재자의 일종에 해당한다고 볼 수 있는데, 하이데거는 인간을 가리켜 특별히 현존재(現存在, Dasein)라고 부른다. 현존재의 말 그대로의 뜻은 '거기에 있는 자'이다.

하이데거가 인간을 이렇게 현존재라고 한 이유는, 인간이라는 존재자는 다른 존재자들과는 달리 스스로 존재하면서 자기의 존재를 언제나 문제로 하고 있는 특별한 존재자라고 생각했기 때문이다. 돌이나 나무 따위는 자신의 존재에 대해 묻지 않지만, 인간은 자신의 존재에 대해 묻는 것이다. 이제 존재에 대한 물음은 먼저 이

이들의 본질은 군인이지만, 개개인은 실존적 존재이다

에 관계하는 현존재에 대한 규명으로부터 시작하지 않을 수 없다.

인간이라는 현존재의 특징

하이데거는 자기의 존재를 스스로 문제삼고 이에 관심을 가지는 현존재의 특유한 존재 방식을 가리켜 '실존'이라고 한다. 그는 현존재의 분석이 그가 생각한 존재론의 전부는 아니지만, 존재론 전체를 위한 필수적이고도 기초적인 작업이 된다고 생각했다. 이것은 '기초적 존재론'에 해당하는데, 이 작업을 그는 그의 대표작인 『존재와 시간』에서 수행하고 있다.

이어지는 현존재 분석에서, 그는 현존재의 존재 방식을 '세계 내 존재'라고 한다. 존재 방식이란 흔히 '범주'라고 하는 것인데, 그는 현존재의 존재 방식을 특별히 '실존 범주'라고 한다. 다시 말해서 현존재의 실존 범주는 '세계 내 존재'이다.

그런데 '세계 내 존재'란 현존재가 단순히 세계 속에 존재한다는 것을 의미하는 것은 아니다. '세계 내 존재'란 현존재가 세계 속에 있으면서 세계와 관계를 맺고 있음을 뜻한다. '나'라는 존재자는 주위의 모든 환경과 관계를 맺는다. 나의 가족, 나를 둘러싼 사회, 자연 등 모든 환경과 관계를 맺는다. 그 관계는 정적인 것이 아니다. 환경은 나의 끊임없는 판단의 대상으로서 그 관계는 동적이고 긴장된 관계이다.

이때 현존재가 세계 속에서 만나는 것은 단순한 사물이 아니라 도구이다. 돌은 그저 떨어져 있으면 돌에 지나지 않지만, 그것을 사용해서 못을 박는다면 그 돌은 도구가 된다. 주위의 환경은 그 자체로서 의미를 가지는 것이 아니라, 현존재가 관심을 가지는 내용에 따라 도구로서 연관을 맺는다. 그런데 세계는 모두 도구로만 존재하는 것이 아니다. 세계에는 나와는 다른 현존재, 곧 타인이 있다. 인간은 언제나 이 타인에 대해 마음을 쓰면서 서로 하나의 공동세계를 이루고 살고 있다.

그런데 공동세계 속에서 사람들은 일상적인 생활에 빠져 있어 진정한 자기 자신을 상실하고 있다. 일상인이 된 현존재는 대중 속에서 평균화되고, 책임을 지지 않으며, 주체성을 상실하고 있다. 이러한 상태는 퇴락한 상태이다. 하이데거는 퇴락한 상태에서 본연의 자신, 즉 본래의 실존을 되찾아야 한다고 말한다. 그러면 본래의 실존을 되찾는 길은 무엇인가?

실존을 되찾는 길

인간은 항상 불안에 떤다. 불안이란 무슨 일이 일어날지 모르는 불안정한 기분이다. 이 불안은 어디에서 오는가? 그것은 인간이란 결국 죽음에 직면한다는 유한한 존재이기 때문이다. 인간은 죽음에 이르는 존재이다. 우리는 이렇게 '이 세상에 던져져 있는 것'이다.

그런데 인간은 단지 던져져 있는 존재에 머무르는 것이 아니라, 미래를 향해 스스로 던지는 존재이다. 우리의 미래는 이미 던져졌다는 과거 사실에 매임으로써 규정되어 있는 것이 아니라, 우리는 열려진 미래를 스스로 기획할 수 있다. 따라서 우리는 진지하게 미래를 결정해 가야 한다.

이때 취해야 할 자세는 양심의 소리에 따르는 것이다. 양심이란

야스퍼스 　　　　　사르트르

대중의 일상성 속에서 잊혀진 본래의 자기 자신을 되찾으려는 외침이다. 양심의 외침에 따라 본래의 자기 자신이 될 때, 던져져 있으면서 앞으로 나아가는 실존을 되찾을 수 있는 것이다.

이때 죽음에 대해서도, 언젠가 닥쳐올 죽음에 대한 불안에서 떠는 것이 아니라, 죽음을 앞서 각오함으로써 죽음에 대한 자유를 얻을 수 있게 된다. 한 번밖에 없는 삶을 생각할 때 우리의 삶은 진지해질 수밖에 없으며, 이러한 자각을 통해 자신의 고유한 삶을 책임성 있게 영위해갈 수 있는 것이다. 즉, 인간의 유한성을 자각하고 죽음을 앞서 결의함으로써 본래의 실존을 되찾을 수 있는 것이다.

하이데거는 앞서 말했듯이 『존재와 시간』을 미완성으로 남겨두었다. 그래서 그의 존재론은 현존재의 분석을 중심으로 한 '기초적 존재론'에서 머무르고 말았다. 그의 분석이 여기서 중단된 데에는 하이데거 자신의 철학이 수정되었기 때문이기도 하다. 그는 현존재의 분석을 통해 존재를 탐구하려 하였으나, 후기에는 존재 자체로부터 현존재를 해석하려고 했던 것이다.

하이데거의 후기 사상은 이처럼 방법상의 변경을 도모하였지만, 현존재에 대한 그의 분석 자체가 무의미해진 것은 아니다. 아무튼 그는 현존재의 규명을 통해 인간의 본래적인 실존을 되찾는 길을 탐구함으로써 실존철학 분야에서 매우 체계적인 철학을 수립했다. 그렇기 때문에 하이데거가 자신의 철학이 존재론이라고 주장한다고 해도, 실존철학 분야에서는 그를 빼놓고는 이야기할 수 없다.

5
동양의 철학사상

공자

맹자

순자

노자

장자

주희

갑골문자

이제부터는 눈을 돌려 동양의 철학 세계로 들어가보기로 한다. 동양에는 인류 문명의 발전과 궤를 같이 하면서 인도와 중국을 중심으로 수천 년 전부터 철학사상이 태동하고 발전해 왔다. 따라서 동양의 철학 세계를 이해하기 위해서는 중국뿐만 아니라 인도의 사상에 대해서도 관심을 가져야 할 것이지만, 이 책에서는 우리나라 사상에 직접적인 영향을 준 중국의 철학사상을 살펴보기로 한다.

중국 철학 사상의 원류

중국 철학의 모태와 뿌리는 멀리 기원전 1500년경의 은나라('상나라'라고도 함)와 그에 뒤이은 주(周)나라 시대로 거슬러 올라간다.

중국 역사에서 실재한 최초의 왕조로 알려지는 은(殷)나라 시대에는 하늘의 신을 숭상하는 사상이 있었다. 그 당시에는 하늘의 신을 중국에서는 상제(上帝)라고 불렀다. 은나라는 여러 씨족국가를 통합한 왕조로서 이 시대에 상제 사상은 씨족국가들을 통치하는 이념적 수단으로 이용되었다. 즉, 상제는 유일한 전능자로서 절대적

은나라 유물

인 존재로서의 지위를 가지며, 왕은 상제의 뜻을 헤아리고 의사소통을 하는 중간자로서의 역할을 수행하는 지위를 가졌다. 은나라 사람들은 가뭄과 홍수, 풍년, 질병 등 일체의 자연현상은 상제의 뜻이라고 믿었고, 왕은 점이나 제례와 같은 방법을 통해 상제의 이러한 의사를 헤아리고 도움을 구했다. 그렇기 때문에 상제를 숭상하는 이러한 믿음은 사상이라기보다는 일종의 종교이자 통치 수단의 성격이 강했다.

그러나 하늘을 숭상하는 사상은 중국인들에게는 상당한 영향력을 발휘하여 이후 수천 년 동안 내려오면서 사상적 지주가 되었다. 이들에게는 '하늘'이 서구에서와 같은 창조주로서의 신은 아니었다 해도, 시대가 바뀌어도 언제나 변치 않는 공경의 대상이었다. 유가의 천명(天命), 묵가의 천지(天志), 도가의 천도(天道) 사상은 각기 다른 의미를 함축하고 있기는 하지만 바로 고대로부터의 상제 사상을 계승한 것이다.

왕조가 은나라에서 주나라로 넘어가면서 사상에서도 변화가 나타난다. 상제의 권위는 차츰 약화되고 대신 왕의 권위가 높아졌다.

음양오행의 8괘

바로 인간 중심의 사상이 강화된 것이다. 이 시대에 새롭게 의미가 부여되고 발전된 사상적 덕목은 '덕(德)'이었다.

이 시대의 덕이란 왕의 통치행태의 기준이 되었는데, 주나라를 건설한 무왕의 선대인 문왕은 덕을 베푼 대표적인 왕으로 칭송되었다. 그래서 무왕, 성왕, 주공 등은 상제를 직접 섬기기보다는 문왕의 덕을 따르려고 노력했고, 일반 백성들 역시 문왕을 높이 받들었다. 훗날 유가나 묵가에서도 '선왕(先王)의 도'를 강조하였는데, 선왕이란 바로 문왕을 지칭하는 것이었다. 이렇듯 주나라에서는 인간의 덕이 하늘의 뜻을 이끌어내는 데 중요한 역할을 한다고 믿었는데, 이는 고대 사상에서 중요한 사상적 지주를 형성했다.

중국 사상에서 또 하나의 독특한 특징을 이루는 것으로 음양오행(陰陽五行) 사상이 있다. 이 음양오행 사상은 이미 은나라 시대에 그 원시적인 형태가 만들어졌다. 음양오행 사상이란 음양 사상과 오행 사상이 결합한 것으로서, 처음에는 서로 다른 경로에서 발전해 왔다. 음양 사상을 집약한 것으로는 서주(西周) 시대에 편찬된 『역경(易經)』(『주역』)이 있다. 『역경』은 본래 점괘를 풀이한 책이지

점술을 치던 고대 죽간

만, 음과 양의 다양한 조합을 통해 만물의 이치를 밝히고 있다. 이와 별도로 오행 사상은 같은 서주 시대에 지어진 『홍범(洪範)』 속에 기술되었는데, 쇠·나무·물·불·흙(金木水火土)의 다섯 가지를 우주의 근본으로 여기고 이들의 조화를 통해 자연현상을 설명했다. 음양 사상과 오행 사상은 이처럼 자연현상을 설명하기 위한 수단으로서 각기 다르게 등장했지만, 이후 두 사상은 결합하여 자연뿐만 아니라 인간사를 해석하기 위한 사상적 도구로 발전했다.

이상과 같이 하늘을 공경하는 상제의 사상, 덕을 숭상하는 경덕(敬德)의 사상, 그리고 음양오행의 사상은 은과 주나라를 거치면서 발전하여 중국 철학의 중요한 초석이 되었다.

제자 백가의 등장과 중국 철학의 형성

본격적인 중국 철학의 발전은 혼란기인 춘추 전국 시대를 거치면서 이루어진다.

주나라는 북쪽의 유목민으로부터 침입을 받아 기원전 770년경에 도읍을 동쪽의 낙양으로 옮기고 '동주(東周)' 시대가 되었다. 도

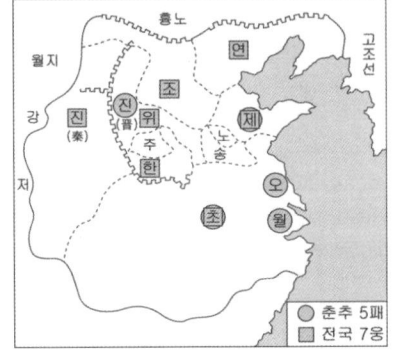
전국7웅과 춘추5패

읍을 옮기는 일은 그 자체가 왕권이 극도로 쇠약해졌다는 것을 뜻하는데, 이를 계기로 하여 제후들 간에는 치열한 세력 다툼이 벌어졌다. 각 제후들은 서로 주나라 왕실을 받들고 이민족을 물리친다는 명분을 내세우며 패권을 겨뤘는데, 이 가운데 특히 춘추 5패(齊·晉·楚·吳·越)가 두드러졌다. 이 시대가 춘추 전국 시대의 전기에 해당하는 춘추 시대(BC 770~403년)이다.

이어 전국 시대(BC 403~221년)에는 제후들 간에 싸움이 더욱 격화되고, 제후의 밑에 있던 가신들마저 제후를 몰아내는 하극상이 만연하면서 약육강식의 대혼란이 벌어졌다. 이 때 강국으로 성장한 나라는 전국 7웅(秦·楚·燕·齊·趙·魏·韓)으로, 이 전국 시대는 진시황에 의해 진나라로 통일될 때까지 계속된다.

중국의 본격적인 철학은 이러한 혼란기에 형성되었다. 동서고금을 통해서 철학이 크게 융성한 시기를 보면 대개 이와 같은 난세인 경우가 많다. 철학이란 시대에 대한 해석이나 미래에 대한 이상 추구, 통치를 위한 이념적 수단의 제공 등 절박한 필요에 의해 발전하는 경향이 있기 때문이다.

제자백가를 후원한 여불위

중국에서도 대혼란기를 맞아 다양한 사상이 등장했는데, 특히 전국 시대에는 각 제후들이 부국강병을 위해 서로 앞을 다투어 많은 인재들을 등용함으로써 각지의 학자들이 제후를 보좌하고 정치를 뒷받침할 수 있는 기회가 많이 보장되었다. 그리하여 철학과 윤리, 정치, 교육 등 모든 부문에서 다종다양한 사상들이 출현하여 꽃을 피우게 되었다. 이들 사상가들과 학파를 가리켜 제자 백가(諸子百家)라고 하며, 이들의 사상은 중국 철학의 모태가 되었다. '제자백가'에서 백가란 백 가지의 학파라는 뜻으로, 이들 중에서 주요한 것을 든다면 다음의 여섯 가지이다.

첫째, 유가(儒家)는 주 왕조 초기의 전통적인 제도를 높이 받들고 고전을 가르쳤으며, 예(禮)와 악(樂)을 행하는 데 전문적인 역할을 수행했다. 공자는 유가의 원조이며, 맹자, 순자 등도 이 학파에 속한다.

둘째, 묵가(墨家)는 유가와는 달리 주나라 전통에 대해 비판적인 입장을 취하면서 예와 악을 경시했으며, 대신 '겸애(兼愛)', 즉 '널리 사랑한다'는 사상을 폈다. 묵가의 창시자는 묵자이다.

진시황 시대에 축조하기 시작한 만리장성

　셋째, 도가(道家)는 '무위자연(無爲自然)'을 강조하고 자연 속에서 도를 깨칠 것을 강조했다. 노자는 도가의 창시자이며, 장자도 이에 속한다.
　넷째, 명가(名家)는 묵가의 논증법에 영향을 받아 생겨난 것으로서 특히 논리학을 강조하는데, 부정적인 뜻에서 궤변론자로 치부되기도 한다. 혜시, 공손룡 등은 이 학파의 대표적인 인물이다.
　다섯째, 음양가(陰陽家)는 사물의 이치를 음과 양이 서로 어우러지는 원리로 설명하는데, 음양의 이론은 오행설(五行說)과 결합하여 음양오행설로 발전한다. 이 사상은 점술로부터 시작하여 전래되면서 오래도록 발전했는데, 기원전 3세기의 추연이 그 대가로 알려진다.
　여섯째, 법가(法家)는 법과 형벌로 사회 질서를 바로잡아야 한다고 주장했다. 상앙, 이사, 한비자 등이 이에 속한다.
　이상의 철학 사상가들은 서로 영향을 주면서 독자적인 철학을 발전시켰는데, 그 중 유가가 중국 철학의 본류를 형성했고, 도가는 유가와 대응되는 방향에서 발전했다. 유가와 도가 사상은 중국뿐만

진시황릉의 병마용

아니라 동양 철학 전반에 커다란 영향력을 발휘했다.

중국 철학의 전개와 발전

　진시황에 의해 천하가 통일되고 강력한 중앙집권이 실시되면서 철학에도 다양성이 사라지고 국가의 필요에 의해 정형화되는 길을 걷는다. 그 계기가 된 것은 진시황이 '유학서적을 불태우고 유학자들을 생매장했다'는 분서갱유(焚書坑儒)로서, 이 사건으로 춘추 전국 시대에 등장한 수많은 철학은 강제로 매장되었으며, 법가만 살려서 진시황의 통치를 뒷받침하려 했다.

　그러나 진나라의 수명은 불과 15년으로 끝이 나고, 한나라 시대가 도래하면서 철학에서도 새로운 기운이 돋아났다. 한나라 시대에는 동중서라는 유학자가 당대의 이론가로 활약하면서 유가 철학을 복원시켰다. 동중서는 유학을 국가의 지도 이념으로 세우고, 역경·서경·시경·춘추·예기 등을 오경으로 지정하여 오경 박사를 두는 등 유학을 관학으로 끌어올렸다.

　그렇지만 당시에는 분서갱유의 영향으로 선대의 많은 고전이

정호　　　　　　정이

유실되어 선진(先秦) 시대의 고전을 찾아내고 이를 정리하는 작업이 중요한 과제가 되었다. 이러한 노력의 결과로 경전 서체의 정통성을 둘러싸고 '고문(古文)학파'와 '금문(今文)학파'가 서로 대립하여 논쟁이 벌어지기도 했다. 그 여파로 이후 중국 철학은 한나라와 당나라를 경과하면서 훈고학과 같은 경전의 자구 해석에 치우치는 학풍이 융성하게 되고 철학에서의 질적인 발전은 사실상 전무하다시피 했다. 그러한 사이에 위진 시대에는 도가 사상이 크게 유행하여 현학(玄學)이라는 철학이 등장했으며, 당나라 시대에는 불교가 융성했다.

중국 철학은 송나라 시대에 이르러 새로운 중흥기를 맞는데, 그 시대를 연 인물은 주희이다. 주희의 철학은 업적이 워낙 컸기 때문에 춘추 전국 시대 이후 주희가 등장할 때까지 천 년이 넘는 시대는 사실상 중국 철학의 공백기였다는 말조차 나올 정도이다. 주희의 철학은 유학을 질적으로 개선한 것으로서 그의 철학은 '성리학(性理學)' 내지는 '주자학(朱子學)'으로 일컬어진다.

주희의 철학은 유학의 새로운 흐름인 신유학에 해당하는데, 그

육구연　　　　　왕수인

는 신유학의 기초가 된 주돈이의 '태극' 사상 및 정호, 정이 등의 세계관에 영향을 받아 독자적인 철학을 집대성하여 발전시켰다. 그리하여 주희는 기존의 유학이 도덕 실천을 앞세웠던 것과는 달리, 이기론(理氣論)의 세계관을 통해 인간의 본성을 파헤치고 이를 바탕으로 도덕 규범을 설명해나갔다. 주희가 완성한 성리학은 방대한 체계를 형성하여 많은 후학을 거느렸고, 국가에서도 정통 유학으로 공인하고 장려되어 근세에까지 절대적인 권위를 누렸다.

한편 주희의 성리학과 비슷한 시대에 등장하여 또다른 신유학의 흐름을 형성한 것으로는 육구연과 왕수인으로 이어지면서 발전한 양명학이 있다. 양명학은 주희의 성리학과 반대의 입장에 서서 '마음'을 중시하였는데, 이 학문도 독자적인 발전을 거듭했다가 청나라 시대에 융성했다.

그러면 중국 철학에서 중요한 인물의 사상 세계로 들어가 보기로 하자.

21

공자

孔子, B.C. 551~479

인간다워지는 것이 가장 중요한 윤리다

중국 역사에서 가장 혼란한 시대인 춘추 전국 시대의 와중에 한 유생이 있었다. 출신은 귀족이라고는 하나 난세에 쫓기어 몰락한 집안이었고 게다가 가난했다. 이 유생은 어린 시절에 아버지가 세상을 떠나서 실의에 빠질 법도 했지만, 공부하기를 좋아하였고 예법에 따라 행실을 가다듬으니 주위에 사람들이 따랐다. 이 유생은 종교도 사상도 새로이 만든 것도 없었고 정치적으로도 실패한 인생이었건만, 그의 말 한마디 한마디는 주위에 감화를 주었고, 제자들은 일상생활과 인생에서 사표로 삼았다. 그리고 2천5백년이나 지난 오늘날까지 동양 세계에서 태산처럼 우뚝하게 스승으로 자리를 지키고 있으니, 그는 바로 공자이다.

공자의 본 이름은 구(丘)이며, 자는 중니(仲尼)이다. 자는 성인식 후에 부르는 이름이다. 그를 '공자'라고 부르는 것은 성씨인 '공(孔)'에다 위대한 성인을 칭송한다는 뜻에서 '자(子)'자를 붙인 것이다.

그는 오늘날 산동 성에 해당하는 노(魯)나라에서 태어났다.

공자는 세 살 때 아버지를 여읜 까닭에 홀어머니 밑에서 교육을 받으며 성장했다. 공자는 어려서부터 공부하기를 좋아해서 15세가 되었을 때 그는 자신의 삶의 방향을 학문에 두기로 작정했다. 이후 그의 삶은 다음과 같은 『논어』의 유명한 대목 속에 집약되어 있다.

"나는 15세에 학문에 뜻을 두었고, 30세에 모든 기초를 세웠고, 40세에 분별 있게 행동을 할 수 있었고, 50세에 하늘의 뜻을 알았고, 60세에 남의 말을 순순히 받아들일 수 있게 되었고, 70세가 되어 뜻한 바대로 행동하여도 도에 어긋남이 없었다[吾十有五而志于學, 三十而立, 四十而不惑, 五十而知天命, 六十而耳順, 七十而從心所慾, 不踰矩]."

공자가 술회한 자신의 성장과정은 그가 진리를 터득해간 과정이자 인간적인 성숙 단계이기도 하다.

그러나 공자의 성장과정은 결코 순탄치가 않았다. 무엇보다도 아버지가 없는 상태에서 생활의 전부를 공부에 바칠 수가 없었던 것이다. 그래서 그는 고향에서 곡물창고를 지키는 일과 목장을 관리하는 일을 했는데, 비록 보잘것없는 직책이었지만 그래도 당시에는 작은 벼슬에 해당하는 것이었다.

공자는 24세가 되어 어머니를 여의었다. 이에 그는 상주 노릇을 하기 위해 관직에서 물러나 3년간 복상했다. 복상 후 그는 학문에만 전념하였는데, 이 무렵 그의 학문적 식견은 이미 높은 수준에 올라 가히 주변으로부터 스승으로 떠받들어지기에 족했다.

그래서 노나라의 3대 귀족의 하나로 꼽히던 맹희자는 그가 죽으면서 두 아들을 공자에게 맡겨서 학문을 배우도록 당부했는데, 이때 공자의 나이는 33세였다. 이런 인연으로 공자는 그 두 아들의 도움을 받아 주나라의 수도인 낙양을 방문하여 주나라 왕실의 유적들을 둘러보고 그 뛰어났던 문물을 직접 눈으로 확인할 수 있는 기회를 갖기도 했다. 당시 주나라의 낙양은 문화와 문물의 본고장으로서 누구나가 가보고 싶어하는 마음의 고향이었다.

낙양에서 돌아와서 후진에 대한 교육에 힘쓰는 동안 공자의 명성은 날로 높아졌다. 그러나 학문에 정진하고자 하는 생활은 34세 되던 해에 노나라에서 정변이 일어나 굴곡을 겪었으며, 이후 공자의 인생 역정은 시대적인 격랑 속에서 파란만장해진다. 그는 왕권이 없는 혼란 상태의 노나라를 떠나 제(齊)나라로 건너갔다. 제나라의 경공은 학식이 뛰어난 공자를 맞아 등용하려고 했으나, 반대파에 의해 실현되지 않았다. 이에 실망한 공자는 3년만에 노나라로 되돌아왔다.

50세가 되었을 때 공자는 왕권이 쇠약해진 노나라의 치안을 담당하는 공직을 맡았다. 1년쯤 이 일을 수행하여 치안질서를 잡는데 성공하자, 다시 그는 사법부의 총수인 대사구(大司寇)에 임명되었다. 그러나 공자는 노나라 왕의 방탕한 생활에 실망하고 곧 그 직책을 그만두었다.

노나라에서 자신의 정치적 이상을 실현하는 것이 어렵다고 판단한 공자는 55세가 되어 다른 나라를 찾아 나섰다. 이때 공자는 몇 명의 제자만을 대동하고 14년간이나 위·진·송·초 등 여러 나라를 돌아다녔는데, 어디에서도 그 뜻을 이루지는 못했다.

67세가 되어 공자는 노나라 왕의 부름으로 돌아왔지만 그를 시기하는 관료들 때문에 이 또한 좌절을 겪었다. 이듬해에는 하나뿐인 아들을 잃었고, 2년 후에는 가장 총애하는 제자 안연을 잃어 실의에 잠겼다. 쓸쓸한 나날을 학문과 교육에 힘쓰며 마음을 달래던 공자는 73세로 세상을 떠났다. 공자는 많은 제자를 거느렸는데, 그 수는 3천 명에 달했다. 공자의 사상은 제자들이 그의 언행을 모아서 기록한 『논어』에 잘 드러나 있다.

유가의 기원과 공자

유교 또는 유학은 종교가 아니라 사상이다. 유학이라고 하면 학문의 일종이라는 의미를 가지며, 유교하고 하면 가르침을 강조하는 경향이 있는데, 중국의 여러 사상과 구분하여 일컬을 때에는 유가사상이라고도 한다. 이때의 '유가'는 유학을 신봉하는 학자 집단을 뜻한다.

하여튼 유교 또는 유학, 유가사상은 공자가 창시했다고 하는데, 그가 전적으로 새롭게 사상을 만든 것은 아니다. 이 점은 공자가 "자신은 기술할 뿐이지 무엇을 만들지는 않았다[述而不作]."고 말한 데서도 알 수 있다. 그런데도 공자가 유가의 시조로 받들어지는 까닭은 그가 당시의 학문을 집대성하여 체계를 세웠으며, 또한 내용을 새롭게 해석하였고, 수많은 제자들이 그의 가르침을 따랐기 때문이다.

중국에는 공자 이전부터 여러 고전들이 전래되어 왔다. 대표적인 고전으로는 '6경(六經)'이 있는데, 역(易)·시(詩)·서(書)·예(禮)·악(樂)·춘추(春秋) 등이 그것이다. 이 가운데 특히 『역경』, 『시경』, 『서경』에 대해서는 '3경'이라고도 부른다. 이러한 경전들은 주나라에서 귀족 교육의 기본이 되었던 것이다.

6경에 대해서 사람들은 공자가 일부를 직접 저술했다고 하기도 하고, 일부에 대해서는 주석이나 편찬을 했다고도 하나, 이에 대한 근거는 희박하다. 다만 그가 주나라의 고전에 대한 해박한 지식을 바탕으로 고전들을 연구 정리하여 6경을 유학의 대표적인 경전으로 자리를 매긴 역할을 한 것은 분명하다. 공자 이후에는 『논어』, 『맹자』, 『대학』, 『중용』 등 4서가 유학의 주요 경전으로 추가되었다.

주나라의 세력이 약화되고 춘추 시대의 혼란기로 접어들면서 귀족 교육을 담당한 교사들이나 고전에 조예가 깊은 귀족들은 민간으로 흩어지게 되었다. 그리고 이들은 주나라 전통의 학문과 예의범절을 각지에서 지도했다. 이들을 가리켜서 유자(儒者)라고 부른다. 유교 또는 유학에서 말하는 '유(儒)'란 고대의 경전을 가르치고, 관혼상제에서 예(禮)를 지도하는 교사를 지칭하는 것이다.

공자는 이와 같은 시대적 상황에서 활동한 유자들 가운데 한 사람이었지만, 그 중에서도 가장 탁월한 교사였다. 공자는 당대의 모든 고전에 통달하였을 뿐만 아니라 자기 나름대로의 독특한 해석을 붙였으며, 그의 가르침은 많은 제자들에게 전수되고 발전되어 하나의 사상적 흐름을 형성했다.

인간다워지는 것이 곧 가장 중요한 윤리이다

공자는 춘추 시대의 혼란기를 겪으면서 이러한 혼란의 원인은 인륜의 도가 상실된 데에 있다고 보고, 도덕을 올바로 세워야 한다고 주장했다. 그리하여 공자는 인간이 모름지기 추구해야 할 궁극적인 윤리 덕목이 무엇인가를 궁리한 결과, 가장 중요한 덕목은 인(仁)이라고 보았다. 인은 그의 윤리 사상과 정치, 교육 등 모든 부문에서 가장 중심이 되는 개념이다.

그러면 '인'이란 과연 무엇인가? "인이란 곧 인간다움을 뜻한다[仁者人也]."고 공자는 말한다. 지극히 평범한 이 한마디 속에 함축된 인간다움이란 또 어떠한 것인가? 공자는 인을 실현하는 주체는 다름 아닌 바로 '나'이며, 나와 가까운 곳에서부터 실현해 간다고 말한다. 따라서 인의 근본은 부모에 대한 공경[孝]과 형제에 대한 우애[悌]이다.

개인의 덕으로는 '인' 외에 '의(義)'가 있다. '의'란 어떠한 이유에서건 무조건적으로 해야 하는 당위적인 덕목이다. 이 말은 자신에게 이로운 것을 위한다는 '이(利)'와 반대되는 개념이다. 공자는 의와 이를 구별하여 이렇게 말한다.

"군자는 의를 이해하고 소인은 이를 이해한다."

당위적인 의무는 결국 남을 사랑하기 위한 것이며, 그것은 바로 인이다. 사람을 참으로 사랑하는 사람만이 진정으로 사회에서 자신의 의무를 다할 수 있는 것이다.

공자는 또 다음과 같이 말한다.

"내가 원치 않는 일을 남에게 베풀지 말라[己所不欲 勿施於人]."

"인이란 자기가 서고자 하는 곳에 남을 세우고, 자기가 이루고자 하는 일을 남이 이루게 하는 것이다. 이처럼 자기 자신에 비유를

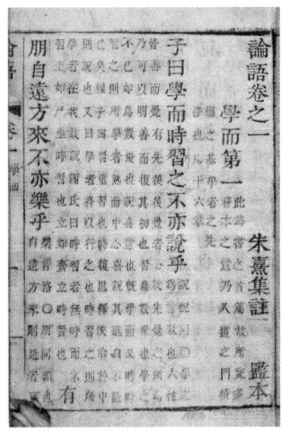

논어

들어 생각하는 것이 인의 방법이다."

이처럼 인의 실천은 곧 자신을 내세우는 것이 아니라 남에 대한 철저한 배려이다. 이것은 내가 원하는 것을 남에게 베푸는 적극적인 측면과, 내가 원치 않는 것을 남에게 베풀지 않는 소극적인 측면으로 나누어 볼 수 있다. 여기서 적극적인 측면은 '충(忠)'이며, 소극적인 측면은 '서(恕)'이다. 이렇게 타인에 대해서 인을 실천하는 자세를 가리켜 '충서의 원리'라고 한다.

정치란 이름과 실제가 일치하도록 해야 한다.

공자가 살던 시대는 주왕조가 몰락하면서 사회가 극도로 혼란에 빠진 사회였다. 그래서 공자는 올바른 정치란 무엇이어야 하는가에 대해 깊이 생각했다. 그 결과 그는 정치에서 가장 기본이 되는 것은 각자의 본분을 다하는 것이라고 말한다.

바로 "임금은 임금답게, 신하는 신하답게, 아버지는 아버지답게, 자식은 자식답게 행동하는 것이다[君君 臣臣 父父 子子]."

각자의 본분을 다하는 것은 그 이름에 걸맞은 행동을 하는 것이다.

공자의 한 제자가 나라를 다스리는 데 가장 먼저 해야 할 일이 무엇이냐고 묻자, 공자는 이렇게 대답했다.

"그것은 반드시 이름을 바로 잡는 것이다[必也 正名乎]."

이것을 가리켜 정명론(正名論)이라고 한다. 곧 자기의 이름에 부끄럼이 없도록 자기의 본분을 다하는 것으로서, 공자는 이러한 이념이 정치의 기본 이념이라고 했다. 이름에 맞는 행동을 해야 한다는 공자의 사상은 혼란기에 저마다 대의명분을 내걸고 전쟁을 하던 춘추 전국 시대의 시대상에서 비롯되었다고 할 것이다. 그렇지만 한편에서는 신분질서에 따른 직분을 지키도록 하는 도구적인 이념으로서도 큰 영향력을 발휘했다.

덕으로 지도하고 예로써 다스린다

공자는 나라를 다스리는 데 있어 덕(德)을 강조한다. "덕으로써 정치하는 것은 뭇별들이 북극성을 중심으로 도는 것과 같다."고 했다.

또 덕을 바탕으로 정치를 하는 것은 법으로 통치하는 것보다 우월한 것이라고 하면서 이렇게 말한다.

"나라를 법으로써 이끌고 형벌로써 다스리면 백성들은 법망을 빠져나가는 것을 수치로 여기지 않는다. 그러나 덕으로써 지도하고 예로써 다스리면 백성들은 부정을 수치로 여기고 바른 길로 나아간다."

공자는 또 정치를 예(禮)로 할 것을 주장한다. 예란 사회적 규범이지만 개인의 행동 양식이기도 하다. 공자는 인간의 사사로운 욕망은 예로 조절되어야 사회적으로 조화를 이룬다고 말한다. 예는 인을 실현하기 위한 수단이다. 그래서 공자는 "자신의 본성을 이기고 '예'로 돌아가는 것이 '인'이다[克己復禮仁]."라고 말한다.

공자가 정치를 예로 해야 한다고 주장하는 것은 결국 정치란 '인'을 구현하기 위한 수단이라는 뜻이다. 인이란 남을 사랑하기 위해 자신의 본분을 다하는 것이며, 이를 바탕으로 정치를 한다는 것은 다름 아닌 공자의 '수신 제가 치국 평천하(修身齊家治國平天下)'의 사상인 것이다.

공자 사상이 남긴 유산

공자의 철학은 가르침으로서, 인간사에 대해 언급하지 않은 바가 없다. 그러나 그의 철학은 논리적인 체계나 형이상학적인 문제에 대한 언급은 없다. 제자 자로가 영혼과 죽음에 대해 묻자 그는 "삶이 무엇인지도 알지 못하거늘 어찌 죽음의 문제에 대해 논하겠느냐?"하고 반문했다. 그만큼 공자의 철학은 현실적이다. 공자에게는 난세를 구하고 인간다운 세상을 만들어야 한다는 절박한 과제가 시급했던 것이다.

공자의 철학은 그의 제자들에게 계승되면서 더욱 발전되고 내용도 풍부해진다. 그러나 수많은 제자와 후학들은 그들의 철학적 근거를 공자의 언행에서 찾으려 한다. 그래서 유가사상에서는 어디까지가 공자의 몫이고, 어디까지가 후대의 몫인지를 분간하기 어렵

공자묘

다. 공자가 유가사상의 시조이면서 전체라고 해도 과언이 아니다.

공자의 철학은 제자 백가 중 하나이지만 한나라 이후 국교로 정착되면서 강력한 영향력을 행사하기 시작했다. 그리고 공자 이후 2천5백년이나 지난 오늘날까지 중국뿐만 아니라 동양 세계에서 지배적인 사상으로 자리를 지키며 서양의 문화와 구별되는 동양 사상의 근간을 형성해 오고 있다. 동서양을 통틀어서 공자만큼 광범위하게 일상사에까지 행동 규범과 가치관을 형성해온 사상가도 없을 것이다. 그래서 그의 철학은 종교와도 같은 반열에 올라 있는 것이다.

22
맹자

孟子, B.C. 372~289

인간의 본성은 선하다

맹자는 공자가 토대를 만든 유교를 이어받아 이론 체계를 발전시키고 초보적으로 완성한 철학자이다. 공자가 인(仁)과 예(禮)의 이념을 정립하여 유교의 기본을 세웠다면, 맹자는 성선설을 바탕으로 유교의 이념을 보충하고 발전시켰다.

맹자는 공자가 죽고 난 뒤 약 100년이 지나서 전국 시대의 대혼란기에 태어났다. 태어난 곳은 오늘날 산둥 성의 추현 지방이며, 집안은 노나라 귀족인 맹손(孟孫) 씨의 집안이다. 맹자의 이름은 가(軻)이다.

맹자는 공자와 마찬가지로 어린 나이인 네 살 때 아버지를 여의었다. 그래서 홀어머니 밑에서 자랐는데, 그의 어머니는 맹자의 교육에 남다른 열성을 쏟았다. 맹자의 교육 환경을 위해 맹자의 어머니가 어려서 세 번이나 이사를 했다는 이야기는 유명하다.

학교에서 몇 년을 공부한 후 맹자는 공자의 손자인 자사의 문하에 들어가서 수학했다. 맹자는 그곳에서 공자의 사상을 배우면서 공자와 같은 성인이 되고자 목표를 삼고 노력했다.

경서를 통달한 맹자는 고향으로 돌아와 제자들을 모아서 가르쳤다. 그러던 중 전쟁과 흉년이 겹쳐 세상이 어지러워지고, 공자의 사상에 반대하는 여러 가지 사상들이 기세를 올리자, 이를 타파하고 자신의 정치적 이상을 실현시키기 위해 유랑의 길을 떠났다. 그것은 공자의 행적과도 흡사한 것이었다.

40세에 추나라의 객경(客卿)이 되었다가, 이후 제나라, 송나라, 등나라를 거쳐 53세에 양나라로 갔다. 양나라의 혜왕은 전란 속에서 나라를 지키기 위해 각처에서 뛰어난 인재들을 모으고 있었다. 이에 맹자가 양나라를 찾아가자 혜왕은 크게 기뻐하며 환영했다.

그러나 양나라에 도착한 맹자는 바로 낙심했다. 혜왕은 "나라에 이익이 되는 것이 무엇입니까?"고 물었는데, 맹자에게는 이익이라는 것은 중요한 것이 아니었던 것이다. 맹자는 이렇게 대답했다.

"왕께서는 왜 이익을 말씀하십니까? 이 세상에는 인(仁)과 의(義)만이 필요합니다." "왕께서 내 나라의 이익만을 생각하면 신하나 백성들도 자기 집의 이익만을 생각합니다. 그러면 결국 서로가 이익을 취하기 위해 싸우게 되고, 나라는 위태로워질 것입니다."

맹자는 혜왕에게 백성들의 의식주를 해결하고 도덕으로 선정을 베풀라고 역설하였으나 약육강식의 시대에 혜왕은 귀담아듣지 않았다. 혜왕이 죽고 양왕이 뒤를 이었으나 맹자는 양왕이 인물이 못 된다고 생각하고 양나라를 떠나 제나라로 갔다.

제나라의 선왕은 유능한 군주로서 인재들에게 문호를 개방하여 수많은 학자들이 그의 조정에 모여들었다. 선왕은 일찍이 맹자의 명성을 듣고 그를 반겨 맞이하고 왕의 거처에 묵게 했다. 맹자는 선왕에게 강론을 폈으나 맹자의 이상적인 이론은 선왕에게도 관철되지 못하여 결국 제나라를 떠났다.

26년간에 걸친 긴 여로를 마치고 맹자는 늘그막에서야 노나라 고향으로 돌아왔다. 때는 기원전 307년, 그의 나이 65세가 되어서였다. 고향에 돌아온 맹자는 다시 후진 교육에 힘쓰면서 자신의 사상을 정리하여 『맹자』를 저술했다. 그리고 기원전 289년에 맹자는 83세의 나이로 그의 고향에서 세상을 떠났다.

인간의 본성은 선하다

공자는 인의 실천을 강조했는데, 왜 사람이 인을 목표로 삼고 실천해야 하는가에 대해서는 근원적인 설명을 하지는 않았다. 이에 맹자는 성선설(性善說)을 주장하여 인간의 본성에서부터 실천의 원리를 마련하려 했다.

인간의 본성이 선한가 악한가 하는 문제는 중국 철학에서 매우 중요하고도 오래된 논쟁이다. 맹자의 성선설은 이와 관련한 당시의 논쟁 과정에서 체계화된 것이다.

맹자가 살던 시절에 인간의 본성에 대한 이론으로 세 가지가 있었다. 첫째, 인간의 본성은 선하지도 악하지도 않다는 설, 둘째, 인간의 본성은 선해질 수도 있고 악해질 수도 있다는 설, 셋째, 어떤 사람들의 본성은 선하지만 다른 사람들의 본성은 악하다는 설 등이다.

이 중 첫째의 입장은 고자(告子)의 견해이다. 고자는 맹자와 같은 시대에 살았던 사상가로 맹자는 그와 오래도록 논쟁을 벌였다. 고자는 맹자에 대해 이렇게 공격한다.

"사람의 본성은 버드나무와 같고, 의(義)는 버드나무로 만든 그릇과 같다. 인간의 본성이 인의(仁義)를 행하게 하는 것은 마치 버드나무로 그릇을 만드는 것과 같다."

"사람의 본성은 소용돌이치는 물과 같아서 동쪽으로 터놓으면 동쪽으로 흐르고, 서쪽으로 터놓으면 서쪽으로 흐를 것이니, 사람의 본성이 착하고 착하지 아니함에 구분이 없는 것은 마치 물이 동쪽과 서쪽의 구분이 없는 것과 같다."

고자는 버드나무나 물은 본래 본성이 없음을 강조한 것이다. 이에 대해 맹자는 이렇게 대꾸한다.

"그대는 버드나무의 성품을 따라서 그릇을 만드는가, 아니면 버드나무의 본성을 해친 뒤에 그릇을 만드는가? 만일 버드나무의 본성을 해친 뒤에 그릇을 만든다면, 또한 인간의 본성을 해친 뒤에 인의(仁義)를 행하게 하겠다는 말인가? 세상의 모든 사람들을 이끌어 인의를 해치는 것은 바로 그대의 말일 것이다."

"물은 진실로 동쪽과 서쪽의 구분은 없지만 위와 아래의 구분도 없는가? 인간 본성의 착함은 물이 아래로 흐름과 같다. 사람은 악한 사람이 없고, 물은 낮은 데로 흘러가지 않는 것이 없다."

인간의 본성이 본래부터 있는 것은 아니라는 것이 고자의 생각이고, 맹자는 인간에는 본래의 본성이 성품이 있으며 그것은 선하다는 것이다.

고자는 인간의 생리적인 욕망이 곧 본성이라고 주장한다. 식욕이나 색욕은 대표적인 본성으로서, 이 같은 생리적 본성에 대해 선하다든지 악하다든지 할 수는 없다고 말한다. 이러한 인간에 대해 '인의'의 도덕적 덕목을 심어서 인성을 바꾸는 것은 어디까지나 후천적인 교육을 통해서라고 말한다.

이에 대해 맹자는 인간의 본성에는 인의를 행할 수 있는 본래의 덕성이 있다고 말한다. 이러한 본성은 선한 것으로서, 본성에 내재한 '인의'의 덕성을 잘 간직하고 키워서 꽃을 피울 때 성인 군자가 된다고 주장한다. 맹자는 고자가 말하는 동물적인 본능을 인간의 본성으로 보지 않고, 인간만이 독특하게 가지고 있는 '인의'의 덕성이 진정한 인간의 본성이라고 보았다는 점에서 고자와 관점에서 차

『맹자』

이를 보인다.

그렇기 때문에 맹자의 성선설이 모든 인간은 성인처럼 선하다는 주장은 아니라는 점을 명심할 필요가 있다.

도덕성을 발현하는 네 가지 단초

맹자의 성선설을 보다 정확하게 이해하기 위해서는 4단(四端)에 관한 이론을 이해할 필요가 있다. 맹자는 이렇게 말한다.

"사람은 누구나 남을 동정하는 마음을 가지고 있다. 이제 어린아이가 우물에 빠지는 것을 보면 누구나 측은한 마음을 갖게 된다. 이것으로 보아 측은한 마음은 누구나 똑같이 갖고 있다. 이같이 측은해 하는 마음, 부끄러워하고 미워하는 마음, 사양하는 마음, 옳고 그름을 가리는 마음이 없으면 사람이라 할 수 없다.

측은해 하는 마음[惻隱之心]은 인의 단초요[仁之端], 부끄러워하고 미워하는 마음[羞惡之心]은 의의 단초요[義之端], 사양하는 마음[辭讓之心]은 예의 단초[禮之端]요, 옳고 그름을 가리는 마음[是非之心]은 지의 단초[智之端]이다. 사람이 이 4단을 가지는 것은 마치 사람이 사지를 가지고 있는 것과 같다. 사람들은 4단을 자기 안에 가지고 있기 때문에 이것을 발현시킬 줄 안다. 그것은 마치 불이 타서 번져나가고 샘물이 솟아서 흘러나가는 것과 같다. 인간이 이것을 잘 발현시키면 세상을 안정시킬 수 있지만, 그렇지 못하면 부모도 제대로 섬기지 못한다."

인간은 누구나 태어나면서 이 4단을 가지고 있으며, 4단이 충분히 발현될 때 인·의·예·지의 네 덕이 된다고 말한다. 맹자가 강조하는 '인의'란 다름 아닌 인·의·예·지의 네 덕을 줄인 것이다.

그런데도 세상에는 모두 선한 사람만 있지 않고 악한 사람이나 혼란은 왜 생겨나는가? 악은 사사로운 이익에서 비롯된다. 자연을 개인이 자신의 이익을 위해 마구 훼손하면 망가지듯이, 본래 선한 인간의 본성도 사사로운 이익에 빠지면 본성이 발현되지 못하는 것이다. 여기에서 본성에 없던 악이 나타나고 혼란이 생겨나는 것이다.

4단을 잘 지키고 싹을 틔워서 인·의·예·지의 덕을 갖추면 성인이나 군자와 같은 대인이 되지만, 그렇지 않고 4단을 내버리면 소인이 된다. 맹자는 매일 올바른 일을 행하여 호연지기(浩然之氣)를 길러서 대인이 되어야 한다고 주장한다. 호연지기란 대장부의 기상으로서 대의에 따라 행동하는 올바르고 의로운 기상이라 할 수 있다.

인륜과 왕도정치

맹자는 인간의 본성을 말하면서 짐승과 구별되는, 인간만이 가지고 있는 덕성을 강조했다. 그는 인간이 배불리 먹고 편안히 생활하면서 교육을 받지 않으면 짐승과 다를 바 없다고 말하면서, 인간이면 모름지기 반드시 따라야 할 인륜이 있다고 주장했다. 그 인륜이란 부자유친(父子有親), 군신유의(君臣有義), 부부유별(夫婦有別), 장유유서(長幼有序), 붕우유신(朋友有信) 등이다.

그런데 맹자에 따르면, 이 인륜은 바로 국가와 사회 속에서 실현된다고 한다. 인륜과 국가의 관계, 이것이 맹자 정치사상의 요체라고 할 수 있다.

　인륜을 실현시키는 국가는 당연히 도덕적 제도여야 하며, 국가의 통치자 역시 도덕적인 지도자여야 한다. 그래서 참다운 왕은 반드시 성인이어야 한다. 그는 그 이상적인 모습을 요순 시절에서 찾았다. 옛날에 요(堯) 임금은 성인이었다. 그는 늙자 성인인 순(舜)을 뽑아서 그에게 왕의 도리를 가르쳤고, 요가 죽자 순이 왕위를 이었다. 그리고 순 역시 마찬가지로 역시 성인인 우(禹)를 뽑아서 그의 뒤를 잇게 했다. 전설 속의 이 시절은 백성이 가장 살기 좋던 시절로 전해 내려오거니와, 맹자는 이 때에 이상적인 정치가 가능했던 것은 그 왕들이 성인이었기 때문이라고 믿은 것이다.

　이와 같이 성인이 왕이 되면, 그 정치는 왕도정치(王道政治)가 된다. 왕도정치는 도덕적인 교화를 통해서 백성의 행복을 위해 최선을 다하는 정치이다. 그런데 현실의 정치를 보면 왕이 도덕으로 정치를 하지 않고 힘과 권력만으로 정치를 하는 경우가 많이 있는데, 이러한 정치는 왕도정치와 구별하여 패도정치(覇道政治)라고 한다. 맹자는 '왕'과 '패'를 구별하여 이렇게 말한다.

　"인(仁) 대신 힘을 사용하는 자는 패(覇)이다. 덕(德)으로 인을 행하는 자는 왕이다. 힘으로 사람을 복종시키는 것은 마음으로 복종하는 것이 아니라 힘이 모자라서 복종하는 것이다. 덕으로 사람을 복종시키는 것은 마음이 기쁘기 때문이며, 그것이 참된 복종이다. 그것은 마치 공자의 70제자들이 공자에 복종한 것과 같다."

　맹자는 왕이 훌륭한 지도자로서 역할을 하지 않을 때, 그 왕은 더 이상 군주라 할 수 없다고 말한다. 그러한 군주는 백성이 바꿔야 한다고 주장한다. 이것이 맹자의 '역성혁명(易姓革命)'의 이론이다. 역성이란 성이 바뀐다는 뜻으로 곧, 왕조의 교체를 의미한다.

맹자가 혁명론을 주장한 것은 왕의 자격을 말한 그의 견해 속에서 충분히 헤아릴 수 있는데, 그 근본 정신은, 정치란 철저히 백성을 위한 것이어야 한다는 사상이다. 맹자는 "백성이 귀하며, 국가는 그 다음이며, 군주는 가볍다."라고 말한 것이다.

또 맹자는 왕이 자신의 욕망을 알듯이 백성의 욕망을 이해하고, 그럼으로써 백성의 욕망을 충족시키도록 하는 것이 바로 '왕도'라고 말한다. 이것은 바로 공자의 "자기가 바라는 바를 남에게 베풀라."는 충서(忠恕)의 사상과 일치하는 것으로서, 여기서 맹자의 정치사상이 공자의 사상을 창조적으로 발전시켰다는 것을 알게 된다.

맹자묘

유교 사상의 이상주의적인 발전

맹자가 활동하던 시기는 공자의 많은 제자들이 각지로 흩어져서 공자의 사상이 가지런히 정리되지 못한 상황이었다. 그런 가운데 양주(楊朱)나 묵자(墨子)의 사상과 같은 여러 학문은 기세를 올리고 있어서, 공자의 사상은 위기에 처하게 되었다. 이 같은 상황에서 맹자는 이러한 사상가들과 강력한 논전을 벌임으로써 공자의 사상을 보전하고 발전시켜 나갔다.

양주의 사상은 '자신을 사랑하라'는 자애설(自愛說), 묵자의 사상은 '널리 사랑하라'는 겸애설(兼愛說)로 요약되는데, 이들에 대해 맹자는 이렇게 말한다.

"양자와 묵자의 주장이 천하에 퍼지고 있다. 양자의 자애설은 임금의 권리를 배제한 것이고, 묵자의 겸애설은 부모의 입장을 고려하지 않은 것이다. 어버이와 임금을 무시하는 것은 인간을 짐승으로 취급하는 것이다.

만일 양자와 묵자의 주장을 막지 못하고 공자의 가르침을 장려하지 못하면 백성들은 혼란에 빠지고 '인의'는 사라진다. 사악한 학문을 저지하지 못하면 짐승이 사람을 잡고, 사람이 사람을 잡아 결국 멸망하게 된다."

이처럼 맹자는 공자의 충실한 제자이기를 자처하면서 필사적으로 공자의 사상을 옹호하려 했다. 그러한 가운데 맹자의 독창적인 사상도 발전하여 유학이 중국에서 중심적인 사상으로 자리잡게 되었다.

맹자의 사상은 이상주의에 치우쳤다는 특징이 있다. 전쟁과 하극상이 끊이지 않는 시대를 살면서도 성선설을 주장한 것은 이상주의의 예라 하겠으며, 그의 왕도정치 사상도 이상주의의 발로라 할 수 있다. 그는 한편 백성을 위한 정치를 강조하고 역성혁명론을 통해 폭군을 물리침으로써 그의 이상주의가 현실에 뿌리를 내리도록 뒷받침했다.

23

순자

荀子, B.C. 298~238

인간의 본성은 악하다

공자에 의해 시발된 유교는 맹자에 의해 더욱 세련되어졌는데, 순자는 맹자의 철학을 비판하면서 새로운 방향으로 발전시켰다. 순자는 공자, 맹자와 더불어 유가의 3대 철학자로 손꼽힌다. 그러나 그의 철학은 맹자에 대항하여 '성악설'을 주장함으로써 공자, 맹자의 이상주의적인 유학의 전통에서는 이단시되었다.

순자는 기원전 298년에 오늘날 산시 성에 해당하는 조(趙)나라에서 태어났으며, 이름은 황(況)이다.

순자의 어린 시절에 대해서는 기록이 거의 없는 편이나, 고향에서 공부를 하여 15세가 되었을 무렵 수재로 일컬어졌다고 한다. 그리고 50세가 되었을 때 제나라로 유학을 가서 그곳에서 명성을 크게 떨친 것으로 전해지고 있다.

당시 제나라의 수도인 직하라는 곳에는 왕의 보호 아래 수많은 학자들이 모여 학문을 토론하고 연마하고 있었다. 그래서 그곳에는 묵가, 도가, 법가, 명가 등 온갖 학문이 모여들어 치열한 논쟁을 벌이며 번창하고 있었다. 순자도 젊은 시절에 그곳으로 가고 싶어했으나 조나라가 제나라와 적대적인 사이였기 때문에 뜻을 이루지 못하다가 민왕 말년쯤에야 제나라로 갈 수 있었다. 제나라로 건너간 순자는 직하 최대의 사상가가 되었다.

민왕이 죽자 직하의 학자들은 사방으로 흩어졌으나 다시 양왕이 학자들을 모아 학문의 부흥을 꾀했다. 양왕은 순자를 가장 고매한 스승으로 받들고 좨주(祭酒)라는 높은 벼슬을 주었다. 좨주는 학교 행정을 담당하는 직책인데, 순자는 이 직책을 세 번 역임했다. 이런 덕택에 순자는 상고 시대 이래의 다종다양한 학풍을 두루 섭렵하여 자신의 철학을 발전시킬 수 있었다.

그러던 중 순자는 모함을 받아 제나라를 떠나 초나라로 갔다. 이때 초나라의 재상이었던 춘신군은 순자를 맞아 난릉의 수령으로 임명했다. 그 뒤 춘신군이 암살되자 순자는 난릉 수령의 자리를 내놓았다. 이를 계기로 순자는 관직에서 은퇴하여 난릉에서 살면서 저술 활동에 전념하다가 60세의 일기로 세상을 떠났다. 그는『순자』32편을 남겼으며, 이 책은 매우 논리정연한 것으로 평가받는다.

자연은 신비스런 것이 아니다.

　순자의 철학을 이해하기 위해서는 그의 자연관을 먼저 살펴볼 필요가 있다. 고대 이래 중국에서는 하늘을 공경해 왔다. 공자와 맹자의 철학에서 자연[天]이란 '최고의 선(善)'이며, 인간이라면 모름지기 본받아야 할 가치 규범의 근본이었다. 그래서 맹자는 성인이 되기 위해서는 하늘을 알아야 한다고 말했던 것이다.

　그러나 순자는 이러한 태도를 버린다. 순자에게 자연이란 신비스러운 것이 아니다. 하늘은 어디까지나 자연으로서의 하늘일 뿐이며, 선악과 길흉화복(吉凶禍福)의 문제는 인간의 문제일 뿐이다. 인간은 하늘에 지배받는 것이 아니라 자연의 법칙을 이용하는 것이다.

　별은 돌고, 해와 달은 비추고, 네 계절이 바뀌고, 음양이 만물을 변화시키고, 바람과 비가 내리고, 만물은 각기 조화를 얻어 생성한다. 이것이 자연의 법칙이며, 인간은 이것을 터득하고 이용한다.

　순자는 그래서 "하늘을 높이 공경하는 것보다는 물건을 비축하고 이것을 잘 이용하는 것이 바람직하다."고 주장한다. 인간사를 제쳐둔 채 하늘만 생각하는 것은 옳지 못한 태도이다. 순자는 이렇게 말한다.

　"군자는 자기가 할 수 있는 일에 힘쓸 뿐, 하늘에 있는 것을 바라지 않는다. 그러나 소인은 자기의 재능을 버리고 하늘에 있는 것을 바란다. 군자는 하늘에 있는 것을 바라지 않고 자기에게 있는 것을 연마하기 때문에 날로 진보하고, 소인은 자기에게 있는 것을 버리고 하늘에 있는 것을 바라기 때문에 날로 퇴보한다."

순자의 이러한 자연관은 그의 인성론으로 이어진다.

인간은 욕망을 추구하는 존재이다

순자의 인성론은 성악설(性惡說)로 널리 알려져 있다. 그런데 그의 성악설은 그 명칭 때문에 종종 오해를 불러일으킨다. 별생각 없이 이 이론을 대하게 되면 이런 선입견을 가지게 될 것이다.

"인간은 악하다. 인간이 착하다고 믿는 것은 어리석은 일이다. 남을 위해 베푸는 것은 부질없는 짓이다. 이 세상에서 믿을 수 있는 것은 나 이외에는 어느 누구도 없다."

이렇게 생각하는 순간 사람들은 어느덧 염세적인 인생관에 빠지게 되며, 순자는 염세적인 인생관을 가진 대표적인 인물로 여겨질 것이다. 그러나 순자가 이런 뜻에서 성악설을 주장한 것은 아니다. 그의 인성론은 맹자의 성선설(性善說)에 반대하면서 나온 이론이다. 그래서 이 이론은 맹자의 주장을 염두에 두면서 살필 필요가 있다.

"인간의 본성은 악이요, 선은 인위적인 것이다[人之性惡 其善者僞也]."

이것이 순자의 성악설을 대변하는 기본적인 명제이다. 그런데 순자가 인간의 본성이 악하다고 본 것은, 모든 인간이 도덕적으로 악하다는 뜻은 아니다. 그도 맹자처럼 성인을 받들었고, 또 모든 인간은 성인이 될 수 있다고 주장했다. 그가 인간의 본성이 악하다고 말하는 것은, 인간이란 욕망을 추구하는 동물이며, 그러한 본성은 악하다는 것이다.

인간의 눈은 아름다운 빛을 추구하고, 귀는 고운 소리를, 입은 맛있는 음식을 추구한다. 이렇듯 인간은 육체적인 편안함과 쾌락을 추구하고, 보다 많은 이익을 얻으려 한다. 이러한 욕망은 자연스런 것이다. 그런데 욕망을 모두 충족하지 못한 채 서로 다투게 되면, 사회는 어지러워진다.

악이란 이처럼 욕망이 제어되지 못하면서 발생하며, 그 근원은 인간의 탐욕스런 욕망이다. 즉, 인간의 욕망은 악을 불러일으키는 원천이며, 그렇기 때문에 인간의 본성은 악한 것이다.

순자는 선을 실현하기 위해서는 인간의 욕망을 사회 속에서 제어해야 한다고 주장한다. 앞서 '선'이란 인위적인 것이라고 말했듯이, 본래 타고난 인간의 본성을 인위적으로 다스리고 수양을 쌓음으로써 악은 제어되고 결국에는 성인에까지 이를 수 있다고 한다.

맹자는 인간은 모두 '인의'를 행할 수 있는 덕성을 타고난다고 주장했지만, 순자는 이를 부인했다. 순자는 인간은 '악'을 행할 수 있음을 강조하고, 인위적인 노력을 통해 선을 행할 수 있다고 주장한 점에서 대조를 이룬다.

예를 통해 욕망을 다스리고 사회적 선을 이룩한다

순자의 성악설은 궁극적으로는 사회 질서를 어떻게 마련하여 인간을 선하게 할 것인가를 강조하기 위한 것이다. 순자는 사람은 사회 조직을 가져야 한다고 주장하면서, 그 이유를 두 가지로 지적한다. 첫째로 사람은 좀더 나은 생활을 하기 위해서는 협동해야 하며, 둘째로 사람이 힘센 다른 짐승을 정복하기 위해서는 단결해야 한다. 이러한 필요성은 사회 조직을 통해 충족된다.

그런데 사회 조직에는 규칙이 필요하다. 그 규칙은 바로 예(禮)이다. 예에 대해서는 이미 공자가 중요하게 지적한 바가 있지만, 순자는 이를 더욱 강조했다. 순자는 예가 어디에서 비롯되었는가에 대해 이렇게 말한다.

"예는 어디서 비롯되었는가? 사람은 태어날 때부터 욕망이 있다. 가지고자 하는데 얻지 못하면 구하지 않을 수 없다. 구하고자 하는데 제한이 없으면 다툼이 생긴다. 다투면 어지럽고 어지러우면 궁해진다. 선왕은 이 어지러움을 싫어해서 예의를 제정하여 이 어지러움을 가렸다."

"사람들은 같은 물건을 욕망하고 또한 싫어한다. 그들의 욕망은 많지만 물건은 적다. 물건이 적기 때문에 그들 사이에는 다툼이 생긴다."

순자 석상

즉, 예는 인간이 가지고 있는 욕망을 제어하기 위해 생겨난 것이라고 순자는 말하는 것이다. 그러면 그 예란 무엇인가? 그것은 예법, 의식, 사회적 규범 등이다. 예는 도덕의 근본으로서 모든 사람이 마땅히 따라야 할 규범이다. 이렇듯 순자는 예의 법도를 강조하고 누구나 이를 지켜야 한다고 보았기 때문에 그 전제로서 인간의 본성은 악하다는 생각을 하게 된 것이다.

그런데 순자의 예란 누구에게나 일률적

으로 똑같이 적용되는 것은 아니었다. 예란 본디 봉건적인 계급 질서를 합리화하기 위해 생겨난 것인데, 순자는 능력에 따른 차별이라는 뜻으로 의미를 바꾸었다. 즉, 순자는 사회의 구성원은 각자 다른 능력을 가지고 있으며, 이에 따라 차별적인 대우가 있어야 한다고 보았던 것이다. 순자는 이렇게 되어야 사회 질서가 파괴되지 않고 욕구의 조화가 이루어진다고 보았다.

예는 단순한 욕망 통제의 기능만 하는 것이 아니라 마음을 수양하는 수단이 된다. 순자는 예를 통해 욕망을 사회적으로 제어하도록 했고, 음악을 통해 욕망을 완화하고, 마음의 수양을 통해 욕망을 스스로 통제할 수 있다고 보았다. 마음은 이처럼 생각만 하는 것이 아니라 욕망을 다스리고 선을 실현하는 주체이기도 하다. 마음에 대한 순자의 이러한 주장은 후에 송나라 시대의 성리학에 큰 영향을 미쳤다.

순자 철학의 특징과 계승

순자는 공자, 맹자와 더불어 유가사상의 3대 철학자로 평가받는다. 이들의 사상은 서로 다른 측면을 강조함으로써 대비되기도 하지만, 유가사상을 확립하고 발전시키는 데 중요한 역할을 했다.

공자는 '인'을 가장 중요한 덕으로서 강조했고, 이에 더하여 맹자는 '의'를 '인'과 함께 나란히 중요한 의미를 부여했다. 순자는 여기에다 '예'의 역할을 강조하여, 공자, 맹자, 순자를 거치면서 유가사상에는 '인·의·예'가 중요한 3대 덕목으로 자리를 잡게 된 것이다.

순자의 철학은 전국 시대 말기의 마지막 혼란기에 형성되었다.

주나라의 전통은 파괴되고 지탱할 정신적 근거도 혼미한 상태에서 순자에게는 맹자와 같은 이상주의가 설득력을 가지지 못했다. 그는 예를 통해 도덕과 사회적 질서를 세워야 한다는 절박한 심정으로 현실주의적인 사상을 발전시켰던 것이다. 그러나 순자의 철학은 유교가 후대에 '공맹(孔孟)사상'으로 정통이 정립되면서 배척되고 평가절하되는 운명을 맞았다. 그의 철학은 맹자와 여러모로 대비되었기 때문이다.

순자를 평가할 때엔 곧잘 그는 동양의 아리스토텔레스로 비견된다. 플라톤은 소크라테스의 사상을 이상주의로 발전시켰고, 아리스토텔레스는 이것을 다시 현실주의로 계승했다. 이와 마찬가지로 순자는 공자의 사상을 맹자가 이상주의로 발전시킨 것을 다시 현실주의로 계승한 것이다. 그리고 아리스토텔레스가 그리스의 마지막 사상가였던 것과 마찬가지로 순자는 주나라 전통을 이어간 마지막 사상가였다는 점에서도 아리스토텔레스와 비견되는 것이다. 사회적 동물로서의 인간을 강조한 점도 아리스토텔레스와 같은데, 동서양의 공간을 두고 활동한 두 철학자 사이의 이러한 유사성은 우연의 일치라고 하기에는 너무도 흡사하다.

순자의 제자 중 뛰어난 인물로는 한비자(韓非子)와 이사(李斯)가 있다. 한비자는 진시황의 정치사상적 이론을 마련했고, 이사는 진시황의 재상이 되었다. 이들 제자는 스승과는 달리 법가사상을 발전시켰다. 순자가 인간은 사회 조직을 만들 수밖에

한비자

없다는 점을 역설하고, 규범으로서 예를 강조한 것은 그 내부에 이미 법가사상의 기초를 만들고 있었던 셈이다.

24
노자

老子, B.C. 604? ~531

아무것도 하지 않으나
이루어지지 않는 것이 없다

　공자가 이 세상에 나타나기 전에 속세를 등지고 조용히 자신만의 철학을 추구한 성인이 있었다. 노자가 바로 그 사람이다. 그는 수많은 사상가들이 활동한 춘추 전국 시대에서 매우 독창적인 사상을 전개하여, 유가사상과 더불어 동양 세계에서 또 하나의 정신적 지주가 된 도가(道家)사상의 원조가 되었다.

　노자의 생애는 자세히 알려져 있지 않다. 노자가 공자보다 약 50년 앞서 태어났고, 그의 말년에는 공자와 같은 시대를 보낸 것으로 여겨진다. 사마천의 『사기열전』을 토대로 노자의 생애를 구성하자면 다음과 같다.

노자는 기원전 604년경 초(楚)나라에서 태어났다. 공자가 태어나기 50년 전쯤이다. 성은 이(李), 이름은 이(耳), 시호는 담(聃)이다.

노자는 본래 진나라 사람이나 그가 태어나기 10여 년 전에 강국인 초나라에 합병되었다. 초나라는 합병된 주민들에게 무거운 세금을 물리고 학정을 폈다. 노자는 이 압제를 피해 유랑을 떠나 주나라에 당도하여 그곳에서 머물렀다. 주나라에서 노자는 왕실의 장서고인 수장실에서 기록관인 사(史)의 신분으로 40년간을 지냈다.

이 시절에 공자가 찾아와 노자에게 예(禮)에 대해 물은 일이 있었다. 이에 노자는 다음과 같이 대답했다.

"그대가 말하는 옛날의 성인도 그 육신과 뼈는 이미 썩어 없어졌으며, 다만 말씀만 남겼을 뿐이다. 군자는 때를 얻으면 수레를 타는 귀한 몸이 되지만, 그렇지 못할 때에는 떠돌이 신세가 되고 만다. 훌륭한 상인은 물건을 깊이 간직하여 밖에서 보기에는 없는 것 같이 하여도 실속이 있다고 들었거늘, 군자도 속에 많을 덕을 지니고 있더라도 밖의 표정은 어리석은 척해야 하지 않겠는가. 그대는 몸에 지니고 있는 그 교만과 욕심과 위선과 산만한 생각 따위를 다 버려라. 그런 것은 그대에게 이로울 것이 없다. 내가 그대에게 말하고자 하는 것은 다만 이것뿐이다."

이런 말을 듣고 공자는 돌아가서 제자들에게 이렇게 말했다.

"새가 날고, 물고기가 헤엄치고, 짐승이 뛰는 것은 나도 잘 안다. 뛰는 짐승은 그물을 쳐서 잡고, 물 속의 고기는 낚시로 잡고, 날아가는 새는 활로 잡을 수 있지만, 용은 바람과 구름을 타고 하늘에

노자를 찾아간 공자

오르니 나로서는 전혀 정체를 알 수가 없다. 오늘 내가 만난 노자는 바로 용과 같은 사람이었다."

노자는 허무의 도를 닦아서 스스로 학문과 재능을 숨겼고 이름이 드러나지 않도록 노력했다.

노자는 주나라가 쇠퇴하자 서쪽으로 가 함곡관에 도달했다. 이때 그곳의 수비대장인 윤희가 "선생께서는 은퇴를 하실 모양이니, 그 전에 부디 저에게 책을 써서 주십시오."라고 간청을 했다. 이때 노자가 5천 자를 써 주었는데, 이것이 노자의 『도덕경(道德經)』이며 『노자』라고도 불린다. 이후에 노자는 어떻게 되었는지 더 이상 알려지지 않는다.

노자의 『도덕경』은 전체가 81장으로서, 전반부 37장까지는 상편으로 주로 '도'를 다루고 있고, 후반부 81장까지는 하편으로 주로 '덕'을 다루고 있다. 이 책은 적은 분량이기는 하지만 도가사상의 경전으로서 매우 중요하다.

도란 무엇인가

노자 철학의 중심 개념은 '도(道)'이다. 흔히 '도사'니, '도를 통했다'느니 하는 말을 쓰는데, 여기서 '도'란 바로 노자가 말하는 '도'에서 왔다고 할 수 있다. 이렇듯 사람들은 '도'라는 말을 친숙하게 사용하고 있는 셈인데, 그것의 철학적인 의미를 정확하게 파악하기란 사실 쉽지가 않다. 노자는 그의 『도덕경』 첫머리에서 도를 가리켜 이렇게 말하고 있다.

"말로 표현할 수 있는 도는 영원한 도가 아니요, 이름 붙일 수 있는 이름은 영원한 이름이 아니다[道可道 非常道 名可名 非常名]."

이렇게 도는 말로 표현할 수 있는 것이 아니다. 다만 말 이외에는 달리 의사를 전달할 수 있는 수단이 없으므로 '도'에 대해 묘사를 할 뿐이다. 그렇기 때문에 '도란 무엇이다'라고 정의할 수는 없으며, 또 그래서 노자의 철학을 이해하는 것도 어렵다. 그렇지만 노자의 철학을 이해하기 위해서는 어차피 도에 대해 탐구해 들어가지 않을 수 없다. 좀 더 '도'에 대해 알아보기로 하자.

『도덕경』에는 다음과 같이 이어지고 있다.

"무(無)는 천지의 시초요, 유(有)는 만물의 근원이다."

"(무와 유) 이 둘은 한 근원에서 나온 것이고 이름만 다르다."

여기서 '무'와 '유'는 별개의 것이 아니라 모두 '도'의 양면을 가리킨다. 그렇기 때문에 도는 모든 존재의 근원이다. 도는 그래서 이렇게 표현되고 있다.

"도는 하나를 낳고, 하나는 둘을, 둘은 셋을, 셋은 만물을 낳는다."

만물의 근원은 궁극적으로는 하나이듯이, 하나를 낳는 하나는 '큰 하나[太一]'라 할 수 있다. 그런데 도는 만물의 근원으로 머무르는 것이 아니라 만물에 내재하여 변화를 일으키는 원동력이 되기도 한다. 우리가 보는 만물의 변화란 도의 운동에 지나지 않는다.

한편 도의 운동은 반대로 되는 것 또는 되돌아가는 것이다[反者道之動].『도덕경』에는 이 같은 도의 운동을 여러 군데에서 다양하게 표현하고 있다.

"화(禍) 속에 복(福)이 깃들여 있고, 복 안에 화가 숨어 있다."

"구부러지면 도리어 온전할 수가 있고, 굽으면 도리어 펼 수가 있고, 움푹 패면 도리어 찰 수가 있고, 낡으면 도리어 새롭게 될 수가 있고, 적으면 도리어 많아질 수가 있고, 많으면 도리어 망설여질 수가 있다."

자연 속에서 노자가 말하는 이러한 도의 운동은 얼마든지 찾을 수 있다. 달은 차면 기울고, 밤이 깊으면 새벽이 온다. 물은 불을 끄

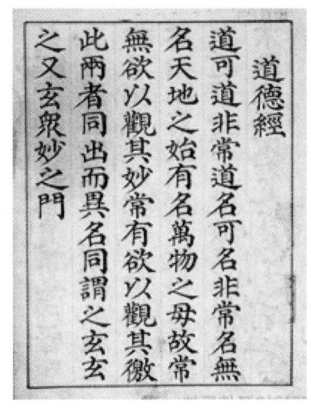

도덕경

지만, 불은 물을 증발시킨다. 작은 물방울이 바위 위에 떨어지면 산산이 부서지지만, 수백 년 동안 바위 위에 떨어지면 바위를 패게 할 수 있다.

이렇듯 자연 속에는 모든 것이 극단에 이르면 반대의 결과를 가져올 수가 있다. 자연의 변화무쌍한 운동은 바로 도의 운동이다. 사물은 끝없이 변화하면서 덧없지만[無常], 도는 영원불변한 것이다[常]. 지혜로운 자는 영원불변한 것을 추구하며, 그렇기에 그는 위태롭지 않다.

"상(常)을 알면 포용성이 있고, 포용성이 있으면 공평해지고, 공평하면 보편성이 있고, 보편성이 있으면 넓어지고, 넓어지면 도이니, 도는 영원하다."

이제 도에 대한 노자의 설명은 인간사에게 적용되면서, 윤리사상으로 이어진다.

덕에 따라서 가장 소박하게 사는 삶이야말로 가장 행복한 삶이다

"인간은 땅을 본받고, 땅은 하늘을 본받고, 하늘은 도를 본받고, 도는 자연을 본받는다[人法地 地法天 天法道 道法自然]."

인간은 땅과 하늘을 본받는데, 이는 결국 도를 따르는 것이며, 자연을 따르는 것이다. 이 표현은 인간과 도와 자연의 관계를 말하는 것이며, 또한 인간이 따라야 할 행위 규범을 말하는 것이다. 즉 도를 따르는 것은 자연을 따르는 것이다.

노자는 이렇게 자연스러움을 강조한다. 자연스럽다는 것은 억지로 하지 않는다는 것이다. 노자는 억지스럽지 않은 자연스러운 모습을 물에 비유한다. 인위적인 것이 가해지지 않은 물은 가장 자연스럽다고 본 것이다. 그래서 노자는 으뜸이 되는 선(善)을 물과 같다고 한다[上善若水]. 그런데 노자의 눈에는 인간사의 대부분은 억지스러운 것으로 보인다. 제도는 인간의 자연스러움을 제약한다. 그래서 노자는 '무위(無爲)'를 강조한다.

무위란 '하지 않음'이라는 뜻이지만, 그렇다고 해서 전혀 아무 일도 하지 않는다는 뜻은 아니다. 도의 운동은 극단에 이르면 반대로 돌아간다고 노자가 주장했듯이, 하지 않음으로써 사실은 모든 것을 한다. 노자에게는 이러한 역설이 실제로는 모든 것을 달성하는 길이 된다. 이렇게 자연스러움을 추구하고 무위를 강조하는 노자의 윤리관을 가리켜 무위자연(無爲自然)의 윤리관이라고 한다.

인위적인 행동은 일을 그르치며, 활동이 지나치면 유익하기는커녕 도리어 해가 된다. 뱀을 그리면서 다리를 그리면, 그것은 뱀이 아니다. 뱀의 다리는 자연에 따르지 않는 인간의 인위적인 생각이며, 곧 군더더기이다.

자연에 따르는 삶은 소박한 삶이다. 자연에는 지나침이 없다. 따라서 만족할 줄 알아야 하고, 그칠 줄 알아야 한다. 노자는 말한다.

"만족할 줄 알면 욕보지 않으며, 그칠 줄 알면 위태롭지 않다."

"만족함을 알지 못하는 것보다 더 큰 화가 없고, 손에 넣으려는 탐욕보다 더 큰 죄악은 없다."

노자의 철학에서 가장 소박한 것은 바로 '도'이다. 어떠한 수식도 필요가 없는 '도'야말로 가장 소박한 것이다.

도는 만물을 생성하는 근본이며, 만물에 깃들여 있다. 만물에 깃들여 있는 도를 가리켜 노자는 이것을 특별히 '덕(德)'이라고 말한다. 이 '덕'은 도에서 부여받은 자연스러운 능력이다.

만물에는 저마다 덕을 가지고 있다. 각자가 가지고 있는 덕은 더 나을 것도, 더 못할 것도 없다. 대붕과 같이 큰 새가 참새보다 나을 것이 없으며, 참새가 대붕을 부러워할 필요도 없다.

이렇듯 소박한 삶은 덕을 따르는 삶이다. 이러한 삶이야말로 가장 선한 삶이다. 덕을 따른다는 것은 각자가 타고난 본성을 추구하는 것이며, 자기의 밖에서 행복을 추구하는 것이 아니라 자기의 안에서 행복을 찾는 것이다. 사람들은 욕망을 추구해서는 안 되며, 많은 것을 알려는 것도 욕망에 해당하므로 그쳐야 한다. 많은 것을 아는 것은 욕망의 대상을 늘리는 것이기 때문이다.

유가에서는 '인의(仁義)'를 추구하고 '예악(禮樂)'을 중시하지만, 이런 것들은 노자에게는 인위적인 것들이다. 인위적인 것은 노자에게는 절대적으로 타파되어야 할 대상이다. 노자는 이렇게 말한다.

"도가 없어지자 뒤에 덕이 있게 되었으며, 덕이 없어지자 뒤에 인이 있게 되었고, 인이 없어지자 뒤에 의가 있게 되었고, 의가 없어지자 뒤에 예가 있게 되었다. 무릇 예는 충신(忠信)이 희박해짐에 따라 나타난 것이며, 모든 혼란의 시초이다."

이렇게 노자는 유가와는 정면으로 대립되는 윤리관을 폈다.

인위적으로 정치하지 않을 때 백성이 평안해진다

노자는 성인이 정치를 해야 나라가 평안해진다고 말한다. 성인 정치를 주장하는 점은 유가와 같다. 그렇지만 그 정치의 방법은 유가와는 전혀 다르다. 노자가 주장하는 성인정치는 인위적으로 어떤 일을 하지 않는 것이다. 즉, '무위'의 정치이다. 노자는 이렇게 말한다.

"천하에 금기(禁忌)가 많으면 백성들이 더욱 가난해지고, 통치자가 지략이나 권모를 많이 쓰면 나라는 더욱 어둡고 혼란하게 되고, 사람들이 간교한 꾀를 많이 부리면 간사한 일들이 더욱 많이 나타나게 되고, 법령이 더욱 엄하게 되면 도적도 더욱 많이 나타난다."

유가 사상가들은 주나라를 모범적인 사회로 숭상하지만, 노자에게는 제도로 통치하는 것은 바람직하지 않다. 그래서 성인이 해야 할 정치는 인위적으로 '하지 않는 것'이다. 노자는 이렇게 말한다.

"성인은 이렇게 말했다. 내가 아무것도 하지 않으니 백성이 스스로 교화되고, 내가 고요한 것을 좋아하니 백성들이 바르게 되고, 내가 아무것도 도모하지 않으니 백성들이 스스로 부유해지고, 내가 아무것도 욕심내지 않으니 백성들이 스스로 소박해지더라."

이렇게 아무 일도 하지 않는 것처럼 백성을 다스리면 모든 일이 다 이루어진다. 이것은 역설적이다. 그렇지만 그 논리는 노자에게 있어서는 일관된 것이다. 『도덕경』에는 이런 말이 있다.

"아무것도 하지 않으나 이루지 않는 것이 없다[無爲而無不爲]."

이러한 노자의 정치사상은 저마다 부국강병을 추구하면서 싸워 이기려고 하는 위정자들을 통렬하게 비판한 것이다. 노자의 눈으로는 춘추 전국 시대의 혼란기에 패권을 둘러싸고 경쟁하는 위정자들의 행위는 결국 인간성을 파괴하고 사회를 타락하는 것 이외에는 아무것도 아니었다. 노자는 큰 나라를 세우고 백성을 통치하는 것은 바람직하지 않다고 보았다. 나라도 백성도 적어야 한다고 주장했다. 자연의 섭리에 따라서 살고자 하고, 정치도 그렇게 할 때 백성이 평안해지고 행복해진다고 노자는 생각한 것이다.

25
장자

莊子, B.C. 369~286

자연과 하나가 되어 자유를 누린다

장자는 노자 이후 도가사상가 가운데 최대의 철학자로 꼽힌다. 장자의 철학은 노자의 사상을 충실하게 따르면서 그 나름대로의 독창성을 가미하여 도가사상을 풍부하게 만들었다. 장자의 공헌은 공자의 유가사상을 맹자가 보완한 것과 비견된다. 그래서 도가사상은 '노장사상(老莊思想)'이라고도 한다.

장자는 노자가 세상을 떠나고 약 160년쯤 후에 태어났다. 노자와 마찬가지로 장자의 구체적인 생애에 대해서는 잘 알려져 있지 않은데, 사마천의 『사기열전』에는 다음과 같이 기록되어 있다.

장자는 오늘날 산둥 성과 허난 성의 접경지대에 위치한 작은 나라인 송(宋)나라 사람이다.

장자는 젊었을 때 옻나무 밭을 관리하는 관리를 지냈다고 한다. 그의 학문은 박학해서 모든 서적에 막힘이 없었으며, 학문의 근본은 노자에 두었다.

장자의 저서는 10여만 자에 달하는 방대한 것이었는데, 대부분이 노자 학문에 대한 우화로 채워져 있다. 그의 문장은 매우 훌륭하며, 세상일을 지시하고 인정을 살피면서 유가와 묵가의 학설을 공격했기 때문에 당시의 석학들도 그의 예봉을 꺾기 어려웠다.

장자의 말은 바다와 같이 끝이 없고 걸림이 없이 분방했다. 그런 까닭에 그는 특이한 사람으로 여겨져 어느 곳에서도 등용되지 못했다. 그런데 초나라의 왕은 장자가 어질다는 말을 듣고 사자를 보내 예물로써 후하게 대접하고 그를 맞이해 재상으로 삼으려 했다. 그러나 장자는 웃으며 초나라 사자에게 이렇게 말했다.

"천금이라면 막대한 돈이며, 재상이라면 높은 벼슬이다. 그대는 아마 교제(郊祭)에 제물로 바치는 소를 모르지는 않겠지? 몇 년 동안 잘 기른 다음 비단옷을 입히고 종묘에 끌고 들어가 제물로 바친다. 이때 그 소가 차라리 돼지로 태어났더라면 하고 한탄한들 소용 없는 일이다. 그대는 속히 돌아가라. 나를 욕되게 하지 말라. 나는 차라리 흙탕물 속에서 헤엄이나 치며 유유자적하겠네. 나는 주권자에게 구속되고 싶지 않다. 평생 벼슬길에 나서지 않고 내 멋대로 살려 한다."

이상이 『사기열전』에 기록된 장자 생애의 전부이다.

장자는 일명 '남화경(南華經)'이라고도 불리는 『장자』라는 저서를 남겼다. 이 책은 대부분 우화로 엮어져 있어 그 뜻을 이해하기가 쉽지 않다.

장자의 호방한 사유 방식

　장자의 사상을 알아보기에 앞서 우선 『장자』의 한 부분을 감상해 보자. 다음은 『장자』의 맨 처음에 등장하는 '소요유(逍遙遊)'편의 첫 대목이다.

　북쪽 바다에는 곤(鯤)이라고 하는 물고기가 있는데, 그 크기가 몇 천 리나 되는지 알지 못한다. 그것이 변해서 새가 되니 그 이름을 붕(鵬)이라고 하는데, 이 새의 등 넓이도 몇 천 리나 되는지 알지 못한다. 이 새가 한번 기운을 내어 날면 그 날개는 마치 하늘에 드리운 구름과 같다. 이 새는 바다 기운이 움직일 때 남쪽 바다로 옮겨가려고 하는데, 그곳은 천지(天池)이다. 붕새가 남쪽 바다로 옮겨갈 때 물결치는 것이 3천 리요, 회오리바람을 타고 9만 리나 올라가 6개월을 날고서 쉰다.
　매미와 메까치는 이를 비웃는다. "우리는 훌쩍 솟아올라서 느릅나무나 박달나무가 있는 곳까지 가려 해도 때로는 다 가지 못하고 땅에 떨어지고 마는데, 어째서 9만 리나 올라가서 남쪽으로 가려 하는가?"

　이 이야기 속에서 장자는 세상에서 가장 큰 새와 보잘것없는 작은 새를 대비하고서, 붕과 같은 큰 새의 움직임을 작은 새들은 이해할 수 없음을 지적하고 있다. 이러한 비유는 잠시 더 이어진다.

"아침나절에만 사는 버섯은 그믐과 초승을 알지 못하고, 쓰르라미는 봄과 가을을 알지 못한다. 8백 년이나 살았다고 하는 '팽조'라는 신하는 8천 년을 봄으로 삼고 또 8천 년을 가을로 삼은 태곳적의 큰 참죽나무에 비하면 어찌 장수했다고 할 것인가?"

인간사 역시 이와 같다. 작은 지혜를 가진 사람은 큰 지혜를 가진 사람을 이해할 수 없다. 장자는 이 이야기에서 뭇사람들의 지식과 능력의 한계를 지적하고, 자신이 주장하고자 하는 초월자 또는 절대자의 세계를 등장시킬 준비를 한다. 이처럼 장자는 우화를 통해 그의 철학을 전개하는데, 위의 작은 단편 속에서도 장자가 호방한 자유정신을 추구하고 있음을 엿볼 수 있다.

도의 전개 모습과 합일의 사상

장자의 철학에도 '도'는 중심이 되는 사상이다. 장자는 이렇게 말한다.

"태초에는 무(無)만 있었고 유(有)도 이름도 없었다. 이 무에서 하나[一]가 나왔다. 하나는 있으나 아직 형태는 나타나 있지 않았고, 만물은 그 하나를 얻어 생겨났으니 이를 '덕'이라 한다. 아직 형태도 없는 것은 분화하지만 어수선하게 간격이 없으므로 이를 명(命)이라 한다. 그것이 유동해서 만물을 만들어내니 만물이 생겨나 돌아가는 이치를 형(形)이라 한다. 그 형체가 정신을 보유하고 각기 그 법칙을 따르는 것을 성(性)이라 한다."

이렇게 장자는 성품은 형체에서, 형체는 덕에서, 덕은 하나에서, 하나는 무에서 비롯되었음을 설명하고 있는데, 여기서 무란 곧 도를 가리킨다. 그래서 이 세상 만물 어느 것이나 모두 도에서 비롯되었음을 알 수 있는데, 각자는 자기의 본성으로부터 도로 돌아갈 수 있다고 말한다.

그래서 장자는 이어서 이렇게 말한다.

"성품을 닦으면 덕으로 돌아오고, 덕이 지극하면 태초와 같아진다."

장자는 노자와 마찬가지로 인위를 부정하고 자연의 상태를 중요시한다. 장자는 만물의 각각은 저마다 본성을 타고났기 때문에 이것을 인위적으로 변형하는 것을 반대한다.

하지만 장자는 한 차원 더 높은 곳을 바라보고 있다. 곧 '도에 이르는 것'이야말로 가장 높다는 것을 말하고 있는 것이다. 그리고 그 도란 모든 것이 분화되지 않은 상태이기 때문에 일체의 것과 자신

남화경 (『장자』)

이 구분되지 않는 상태를 강조한다. 그래서 '하나가 되는 것'은 장자의 철학에서는 중요한 사상이 된다.

장자는 인간의 지식도 두 가지의 단계로 구분한다. 지각을 통해 얻는 지식은 '낮은 수준'의 지식이며, 정신에 반영되는 지식은 '높은 수준'의 지식이다. 낮은 수준의 지식은 정과 부정, 이것과 저것, 생과 사, 나와 나 아닌 것 등 사이의 구분을 지으려는 데 목적이 있다. 그러나 일단 모든 구분을 잊으면 다만 '하나'만이 남는데, 그것은 위대한 전체이다. 그래서 장자는 높은 수준의 지식을 가리켜 '지식이 아닌 지식'이라고 말한다.

상대적인 행복과 절대적인 행복

인간의 행복이란 무엇인가? 장자는 그 행복을 상대적인 것과 절대적인 것으로 구분한다.

앞에서 예를 든 붕새와 작은 새의 이야기에서 두 새는 저마다 타고난 본성대로 살아가기 때문에 어느 쪽이 더 행복하다고 말할 수는 없다. 둘 다 자기가 할 수 있는 것을 추구하면, 그것이 이들에게는 자유로운 것이고 행복한 것이다. 그러나 이러한 행복은 상대적인 것일 뿐 완전한 절대적인 행복이 되지는 못한다.

『장자』의 '소요유'편에는 다음과 같은 이야기가 있다.

열자(列子)는 바람을 타고 날아다니며 시원하게 잘 지내다가 보름 만에야 돌아온다. 그래서 그는 복을 받는 사람 중에서 아직도 그리 흔한 사람은 아니다. 그러나 이는 비록 걸어다니는 것은 면했다하더라도 오히려 의지해야 할 바람이 있어야 한다. 그러나 저 천지의 바른 기운을 타고 육기(六氣 : 天·地·春·秋·冬·夏의 여섯 기운)의 변화를 조종해서 무궁한 우주에서 노니는 자는 그가 다시 무엇을 의지할 필요가 있겠는가?

그러므로 지인(至人)에게는 자기라는 것이 없고[無己], 신인(神人)에게는 공을 내세울 일이 없으며[無功], 성인(聖人)에게는 이름이 필요 없다[無名].

여기에서 열자는 자유롭고 행복한 사람이다. 그러나 그는 바람이 있기에 걷지 않고 날아다니며 자유를 만끽할 수 있었다. 다른 것에 의지한 열자의 자유와 행복은 상대적인 것이다.

진정으로 자유로운 사람은 다른 것에 의지하지 않는다. 그런 사람은 지인이며 신인이며 성인이다. 이들의 자유와 행복은 절대적인 것이다. 그런 경지에 도달한 사람은 '자기 자신'에 대한 관념도, '공'이라는 관념도, '이름'에 대한 관념도 초월해 있다. 이들은 자기와 세계, 나와 남도 초월해 있다. 그에게는 구분이라는 것이 따로 없고, 오로지 하나로 통일되어 있다. 그는 도와 하나가 된 사람이다. 장자는 이런 사람이야말로 진정으로 자유와 행복을 누린다고 생각하여 상대적인 행복과 구분하고 있다.

완전한 사람의 경지는 물아일체의 경지

그러면 어떻게 완전한 사람의 경지에 도달할 수 있는가? 그것은 특별한 수양을 통해서 가능한데, 심재(心齋)와 좌망(坐忘)이 그것이다.

심재란 마음을 재계(齋戒)한다는 뜻으로, 마치 중요한 의식을 거행하기에 앞서 목욕재계하는 정신과도 같다. 즉, 마음을 비우는 것이 심재이다.

좌망은 마음을 비워서 깨끗이 하는 것으로, 나 자신과 사물의 구분을 잊는 것이다. 이것은 곧 무지(無知)를 깨닫는 것이며, 일상적 지식의 세계로부터 벗어나는 것을 말한다.

심재와 좌망을 거쳐 드러난 참된 지식의 세계는 밝음의 세계, 곧 진리의 세계이다. 그리고 이 밝음의 세계에서 직접적으로 마주 선 세계가 제물(齊物)이다. 여기서 제물이란, 인간의 좁은 시야에서 구별되어 보이는 일체의 사물들이 하나로 크게 통일되어 인식되는 것을 말한다. 이렇게 될 때 인간은 만물의 모든 상대적인 차이를 부정하게 되고, 절대적인 경지에 이르게 된다.

장자는 이러한 경지를 유명한 나비의 꿈을 빌어서 묘사하고 있다. 다음은 『장자』의 '제물론(齊物論)'편의 한 대목이다.

"전에 장주(장자의 본명)는 꿈속에서 나비가 되었다. 훨훨 나는 것이 분명히 나비였다. 스스로 즐겁고 뜻대로라 장주인 줄을 알지 못했다. 그러다가 조금 뒤에 문득 깨어 보니 분명히 나비였다. 장주가 꿈에 나비가 된 것인지, 나비가 꿈에 장주가 된 것인지를 알지 못하겠다."

이처럼 자연과 내가 하나가 된 경지를 가리켜 '물아일체(物我一體)'의 경지라고 한다.

내가 나비가 된 것인가 나비가 내가 된 것인가?
대상과 내가 하나가 된 경지가 물아일체의 경지이다.

법과 도덕을 강제하면 불행한 결과를 낳는다

『장자』에는 이런 이야기가 있다.

"오리 다리는 짧아도 이것을 이어서 길게 하면 고통스럽고, 두루미 다리는 길어도 이것을 자르면 슬퍼한다. 때문에 본성은 길어도 자를 것이 아니요, 짧아도 이을 것이 아니다."

이처럼 장자는 자연을 강조하고 인위를 배격한다. 인위는 모든 고통과 악의 근원이라고 한다. 자연 그대로는 각자의 본성과 차별성을 인정하는 것이다. 그런데 법이나 도덕, 제도 따위는 차별성을 없애고 모든 것을 획일적인 기준에 묶어 놓으려 한다.

『장자』에는 포정(백정)의 이야기가 있는데, 소 잡는 기술이 뛰어났다. 이를 본 문혜군이 그 비결을 묻자 포정은 "제가 진정으로 추구하는 것은 도(道)입니다. 그런데 그 도는 저의 기예 수준을 초월해서 아주 멀리 있습니다. 처음 소를 부위별로 가르기 시작했을 때는 눈에 보이는 것이 온통 소뿐이었습니다. 3년이 지나자 소 전체의 모습이 눈에 띄지 않게 되었습니다. 이제는 눈으로 보지 않고, 신령스런 직감에 따라서 움직입니다."라고 답했다. 도를 추구하고 도를 익히면 모든 일을 자연스럽게 행할 수 있다고 말한 것이다.

또 이런 이야기가 있다.

"옛날에 바다새가 노나라 교외로 날아와 앉자, 노나라 임금은 그 새를 모셔다가 종묘에서 환영연을 열고 순 임금의 음악을 연주하며 소, 양, 돼지 등 최고의 고기로 요리를 해서 대접했다. 그 새는 눈이 부시고 근심과 걱정이 앞서 한 점의 고기도 먹지 못하고 한 잔의 술도 먹지 못하다가 3일 뒤에 죽고 말았다. 이것은 인간인 자신을 대접하듯이 새를 대접하고, 새를 새로서 대접하지 않았기 때문이다."

장자는 이 이야기를 통해서 일률적인 법과 도덕을 국가나 사회가 개인에게 강제하면 불행한 결과를 낳는다고 경고하는 것이다. 그래서 장자는 "천하를 있는 그대로 둔다는 말은 들었어도 천하를 다스린다는 말을 듣지 못했다."라고 말한다. 이것은 자연 그대로를 강조하는 말이며, 정치에 있어서도 인위적인 통제를 반대한다는 것이다. 그래서 장자의 정치 철학은 '무정부주의'라는 지적을 받는다.

노장사상의 계승과 발전

세속을 등지고 신비주의적인 논리를 편 도가사상은 유가사상이 국가적으로 지원을 받으면서 관학으로 성장한 것과는 달리 민간으로 유포되었다. 그리고 장자 이후 주목할 만한 대가가 나타나지 못했으나 도가사상의 영향력은 매우 커서 동양 사회에서 정신세계를 규정하는 주요한 한 부분이 되었다.

대표적인 것으로는 도가사상에 뿌리를 둔 '도교'이다. 도교는 그 자체로서 종교와 다름없는 것으로서, 도교를 신봉한 사람들은 신선이 되는 방법이 있다고 믿었으며, 신선을 꿈꾸면서 세상사의 괴로움에서 벗어나고자 했다. 오늘날 목욕재계 후 정화수를 떠놓고 신령님께 소망을 비는 민간신앙도 도교에서 비롯된 것이라 할 수 있는데, 역사적으로는 세상이 어지러운 난세에 도교가 번창했다.

그러나 철학으로서의 도가사상이 남긴 유산은 동양적 가치관의 한 축을 형성했다는 점이다. 즉, 규격화된 예를 실천하고 학식을 쌓고 관직에 나아가 뜻한 바를 성취하는 것을 덕으로 여기는 유교와 달리, 세상사의 무거운 짐에서 벗어나 고요히 마음의 평정을 구하는 동양적인 또 하나의 덕을 제시한 것이다.

중국 사람들은 공공생활에서는 유가이지만, 개인적으로는 도가이며, 공직에 나아가면 법가로 된다고 한다. 도가사상에서 덕을 실천하고 진리를 추구하는 자세는 이후 유학의 성리학에도 영향을 주어서, 학문은 단지 학식을 쌓는 것이 아니라 정신 수양을 통해 진리를 구해야 한다는 학문관을 마련하게 되었으며, 성리학의 '이(理)'와 '기(氣)'의 세계관도 도가사상에서 영향을 받았다.

26

주희

朱熹, 1130~1200

우주 만물의 원리는 무엇인가

이제 시대를 뛰어넘어 송나라 시대로 가보기로 한다. 여기에서 춘추 전국 시대의 제자 백가 이후 실로 오랜만에 또 한 사람의 위대한 철학자를 만날 수 있는데, 바로 주희이다. 주희는 성리학을 완성한 철학자로서, 그의 철학적 업적은 워낙 커서 '주자(朱子)'라는 호칭으로 불리며, 그의 성리학은 일명 '주자학'이라고도 불린다.

주희는 1130년에 오늘날 푸젠 성에 해당하는 우계에서 태어났다. 주희는 어려서부터 매우 총명했다. 그래서 그에 대한 일화로 이런 이야기가 전해진다. 주희가 겨우 말을 할 수 있을 때에 아버지가 하늘을 가리켜 '하늘'이라고 하자, 주희는 하늘의 위는 무엇이냐고 질문하여 아버지가 갸륵하게 여겼다고 한다. 또 주희는 『효경』을 받아서 한 번 읽고 나서는 그 위에다 '이와 같지 않으면 사람이 아니다'라는 제목을 붙였다고 한다.

주희는 13세에 아버지를 여의었다. 이에 그는 아버지 친구의 도움을 받아 어머니를 모시고 학업을 쌓았다. 그때의 스승은 호적계, 유백수, 유병산 등인데, 유백수의 딸은 훗날 주희의 부인이 되었다. 당시에 주희가 학업을 쌓은 분야는 유가의 교양뿐 아니라 노장사상, 선(禪), 문학, 병법에 이르기까지 그가 다루지 않은 것이 없었다.

18세가 되어 주희는 진사 시험에서 급제했고, 21세에 푸젠 성 동안현에서 세금 장부를 담당하는 관리가 되었다. 그곳에서 주희는 세무 관리의 부정을 막고, 세금을 공평하게 부과하고, 부자가 농민을 괴롭히지 못하도록 하는 등 맡은 임무를 성실히 수행했다. 그리고 이연평을 찾아가 정자(程子)의 학문을 접하고, 이후 10년간 그를 스승으로 모셨다.

주희는 25세에 관직을 떠나 고향으로 돌아가 학문에 전념했다. 1163년에 이연평이 죽자 그는 장남헌과 학문적 교류를 맺고 그에게서 영향을 받았다. 39세 무렵에는 채계통과 강론을 주고받으면서 장남헌 철학의 불완전성을 깨닫고 이때부터는 정이(程頤)의 학설이 그의 철학의 골격을 형성하게 된다. 그리고 45세에 주희는 육구연을 만나 자신의 철학을 그와 비교하게 된다.

48세가 되어 주희는 오랜 야인의 생활을 청산하고 다시 관직에 복귀했다. 남강군(오늘날 장시 성)의 지사로 부임한 것이다. 그곳에서 주희는 백성들에게 인륜의 도리를 깨우치고 농사법을 지도했으며, 어려운 사람을 도왔다.

이어서 2년 후에 저장 성에서 기근 대책의 책임자로 1년간 일한 뒤, 59세까지는 다시 집에서 학문과 후학 양성에 전념했다. 이때 주희는『역학계몽』,『역본의』,『효경간오』,『소학서』등을 집필했다.

1189년에 주희는 푸젠 성의 지사로 부임했다. 이 시절에 그는 토지와 세금을 합리적으로 관리하고 징수하도록 하는 정책을 만들어 시행하려 했으나, 부호 지주의 강력한 반대에 부딪쳐 폐기되었다. 그러던 중 61세가 되었을 때 장남이 사망하자 그는 이를 구실로 사직하고 학문의 생활로 돌아갔다.

이때 주희는 건양에 서원을 세우고 자신의 학문을 전파하는 데 열중했는데, 그의 학문이 위세를 떨치자 이제는 반대파들로부터 '위학(僞學)'이라는 공격을 받게 되었다. 그는 신념을 가지고 자신의 학문 활동에 전념했지만, 그의 말년은 계속되는 반대파들의 질

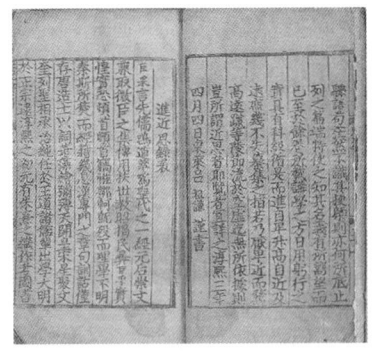

근사록

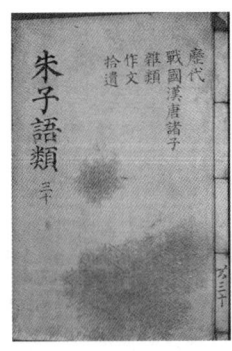

주자어류

시로 쓸쓸했다. 주희는 1200년에 70세의 일기로 세상을 떠났다.

주희는 자신의 삶을 지칠 줄 모르는 학문에 대한 열정으로 불태웠다. 그는 이론과 함께 경세가로서도 인정받아 관직을 두루 지냈지만, 그의 일생에서 관직에 몸담은 실제 기간은 10년을 넘지 못했다. 그가 남긴 저서는 무려 700여 권에 달하는데, 대표적인 저서로는 『근사록』 14권, 『자치통감강목』 59권을 비롯하여 죽는 순간까지 공을 들였던 『사서집주』 19권, 그리고 그의 사후에 편집된 『주자문집』 100권, 『주자어류』 140권 등이 있다.

주희의 철학은 그가 생존하고 있던 때보다 그가 죽은 후에 더 빛을 보았다. 1313년에 원나라의 인종은 '사서(四書)'를 과거의 주교재로 삼도록 하면서, 주희의 해석을 모범적인 해석으로 삼았다. 이러한 관례는 명나라와 청나라를 거쳐 1905년에 과거가 폐지될 때까지 계속되었으니, 그가 중국 철학에서 차지하는 비중은 가히 절대적이었다고 할 것이다.

중국 유학의 전통과 성리학의 등장

유학은 춘추 전국 시대에 태동하여 당시의 여러 사상을 물리치고 중국의 중심적인 사상으로 자리를 잡으면서 발전했다. 유학이 이렇게 뿌리를 내릴 수 있었던 것은 혼란스런 시대에 인륜과 사회 질서에 대해 적극적인 해답을 제공했기 때문이었다. 삼강오륜과 같은 것은 유학이 사회 속에 뿌리를 내린 대표적인 덕목으로서, 유학은 그만큼 하나의 철학으로 머무른 것이 아니라 인간과 사회에 대한 윤리학으로서의 성격을 가지고 영향력을 행사한 것이다.

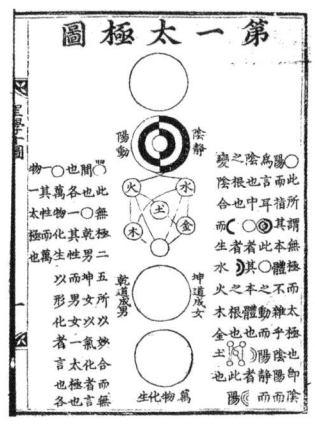
주돈이의 태극도설

그렇지만 철학적으로 볼 때 유학은 세계관이 취약한 편이었다. 이 점은 유학보다 이후에 세력을 확장한 도가사상이나 불교에 분명한 세계관이 담겨져 있는 것과 대조적이었다. 이러한 영향으로 유학에서도 세계의 구조와 원리를 설명하고자 하는 노력이 나타나게 되었는데, 이러한 유학은 송나라와 명나라 시대에 꽃을 피운다. 이때의 유학은 선진(先秦) 시대의 유학과 구별하여 '신유학'이라고 한다.

신유학을 촉발시킨 사람은 송나라의 주돈이(周敦頤 1017~1073, 호는 염계)이다. 그는 『주역』의 태극과 음양, 오행을 한 데 종합하여 『태극도설』이라는 책을 저술했다. 중국에는 예로부터 '역(易)의 세계관'이 전해져 왔다. '역'이란 변화한다는 뜻을 가진 말로서, 이 세계관에 따르면 만물은 고정불변하지 않고 끊임없이 변화한다고 본다. '역의 세계관'은 『주역』에 잘 나타나 있다. 『주역』에서는, 만물은 음과 양의 조화에 의해 생겨나며, 음과 양의 조화를 일으키게 하는 근본 원리는 '태극'이라고 본다.

그런데 주돈이는 『태극도설』에서 우주의 궁극적인 존재는 태극이라고 했다. 이 태극은 어떤 형태를 띠고 있지 않으며, 무엇이라 형용할 수도 없다고 하여 무극(無極)이라고도 했다. 무극으로서의 태극은 움직이면 양이 되고 고요하게 있으면 음이 되며, 또 양이 극에 이르면 음으로, 음이 극에 이르면 양으로 변한다. 이 두 기운의 상호 작용에 의해 만물이 생성 발전하는데, 그 과정은 끝이 없다.

주돈이의 사상은 장재(張載 1020~1077, 호는 횡거)와 정호·정이 형제 등에게 이어지면서 유학은 새로운 모습을 갖추면서 성리학(性理學)이 태동한다. 성리학은 우주의 궁극적인 모습과 운행 원리를 규명하고, 그에 따라 인간을 비롯한 만물의 존재 모습을 설명하려 한다. 또 인간의 윤리 규범은 우주의 원리를 그대로 담고 있는 인간의 본성 속에서 설명하려고 한다. 주희는 바로 이러한 신유학의 흐름인 성리학을 완성한 인물이다.

'이'와 '기'의 세계관

주희의 성리학은 이(理)와 기(氣)의 이원적인 원리로 우주를 설명한 철학으로서, '이기론(理氣論)'이라고도 한다. 그런데 주희의 세계관에서 주된 개념으로 등장하는 '이'와 '기'는 주희에 앞섰던 신유학자들에 의해 탐구된 바 있다.

'이'란 원리, 이치 등으로 풀이할 수 있는데, '이'라는 철학적 개념은 도가사상에서 주장하는 '도'에서 원용되었다. 도가에서는 만물의 생성 원인이자 법칙으로서 '도'라는 개념을 사용했다. 여기에서의 '도'에 해당하는 것으로 정호는 '이'라는 개념을 사용한 것이다.

'기'란 구체적인 사물을 구성하는 재료 또는 기운이라고 풀이할 수 있다. '기'에 대해서는 장재가 그 개념을 정립한 바 있다. 장재에 따르면, 구체적인 사물들은 '기'가 모여서 응집된 것이며, 사물이 소멸하는 것은 '기'의 분산에 따른 것이다.

그런데 사물을 구성하는 재료, 즉 '기'만으로는 왜 다양한 사물들이 이 세상에 생겨났는가를 설명하지 못한다. 즉, 꽃이나 잎사귀는 모두 '기'의 응집으로 생겨났지만, 왜 꽃은 꽃이며 잎사귀는 잎사귀인지에 대해서는 다른 설명이 있어야 하는 것이다. 여기서 구체적인 사물들을 그러한 모습으로 만들게 하는 것은 원리이며, 정호는 그 원리에 해당하는 것이 '이'라고 보았던 것이다. '이'는 이렇듯 '기'의 철학을 보완하는 철학적 개념으로 정립되었으며, 주희는 '이'와 '기'의 개념을 더욱 가다듬는 한편 상호간의 관계를 통해 세계관과 윤리관 등 종합적인 철학을 수립했다.

주희 철학에서 말하는 '이' 와 '기'는 앞에서 살펴본 바와 같이, '기'가 만물의 형체를 이루는 근원적인 재료라면, '이'는 '기'를 받아서 특정한 사물을 이루게 하는 원리라 할 수 있다. 만물은 바로 '이'의 원리에 따라 '기'가 응결된 것이다. 이것을 주돈이의 철학과 대비한다면, 태극은 '이'에 해당하고, 음양은 '기'에 해당한다. '이'는 형체를 초월한[形而上] 도(道)이며, '기'는 형체에 내려와 있는[形而下] 구체적인 도구[器]이다.

'이'는 시간과 공간을 초월하여 고정불변한 것이나, '기'는 시간과 공간 속에서 생성 변화된다. '이'는 세계의 참모습이며 '기'는 세계의 현실적인 모습을 구성한다. 그래서 주희와 같은 성리학자들은 현실적인 모습이 불완전할지라도 그 배후에는 참모습이 있다고 믿었다.

만물에는 반드시 이 두 가지 요소가 결합되어 있다. 그렇기 때문에 구체적인 사물 속에서 이 둘은 서로 떨어져 있지는 않으나[不相離], 그렇다고 해서 섞이는 것도 아니다[不相雜].

그런데 사물의 형체를 이루게 하려면 그 원리가 앞서 있어야 하므로, '이'는 '기'에 우선한다. '이'는 생겨나는 것이 아니라 원래 존재하는 것이며, 소멸되지도 않는다[不生不滅]. 그래서 주희는 "사물이 없어도 '이'는 있다."라고 말한다. 그렇지만 '이'가 없이는 '기'가 없다. 주희는 "임금과 신하가 있기 전에 군신의 '이'(君臣之理)가 있었으며, 아버지와 자식이 있기 전에 부자의 '이'(父子之理)가 있었다."라고 말한다. 이와 같은 논리는 인간사에도 적용이 되면서 자연스럽게 윤리설로 이어진다.

본연지성과 기질지성

인간에 대해서도 '이'와 '기'로 설명할 수 있다. 주희는 '이'가 인간 속에서 실현된 것이 본성이라고 했다. 그래서 인간에게 있어서 본성은 곧 '이'이다[性卽理]. 그에 따르면, 인간의 '이'에는 맹자가 말하는 인의예지(仁義禮智)의 덕이 모두 갖추어져 있다. 주희는 이렇게 '이'가 깃들여 있는 인간의 성품을 가리켜 '본연지성(本然之性)'이라고 하며, 이것은 다름 아닌 본성이다.

그런데 인간의 성품에는 '본연지성'만 있는 것이 아니다. 만물이 '이'와 '기'로 이루어지듯이, 인간에게도 '기'로 이루어진 성품이 있는데, 그것을 '기질지성(氣質之性)'이라고 한다. 이렇게 모든 인간에게는 '본연지성'과 '기질지성'이 있다.

'본연지성'은 누구에게나 차이가 없는 것으로서 지극히 선하지만, '기질지성'은 사람에 따라 차이가 많다. 만일 '기질지성'이 맑고 바르면 그 사람의 '본연지성'은 그대로 드러나서 성현(聖賢)이 되지만, 반대로 '기질지성'이 흐리고 곧지 못하면 '본연지성'은 방해를 받아서 악인(惡人)이 된다. 이처럼 '기질지성'의 상태에 따라 인간의 여러 모습이 나타나는데, 주희는 각자의 '기질지성'을 변화시키면 성현이 될 수 있다고 했다.

이상은 성품에 관한 이론이었는데, 구체적인 인간의 마음에 관해서도 주희는 도심(道心)과 인심(人心)의 두 가지로 구분했다. 도심은 '본연지성'을 받은 것이며, 인심은 '기질지성'을 받은 것이다. 주희에 따르면 사람은 누구나 도심과 인심을 함께 가지고 있다. 도심은 천리(天理)로서 순수하고 지극히 선하지만, 인심은 '기'로 이루어져 있기 때문에 선할 수도 악할 수도 있다. 인심 속에서 천리에 위배되는 것을 가리켜 주희는 인욕(人欲)이라고 한다.

주희는, 인간이 해야 할 일은 천리를 잘 간직하고 인욕을 막아야 한다고 주장한다. 그 방법으로서 주희는 거경(居敬)과 격물치지(格物致知)를 든다. 거경은 항상 마음을 바르게 하여 사사로운 욕망에 사로잡히지 않도록 하는 것이며, 격물치지는 사물을 연구하여 궁극적 이치에 관해 깨치는 것이다. 이처럼 주희에게서 학문의 역할은 인격을 수양하는 주요한 수단이 되는데, 이 같은 학문의 성격은 성리학과 유학의 주요한 특징이다.

신유학의 또다른 흐름 — 심학

신유학에는 주희로 대표되는 성리학 외에 또다른 흐름이 있었다. 그것은 육구연과 왕수인을 대표로 하는 육왕학(陸王學)이다. 육구연(陸九淵 1139~1193, 호는 상산)은 주희와 같은 시대의 인물로서 주희의 성리학에 반대했으며, 왕수인(王守仁 1472~1528, 호는 양명)은 명나라의 철학자로서 육구연의 학설을 이어받아 심학(心學), 즉 '마음의 철학'을 완성했다. 왕수인의 학문은 그의 호을 따서 '양명학'이라고도 한다.

심학은 우주 만물의 모든 원리는 내 마음을 떠나서 있을 수 없다는 입장을 취한다. 이 철학에서는 형이상(形而上)과 형이하(形而下)의 구분이 없고, '이'와 '기'를 일원론적으로 파악하며, 마음과 성품도 하나로 간주한다.

그리고 이 철학에서는 마음과 사물을 분리해서 생각하지 않으며, '이'가 마음과 떨어져 있다고 보지 않는다. 그래서 육구연은 "우주 안의 모든 일들은 내 마음의 일들이며, 내 마음의 모든 일들은 우주 안의 모든 일들이다."라고 말한다. 이처럼 심학에서는 마음을 중시하기 때문에 주희의 '성즉리(性卽理)' 대신 '심즉리(心卽理)'의 주장을 편다.

왕수인은, 인간은 누구나 태어날 때부터 옳고 그름을 분별할 줄

아는 능력, 즉 양지(良知)를 가지고 있다고 말한다. 그리고 이어서 그는 양지를 빠짐없이 실천으로 옮길 때 성인이 된다고 한다. 또한 양지를 자각하고 충분히 발휘하는 것을 치양지(致良知)라고 한다. 그리고 치양지에 이르기 위해서는 일상생활 속에서 부단히 연마하거나, 고요히 앉아서 사욕을 제거하고 마음을 밝게 하여 본래의 양지를 드러내도록 해야 한다고 주장한다.

이처럼 심학에서는 인간 본연의 양지를 밝힘으로써 우주 전체의 이치를 알 수 있다고 믿는다. 왕수인으로 대표되는 양명학은 청나라 시대에 각광을 받았는데, 우리 나라에서는 성리학에 눌려서 빛을 보지 못했다.

6
한국의 철학사상

원효

이황

이이

정약용

단군

지금부터는 한국 철학의 세계로 들어가 보자. 한국 철학은 중국 철학의 한 부분으로 이해하는 경우가 많은데, 실은 중국 철학과 분명히 구분되는 독창적인 세계를 구축해 왔다.

한국 철학 사상의 원류와 전개

한국 사상의 원류를 찾아 거슬러 올라가보면, 고대 부족 사회에 하늘, 해, 별, 달, 산 등을 신으로 모시는 원시종교가 있었다. 당시 부족 사회에는 이러한 자연계에 초월적인 능력과 영혼이 있다고 믿었으며, 이러한 신을 숭배하는 의식을 통해 평안을 기원했다.

고조선 건국 설화인 단군신화에는 당시 우리 민족의 세계관이 반영되어 있다. 단군신화에는 천상의 세계와 지상의 세계 간의 조화를 추구하는 세계관과, 인간을 널리 이롭게 한다는 인본주의적인 가치관이 담겨 있다. 이러한 세계관과 가치관은 우리 전 민족사를 통해서 가장 기본적인 사상적 지주가 되어 오늘날까지 이어져 오고 있다.

삼국 시대에는 중국으로부터 유학과 도교, 불교가 전래되었다.

석굴암 본존불상

이러한 사상들은 토속적인 민간신앙과 어우러지면서 새로운 정신적 가치를 만들어냈으며, 고대 국가의 지배체제를 공고히 하는 이념적 수단으로서 커다란 역할을 했다.

불교는 삼국에서 중앙집권적인 왕권이 확립될 무렵에 절대왕권을 신성시하기 위한 정신적 가치체계로서 뿌리내렸다. 특히 삼국 사이에 패권을 둘러싼 경쟁이 격화되면서 불교는 나라를 수호하는 호국불교로서의 성격이 강화되고 장려되었다. 그리고 통일신라 시대에 원효는 일심(一心)사상을 설파하면서 불교 종파의 화합과 통일을 강조하여 한국의 독자적인 불교사상을 창조했으며, 불교를 귀족 중심에서 일반 민중의 생활 속으로 확산시켰다.

유학은 중국과의 접촉에서 한학의 도입과 함께 전래되기 시작하여, 삼국 시대에 이르러 국가적 차원의 교육기관을 통해 본격적으로 장려되었다. 삼국 시대의 유학은 국가의 정치철학으로서의 성격이 강했으며, 유학의 충효사상은 일반 백성들 사이에 널리 자리 잡았다. 특히 백제에는 왕인과 아직기와 같은 뛰어난 유학자가 배출되어 일본에 유학을 전파했다.

의천

한편 도교 역시 삼국 시대에 전래되어 민간에 널리 퍼졌는데, 최치원 같은 이는 유·불·선의 3개 사상의 조화를 주장했다. 신라 말에는 중앙집권적인 지배질서가 붕괴하면서 민간에는 신비한 체험을 믿는 도참사상이 퍼졌으며, 이러한 영향으로 불교에서도 깨달음을 강조하는 선종이 유행했다.

고려의 왕건은 삼국 시대로부터 전래된 유교와 불교, 도교를 모두 이어받아 국가 통치의 이념으로 삼았다. 고려 시대의 유학은 과거제도의 시행을 통해 크게 융성하여, 관직에 등용된 유학자들은 기존의 지배권력과는 다른 새로운 지식 계급을 형성하면서 유학의 이념을 정치에 적용하고 사회의 개혁을 도모하려는 노력을 했다. 그러나 고려 중기 이후에는 학풍이 보수화되면서 문벌 귀족의 안정을 도모하는 보수화 경향이 뚜렷해졌는데, 최충, 김부식 등은 보수적인 학풍에 속한 대표적인 인물이다.

불교는 통일신라 불교를 이어받아서 장려되어 각종 대형 사찰이 건립되었고, 국가 차원의 불교 행사가 크게 성행했다. 의천은 가르침과 수련의 일치를 강조했으며, 화엄종의 입장에서 선종을 통합

지눌

하기 위해 천태종을 창시했다. 지눌은 가르침과 수련은 본래 하나임을 강조하고 '돈오점수', '정혜쌍수'를 강조했다.

도교는 삼국 시대보다 고려 시대에 크게 성행했다. 도교는 불로장생과 현세의 이익을 기원하면서 민간에 널리 퍼졌는데, 국가 차원에서도 사원이 건립되어 국가의 안녕과 왕실의 번영을 기원하기도 했다. 그리고 도교에 근간을 두고 풍수지리설이 성행하여 국가의 중요 정책을 정하는 데에도 영향을 끼쳤다.

한국 성리학의 발전

한국 유학은 고려 말에 안향이 성리학을 전래하면서 새로운 전기를 맞는다. 새로 전래된 성리학은 불교의 타락에 대한 사상적 반발로 신흥 사대부 사이에 확산되었으며, 고전의 이해를 중심으로 한 기존의 훈고학을 밀어내고 실천적인 학문으로서 자리잡았다. 조선 시대에는 숭유정책으로 유학이 장려되었고, 『주자가례(朱子家禮)』와 『소학(小學)』의 보급으로 민중의 생활 속으로 깊이 뿌리내렸다.

안향

조선 시대에 들어와 유학은 현실 정치에 대한 참여를 둘러싸고 두 갈래로 나뉘었다. 한 갈래는 이성계의 역성 혁명을 받아들이고 유학을 정치적 통치 이념으로 내세우려는 학자들로서, 정도전, 권근 등이 이에 해당한다. 이들은 '관학파(官學派)'라고 하며, 사장(詞章 : 시가와 문장) 중심의 학풍을 띠었고, 세종 시대에는 집현전을 중심으로 정치에 적극 참여했다. 이들은 후에 훈구파라고도 불리었다.

또 다른 갈래는 조선 왕조의 역성 혁명을 인정하지 않고 향촌에서 교육 활동에 주력한 학자들로서, 여말선초의 정몽주, 길재에 이어 김종직, 김굉필 등으로 이어지는 사림파(士林派)이다. 이들은 경학(經學)에 치중했고 성리학 연구에 밝았다.

두 학파는 중앙과 향촌에서 기반을 닦고 다른 길을 걸었으나, 16세기 성종 시대에 이르러 사림파가 대거 정치에도 참여하기 시작하면서 충돌이 빚어졌다. 사림파는 유학의 입장에서도 기존의 훈구파와 이론을 달리했으며, 정치 경제적 이해관계에서도 상충되었기 때문이다. 연산군 즉위 이후에 발생한 네 차례의 사화는 바로 이러

이언적

한 결과였다.

한편 사림파가 정치에서 주도권을 장악하면서 성리학이 조선 유학을 대표하게 되었고, 이론 연구도 심화되어 그 결과로 '이기론(理氣論)'을 둘러싼 논쟁이 발생했다. 그리하여 한국 성리학은 서경덕을 선구자로 하는 '주기론'과 이언적을 선구자로 하는 '주리론'으로 양립하게 되었다.

주기론은 성리학에서 '기'를 중시하고 경험적 세계를 강조했으며, 주리론은 '이'를 강조했다. 주기론은 뒤에 이이에게로, 주리론은 이황에게로 이어지면서 독창적인 한국 유학이 만개했다. 이황의 주리론은 향촌의 지배계급 사이에서 지지를 얻으면서 발전되었으며, 김성일, 유성룡과 같은 제자로 이어지면서 영남학파를 형성했다. 이에 대하여 이이의 주기론은 현실에 대한 개혁을 강조했는데, 조헌, 김장생 등으로 이어지면서 기호학파를 형성했다.

한편 성리학의 입장 차이는 조선조 후기에 붕당(朋黨)의 빌미가 되기도 했다. 즉, 영남학파는 동인으로, 기호학파는 서인으로 이어졌으며, 다시 동인은 남인과 북인, 서인은 노론과 소론으로 분화되

송시열

어 정치적인 부침을 거듭했다. 붕당의 분화 과정은 학문에서도 배타적인 학풍을 형성했으며, 예법을 둘러싼 예송논쟁(禮訟論爭)과 같은 소모적인 논쟁을 일으키기도 했다.

실학의 발생과 근대 사상의 발전

조선 사회는 16세기에 접어들면서 사회 각 분야에 모순이 표출되기 시작했다. 가장 중요한 경제적 기반인 토지는 양반계급의 손에 집중되면서 농촌 경제가 흔들리게 되었다. 이에 따라 백성들의 삶은 전반적으로 궁핍해졌으나, 소수의 지배층과 일부 상인들은 상당한 부를 축적하여 빈부의 격차가 심해졌다. 특히 임진왜란과 병자호란의 두 차례 전란을 겪으면서 경제는 더욱 어려워졌다.

조선 사회의 정신적 지주인 성리학은 그 기능을 다하지 못하고 당쟁에 휘말린 가운데, 한편에서는 서학(西學)이 전래되어 이전과는 다른 합리적이고 실용적인 지식이 유포되었다. 이러한 시대 상황에서 사회를 개혁하고자 하는 학자들이 18세기를 전후하여 나타났으니, 바로 실학(實學)이다.

박지원

　이들은 현실을 똑바로 인식하기 위해 관념적인 사고에서 벗어나 실제적이고 실용적인 것을 추구하고자 했다. 이들이 추구하고자 한 것은 '실사구시'의 정신, 즉 경험적이고 실증적인 방법을 통해 올바른 것을 밝히고자 하는 것이다. 이들은 서양의 과학지식을 받아들여서 형이상학적인 성리학의 세계관에서 벗어나 합리적인 세계관을 확립하고자 했다.

　실학운동은 성리학의 실용주의적인 주기론에서 그 정신을 이어받았는데, 농업 중심의 경세치용(經世致用)학파, 상공업 중심의 이용후생(利用厚生)학파, 그리고 고증적 실사구시학파의 세 부류로 대별된다.

　경세치용학파는 농업에서의 각종 폐단을 극복하기 위해 토지, 조세, 신분 문제 등에 관심을 집중하고 그 대안을 내놓았는데, 이수광, 유형원, 이익, 정약용 등이 이에 속한다. 이용후생학파는 상공업과 기술 진흥에 많은 관심을 기울였다. 이들은 청나라를 통해 문물을 받아들여서 북학파(北學派)라고도 하는데, 유수원, 홍대용, 박지원, 박제가 등이 이에 해당한다. 고증적 실사구시학파는 우리 역

김정희

사의 민족적 전통에 많은 관심을 기울였다. 이 학파에는 금석학을 만든 김정희를 비롯하여 안정복, 한치윤 등이 있다.

실학자들은 진취적인 학풍과 진지한 노력에도 불구하고 재야에서 활동한 까닭에 그들의 사상을 정치적으로 실현시키지 못함으로써 역사에서 큰 변화를 일으키지는 못한 한계가 있었다. 그렇지만 백성과 나라를 구하고, 사회의 개혁을 촉구한 실학자들의 비판적인 정신은 조선 사회가 격동의 세기로 접어들면서 새로운 기운을 촉발시켰으며, 근대 사상을 형성하는 모태가 되었다.

19세기 말이 되자 조선은 서구 열강들로부터 침략을 받고, 서양 문물이 유입되면서 전통사회의 가치관이 위협받는다. 이러한 혼란기를 맞아 사상을 바로 세우고 나라와 민족을 구하고자 하는 다양한 운동이 일어났다.

위정척사(衛正斥邪)운동은 올바른 것은 지키고 사악한 것은 배척한다는 명분하에 일체의 외국 문물을 배척했다. 이 운동에서 올바른 것이란 성리학을 가리키는데, 자주적 민족정신을 수호한다는 강한 의지를 천명했다. 이 운동의 철학적 기반이 된 것은 이황 이후

최제우

의 주리론에 연원을 둔 이기일원론으로서, 1890년대 이후 치열한 의병운동을 전개해 간 사상적 지주가 되었다.

물질을 중요시하는 주기설의 신봉자들은 실학자들을 거쳐 초기 개화사상으로 연결되었다. 이들은 서양의 근대화된 문물을 받아들여야 한다고 주장하고 갑오개혁을 주도했다.

한편 열강의 침략이 격화되고 농민층의 동요가 심화되자 전면적인 사회 변혁을 요구하는 민중의 욕구가 강렬해졌다. 이러한 욕구는 산발적인 농민전쟁으로 표출되었는데, 최제우의 동학사상과 결합하면서 전 농민적인 대규모 항쟁으로 비화되었다. 동학은 반외세 반봉건 운동으로서 조선조 지배질서의 몰락을 재촉하였으며, 열강의 침략에서 나라를 구하려는 민족 자주 수호운동의 기폭제가 되었다. 그러면 한국 철학에서 중요한 인물들을 만나보기로 하자.

27
원효

元曉, 617~686

민중과 더불어 불교 종파를 통합하다

우리나라 사상사에서 불교는 삼국 시대와 고려 시대에 융성하다가 오늘에 이르기까지 오랜 전통과 함께 정신세계의 중요한 부분을 담당하고 있다. 그 역사만큼이나 우리나라에는 많은 고승들이 등장했는데, 그 중에서도 원효는 단연 으뜸으로 평가받는다. 원효를 중심으로 우리나라 불교사상의 흐름을 살펴본다.

원효는 617년에 지금의 경북 경산군 자인면에서 태어났다. 출생 당시의 시대상은 고구려와 수나라 간에 국가의 명운을 건 전쟁을 벌이고 있었고 고구려와 백제가 협공하며 신라를 위협하던 시기였다. 중국 수나라는 무리한 원정 전쟁과 폭정으로 618년에 무너지고 당나라가 들어섰는데, 원효는 삼국통일을 목전에 둔 시기에 출생했다. 신라에서 불교가 국교로 공인(527년)된 지 100여 년이 지난 경과한 즈음이다.

원효의 본래 이름은 설서당(薛誓幢)이다. 골품제를 따르던 신라 시대에 원효의 계급은 귀족에 해당하는 6두품 출신이다. 그러나 성골이나 진골과 같은 왕족과는 신분적 격차가 있었다. 원효의 어린 시절에는 당시의 여느 화랑들과 마찬가지로 문무를 함께 배양하고 전투에 참여하기도 했다.

그러던 원효가 귀족적 삶을 포기하고 불가에 입문했다. 그의 나이 18세로 자신의 집을 '초개사'라고 명하고 자신의 이름을 '이른 새벽'의 뜻을 지닌 '원효'라고 바꾸었다. 원효는 특별한 스승도 없이 불교 경전을 통해 스스로 불법을 터득한 것으로 알려진다. 그리고 29세가 되어 황룡사에 들어가 정식으로 승려가 되었다.

그는 의상과 함께 불교 공부를 하러 당나라에 가고자 두 차례 시도를 했다. 첫 번째는 34세 무렵인 650년으로 고구려를 거쳐 당나라로 들어가려 했는데, 요동 부근에서 고구려 경비병에게 붙들려 첩자로 몰려 구금되었다가 풀려났다. 그 후 11년이 지난 661년 45세 무렵에 두 번째 당나라 행 시도를 했다. 오늘날 당진에 해당하는 당주에서 바닷길로 당나라에 들어가려 했다. 당주로 가는 도중 오늘날 천안 부근에서 폭우를 만나 오래된 무덤에서 부득이 노숙을 하게 되었는데, 이때 해골 물을 마셨다는 일화가 있다.

원효는 무너진 무덤에서 노숙하다 목이 말라 바가지에 물이 담겨 있어 시원하게 물을 잘 마셨다. 그런데 아침에 보니 그 바가지는 해골이었다. 썩은 해골 물을 마신 것을 안 원효는 역겨워했으나 간밤에 마신 물이나 지금 본 물이나 같은 물인데, 다른 물인 것처럼 여겨지는 이유는 무엇인가를 되새기게 되었다. 결국 마음이 모든 것을 결정한다는 사실을 알고 당나라 유학을 포기했다. 마음이 중요하다면 굳이 먼 당나라에까지 갈 필요가 없다고 생각한 것이다.

첫 번째 당나라 행이 좌절된 후 무열왕인 김춘추의 딸 요석공주와 사이에 아들을 낳았다. 그 아들은 바로 이두를 체계화한 설총이다. 당나라 행을 포기하고 신라에 남은 원효의 이후 행동거지는 당시의 귀족이나 승려와 전혀 다른 파격적인 모습을 보이게 된다. 원효는 승려의 신분임에도 얽매이는 삶을 싫어하고 민중들과 어울려 돌아다니기를 좋아했다. 저잣거리에서 대중들과 함께 춤을 추고 노래를 부르며 함께 어울린 것이다. 원효와 다르게 당나라 유학을 다녀온 의상이 신라로 돌아와서 화엄종을 설파하여 독자적인 교단을

간밤에 달게 마신 물이나 아침의 물이나 같은 물인데 다른 것은 마음 때문이다. 원효는 마음이 모든 것을 결정한다는 것을 깨닫고 당나라 유학을 포기한다

형성한 것과 대조를 보인다.

원효는 686년 3월에 산중의 혈사(穴寺 : 굴 속의 절)에서 숨을 거뒀다. 원효가 불교에 끼친 영향이 큰 이유는 자신만의 불교 재해석과 이에 기초한 방대한 저술을 남겼기 때문이다. 원효가 남긴 책은 100여 종 240여 권에 달한다. 그 중 대표적인 것으로는 『금강삼매경론』, 『대승기신론소』, 『화엄경소』 등이 있다. '론(論)'과 '소(疏)'란 불경에 대한 주석을 뜻한다. 원효의 주석은 단순한 주석이 아니라 불경의 새로운 해석도 담고 있어 불교에 대한 새로운 지평을 연 것으로 평가받는다. 원효의 저서들은 외국에도 널리 소개되어 가치를 높게 평가받았다.

삼국 시대 불교의 전래 과정

원효의 사상을 이해하기에 앞서 불교의 전개 과정을 먼저 살펴볼 필요가 있다. 불교는 기원전 6세기경에 석가모니로부터 시작되었다. 석가모니는 자신이 깨달은 진리를 세상 사람들에게 알려주고자 했고, 그 가르침이 불교가 되었다. 그렇기 때문에 그리스도교와 같은 절대적인 신은 없다. 석가모니는 인간을 고통스럽게 하는 원인은 진리를 알지 못하는 무지에서 비롯한다고 보았다. 늙고 병들고 죽는 고통은 생에서 비롯된 것임을 알아야 하고, 이것을 알게 되었을 때 현실의 고통에서 벗어날 수 있다고 한다.

불교에서는 모든 삼라만상은 인(因)과 연(緣)으로 연결되어 있기 때문에 모든 생명을 존중해야 하고 남에 대해서 자비를 베풀 것을 강조한다. 이렇게 불교는 종교적 기능뿐만 아니라 일상의 윤리 규범으로도 기능했다.

　석가모니 이후 불교는 소승불교와 대승불교로 분화 발전했다. 소승불교는 수행자 개인의 정신세계를 중시하여 개인의 해탈을 강조한다. 반면 대승불교는 중생과 함께 하며 사회적 실천을 중시한다. 대승불교에서의 보살은 위로는 진리를 구하면서 아래로는 중생을 구제하는 사람이다.

　불교는 초기에 소승불교로부터 출발했고 이후 대승불교가 갈라져 나와 독자적인 불교 교리를 형성해 갔다. 전파 경로는 동남아시아로는 소승불교가, 중국으로는 대승불교가 전파되었다. 중국의 대승불교는 6~7세기경에 화엄종, 천태종, 선종 등이 성립되었다. 화엄종과 천태종은 교종의 양대 종파로 인간과 자연이 원만한 관계로 존재하며 누구나 성불할 수 있다고 본다. 그리고 선종은 개인의 직관을 통한 깨달음을 강조한다.

　우리나라의 불교는 4세기경 삼국 시대에 전래되었다. 고구려와 백제는 중국에서 불교를 들여왔고, 신라의 불교는 가장 늦은 5세기경에 고구려를 통해 들어왔다. 불교 이전에도 우리나라에 전통적인 토속적인 신앙이 있기는 했다. 개인의 기복을 위해 도교와 같은 신앙이 있었으나 내세관은 없어 종교라고 하기는 어려웠다. 불교는 내세관이 있었을 뿐만 아니라 인간과 자비의 사상이 있어 사람들과의 관계를 돈독하게 배려하는 가치관을 내세웠다.

　신라는 삼국 중에서 불교를 가장 늦게 받아들였지만, 법흥왕 때 공인이 된 후 많은 고승들을 배출했다. 세속오계를 설파한 원광법사를 비롯해 자장, 원효, 의상 등이 대표적인 인물이다. 그 중 원효는 기존의 불교와 구별되는 독자적인 불교사상을 설파했을 뿐만 아니라 많은 저술을 남겼다. 그의 저서는 중국, 일본, 인도에까지 전파되어 높게 칭송되었다.

삼국 시대의 불교는 교종이 중심이었다. 석가모니의 말씀을 담은 경전을 통해서 깨달음을 얻어야 한다는 것이다. 원효 역시 받아들인 불교는 교종이었다. 그러나 원효는 교종에 국한되지 않고 선종까지 아우르는 불교사상을 제창하여 우리나라 불교사에 새로운 장을 열었다.

마음은 하나이다

원효의 사상은 크게 일심사상과 화쟁사상으로 집약된다. 일심(一心)사상이란 문자 그대로 하나의 마음이라는 것인데, 당시 여러 갈래의 불교는 결국 알고 보면 하나의 마음이라는 데서 서로 통한다.

원효는 일심을 풀이하기를, "중생들은 모두 하나의 근본에서 출발했는데 모두들 근원을 버리고 흩어지려 한다. 바깥으로 흩어지는 것들을 모아 본래의 근원으로 돌아가야 한다. 근원으로 돌아가는 것은 귀명(歸命)이며, 귀명의 대상은 일심이다. 일심은 삼보이다."

일심이란 세 가지 보물을 뜻하는 삼보, 곧 불(佛), 법(法), 승(僧)이라고 한다. '불'은 부처이고, '법'은 부처의 가르침, '승'은 가르침을 따르는 수행자 집단이다. 원효는 본래의 근본에서 흩어져 나온 우리들은 이 일심으로 돌아가야 한다고 주장했다.

원효는 '일심'을 바다에 비유하여 이렇게 말한다. "바다에는 네 가지 뜻이 있어, 매우 깊음과 광대함과 다하지 않는 온갖 보배와 온갖 형상의 비치어 나타남이다." 바다의 여러 모습은 알고 보면 바다라는 데서 다를 바 없다.

중생이 영원히 생사의 바다에 빠진 채 열반의 언덕에 나아가지 못하는 까닭은 무엇인가? 의혹과 사집(邪執) 때문이다. 의혹이란 법을 의심하는 것과 법에 이르는 교문을 의심하는 것이다. 의혹은 수행에 방해가 되는 것인데, 두 개의 문을 통해 의혹을 떨쳐서 수행해야 한다. 두 개의 문은 진여문(眞如門)과 생멸문(生滅門)이다. 진여문은 발생도 없고 소멸도 없고 증감과 차별이 없는 절대적 본체이며, 생멸문은 발생과 소멸이 있고 증감과 차별이 있다. 곧 진여문은 본질적 측면이고 생멸문은 현상적 측면이다. 그러나 이 둘은 둘이면서 하나이다. 진여문에서는 지행(止行)을 닦고 생멸문에서는 관행(觀行)을 닦아야 한다. 지행과 관행의 수행을 함으로써 만행(萬行)을 갖출 수 있다.

사집은 인집과 법집이 있다. 마음대로 할 수 있다고 생각하는 인집과 객관의 물질 현상이 실재하는 것처럼 잘못 알고 고집하는 법집이다. 이 인집과 법집은 사집이므로 버려야 한다. 일심은 두 개의 문을 통해 병행해서 수행해야 돌아갈 수 있기 때문에 '일심이문'이라 할 수 있다.

마음을 맞추어 조화롭게 어울리다

원효는 어느 한 종파에 치우치지 않고「화엄경」,「열반경」,「반야경」등 대승 불교 경전 전체를 섭렵하고 깨우쳤다. 원효는 이러한 깨우침을 바탕으로 불교의 가르침 전체를 한 가지 이치로 종합하여 분열이 없는 보다 높은 차원에서 불교사상 체계를 세웠다.

원효가 강조하는 화쟁(和諍)이란 마음을 맞추어 간한다는 뜻이니, 조화롭게 어울림이다. 원효 당시의 불교는 서로 자신들만이 진리라고 주장하는 여러 종파들이 난립하고 있었다. 그러나 원효의 입장에서는 불교의 법리는 모두 이치가 있고, 이치가 있으니 모두 허락되고 서로 통한다고 보았다. 즉 본질에서는 일심으로 모두 통하기 때문이다.

화쟁사상은 원효의 모든 저작에서 두루 언급되지만, 그 중에서도 화쟁을 가장 잘 보여주는 것은 『십문화쟁론』이다. 책 이름에서도 화쟁을 부각시키고 있는데, 『십문화쟁론』은 불교에서 대립되는 용어와 서로 다른 교의를 10개의 문(門)으로 나누어 정리하고 모순을 융합하고 회통하여 일승불교의 필요성을 강조했다. 『십문화쟁론』에서 화쟁의 의미를 말하기를, 여러 논설들이 나타나 저마다 자

대승기신론소

기네들의 종파는 옳고 다른 논설들은 틀리다고 하여 결국 차이가 더욱 벌어졌으나 본질에서는 다를 바 없다고 한다. 즉 겉으로 드러난 데 이끌리지 말고 본질을 추구해야 한다고 한다.

한편 원효의 불교 설법 방식은 무애(無碍)라고 하는 무애사상을 폈다. 무애란 장애가 없다는 뜻으로 어떤 것에도 구애받지 않는 사람은 죽음에서 벗어날 수 있다고 한다. 즉 무애인은 자유인이다. 원효는 진리의 길이 속세의 길과 다른 것이 아니라고 보았다. 불교에 이르는 장애와 문턱을 모두 무너뜨려야 한다고 하여 귀족이나 민중이나 모두 평등하게 불교를 접하도록 했다. 이런 노력으로 원효는 불교의 대중화에 크게 기여했다.

원효 이후 한국 불교의 전개

통일신라 시대에 불교는 호국불교로서 기능했다. 종파로는 통일신라 말기에 선종이 전해져 와서 기존의 교종과 양립했다. 교종과 선종도 사회의 변화와 조응하여 새로운 종파로 분화되었다. 신라의 왕권에 대립하는 지방 호족들은 기존의 교종에 대체하여 선종을 지배 이데올로기로 삼았다. 신라 말기에 이르면 교종은 5개의 종파로, 선종은 9개의 종파로 분화되었다.

고려 시대에는 불교를 국교로 삼으며 왕실과 일반 민중에 이르기까지 크게 번성함에 따라 많은 고승들이 배출되었다. 의천은 천태종 중심으로 교종을 합친 뒤 다시 선종까지 합쳤다. 수행 방법에서는 교관겸수(敎觀兼修)를 제창했다. '교'란 부처의 가르침이고 '관'이란 참선을 뜻하는 것이니 교종의 방식과 선정의 방식을 모두 따르는 것이다.

고려 후기의 지눌은 선종의 최대 종파인 조계종을 일으켰다. 이후 교종까지 합칠 것을 주장했다. 선정과 지혜를 함께 닦아야 한다며 정혜쌍수(定慧雙修)를 주장하고, 수행법에서는 진리를 단번에 깨진 뒤 번뇌를 점차 소멸시켜가는 돈오점수(頓悟漸修)를 설파했다.

한국 불교에서 새로운 종파의 등장에 이은 제종파의 통합의 과정은 결국 원효의 화쟁사상의 연장이라 할 수 있다.

28
이황

李滉, 호 퇴계, 1501~1570
인간의 심성을 어떻게 이해할 것인가

이황은 조선 연산군 7년인 1501년에 오늘날의 경북 안동시 도산면에서 진사인 이식(李埴)의 7남 1녀 중 막내로 태어났다.
　이황의 아버지는 그가 태어난 지 7개월 만에 세상을 떠났다. 이때 어머니의 나이는 32세로, 혼자 대식구를 먹이고 키우느라 갖은 고생을 다했다. 농사와 길쌈, 양잠 등 가족의 생계를 위해서라면 어려운 일을 마다하지 않은 어머니였다. 그런 힘겨운 여건에서도 어머니는 자식들에게 가르침이 각별하여, 이황이 학문에서 큰 업적을 쌓고 인격을 연마하는 데 커다란 영향을 주었다.
　이황은 어려서부터 자신이 해야 할 일을 남에게 미루지 않았고, 학업에 임할 때면 지성을 다했다. 그는 여섯 살 때 동네 노인한테서 「천자문」을 배웠는데, 배우러 갈 때면 아침 일찍 세수하고 머리를 빗고 옷차림을 단정히 하고 떠났으며, 노인댁 문전에서는 전날 배운 것을 두어 차례나 외고 난 후 들어갔다. 그 태도가 워낙 지극하여 보는 사람들이 경탄해마지 않았다.

12세가 되어 이황은 숙부인 이우로부터 『논어』를 배웠고, 14세 무렵부터는 스스로 독서를 취미삼아 했는데, 한번 책에 빠지면 집중력이 워낙 강해서 같은 또래의 아이들이 그를 대하기를 마치 스승처럼 했다.

점차 나이가 들면서 이황은 철학적 사색이 깊어가고 글 짓는 소질이 늘어갔다. 그가 어려서부터 철학에 깊이 빠져들 수 있었던 것은 외가로부터 물려받은 방대한 책이 그의 집에 소장되어 있었기 때문이었다. 이황은 19세에 『성리대전』을, 20세에는 『주역』을 독파했다. 이 시절 그는 밤낮을 가리지 않고 공부를 너무 열심히 해서 소화기 계통의 병을 얻고 말았다.

23세가 되어 이황은 서울로 올라가 성균관에 들어가 공부를 했다. 그리고 24세가 되어 과거에 응시했으나 떨어졌고, 이후로도 내리 두 차례나 더 낙방했다. 이황은 본디 벼슬에는 관심이 없고 학문에 뜻을 두었지만, 당시에는 학자라 해도 과거를 보는 일은 당연시되었다.

27세가 되던 중종 22년에 이황은 비로소 경상도 향해진사시(鄕解進士試)에 합격했다. 이후 28세에는 서울의 진사회시(進士會試)에, 32세에는 문과별거초시(文科別擧初試)에, 33세에는 경상도 향시(鄕試)에 각각 합격했고, 34세에 문과에 급제하여 벼슬길로 나섰다. 이에 조정의 여러 관직을 역임하다가 48세가 되던 해에 단양 군수와 풍기 군수로 자리를 옮겼다. 그리고 이듬해 겨울에 병을 얻어 풍기 군수를 그만두고 고향으로 돌아와서 독서와 사색으로 나날을 보냈다.

그 후로도 명종 임금의 총애로 이황에게는 높은 여러 관직이 주어졌으나, 그는 이를 사양하여 형식상의 직위만 두었을 뿐 실질적으로 공무를 수행하지는 않았다. 이때 이황의 주된 활동은 물론 학문의 정진이었다.

이황은 많은 책을 썼는데, 특히 57세(1557년)에 쓴 『주자서절요(朱子書節要)』는 우리나라는 물론 일본에까지 주자학의 교본으로 소개되고 널리 읽혔다. 68세(1568년)에 선조에게 올린 『성학십도(聖學十圖)』는 성리학의 근본 원리와 수행 방법을 10개의 그림을 통해 압축적으로 정리한 것으로서, 이황이 학문의 전 생애를 통해

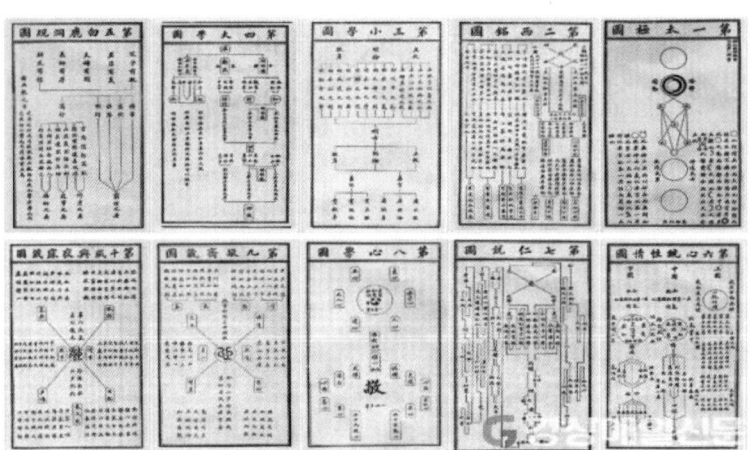

성학십도

가장 심혈을 기울인 책이다.

이황의 생활은 평생을 통해 지극히 검소했다. 세수 그릇은 질그릇을 사용했고, 외출할 때에는 칡으로 만든 신발에 대나무 지팡이를 써서 담박한 차림을 했다. 그리고 식사는 너무 간소해서 그의 집을 방문한 사람이 차마 수저를 들기 어려울 정도였다. 그에게는 많은 제자들이 있었지만 생일날을 맞아서도 제자들이 술잔을 올리지 못하도록 했다.

이황은 1570년에 69세를 일기로 생을 마감했다. 그가 죽자 선조 임금은 도산서원을 건립하여 그의 높은 학문의 뜻을 기렸고, 6년 후 '문순(文純)'이라는 시호를 내렸다.

그의 학문은 유성룡, 김성일 등 많은 학자가 뒤를 이으며 '영남학파'를 형성했다. 그리고 그의 학문은 우리나라 철학의 대표적인 업적으로 평가받으면서 오늘날에도 국제적으로 중요한 연구의 대상이 되고 있으며, 특히 일본에서 그 연구가 활발하게 이루어지고 있다. 그렇다면 우리 자신은 과연 이황의 성리학을 얼마나 이해하고 있을까? 이런 물음을 던지면서 이제 그의 철학 세계로 들어가 보기로 하자.

한국 성리학의 전개와 발전

고려 말에 성리학이 유입되면서 우리나라의 유학사상은 활발한 연구가 이루어지고 많은 발전을 이룩했다. 조선 중기에는 중국의 철학 이론을 답습하는 단계를 넘어 한국 유학이 크게 융성하고 독창적인 이론 체계를 만들어가게 된다. 성리학에서는 '이(理)'와 '기

(氣)'를 둘러싼 논쟁이 활발해지면서 각각 새로운 학파들이 형성되기 시작하는데, 그 선두에 있었던 학자는 서경덕과 이언적이다.

서경덕(徐敬德 1489~1546)은 우주 만물의 궁극적 근원을 '기'로 파악하고, '기'를 중심으로 한 철학설을 펼쳤다. 그에 따르면, '기'는 형태를 가지지 않기 때문에 감각할 수는 없지만 이 우주에 무한히 영원하게 존재하는 것이다. 이러한 형이상학적인 '기'의 세계는 '선천(先天)' 또는 '태허(太虛)'라고 하는데, 선천의 '기'는 모여서 구체적인 사물을 만든다. 물질의 세계는 '후천(後天)'이라고 하는데, 후천에서 '기'는 음과 양, 움직임과 고요함, 모임과 흩어짐, 깨끗하고 탁함 등의 현상을 나타낸다. 이러한 '기'의 운동으로 말미암아 해와 달, 물과 불 등 물질이 생겨나고, 삶과 죽음의 현상도 나타난다. 양의 '기'가 모인 것이 해이고, 음의 '기'가 모인 것은 달이다. 삶이란 '기'가 모인 것이고, 죽음이란 '기'가 흩어진 것이다. 이렇듯, 삼라만상의 모든 물질과 현상은 모두 '기'의 움직임이며, '기'는 영원불멸하다. 그리고 '이(理)'란 '기'를 움직이게 하는 내적인 법칙에 불과하다고 주장하여, 서경덕은 '기' 중심의 세계관, '기일원론(氣一元論)'을 폈다.

이언적(李彦迪 1491~1553)은 서경덕과는 대조적으로 우주의 궁극적인 존재를 '이'로 파악했다. 그는 모든 사물과 운동의 근거는 바로 '태극'이자 '이'라고 주장했다. '이'는 현상세계에서 초월해 있는 것이 아니라, 구체적인 사물 속에 항상 내재하여서 각 사물들의 이치[理]가 된다고 주장했다. 이러한 주장은 주희의 성리학에서 이어받은 것이라 할 수 있는데, 이언적은 태극 또는 이치는 결코 추상적인 것이 아니라 실감할 수 있는 실제적인 이치[實理]라고 주장했다. 그래서 그는 학문의 목적은 일상 세계에서 사물의 이치를 탐구하여 궁극적으로는 도(道)를 실천하는 데 있다고 했다. 그 도란 바로 부자, 형제, 부부 간의 일상적인 윤리를 실천하는 것이며, 이러한 규범에 대한 공부를 통해 천리(天理)에 도달할 수 있다고 했다.

이황의 주리론적 이기이원론

이황은 이언적의 성리학을 이어받아서 더욱 발전시켰다. 따라서 이황은 서경덕이 주장하는 '기일원론'을 배격한다.

이황은 주희의 이기론에서와 같이 우주 만물의 궁극적인 존재를 '이'와 '기'로 파악한다. '이'는 현상세계 배후의 근원으로서 법칙과 도리에 해당하며, '기'는 사물의 재료에 해당한다. '이'는 형태가 없고 영원하나, '기'는 형태가 있고 생멸하는 운동을 한다.

그런데 '기'가 생멸한다면 생멸하도록 하는 그 앞의 '기'가 있을 터인데, 그 최초의 것을 찾는다면 그것은 '음양'이라는 '기'이다. 그리고 그 음양의 '기' 배후에는 그것을 작용하도록 하는 '이'가 있는데, 그 '이'는 곧 '태극'이다. 결국 '태극', 즉 '이'에서 음양의 '기'가 발생하므로 만물의 근원은 '이'인 셈이다. 이렇게 '이'는 '기'보다 근원적이며 우월하다. 다시 말하자면, '태극'인 '이'는 자체적인 운동에 의해 음양의 '기'를 발생시킨 것이며, '이'는 스스로 작용하는 능력을 가지고 있다.

'이'를 '기'보다 우위에 놓는 이황의 사고는 선과 악의 가치로까지 연결된다. 즉, 인간은 '이'이고 동물은 '기'이며, 이성은 '이'이고 감성은 '기'이다. '이'는 선하고 고귀하지만, '기'는 악하고 미천하다. 이처럼 이황은 인륜에서 가치의 기준을 엄격히 세우기 위해 '이'와 '기'의 우열을 구분했다. 이황은 이렇게 '이'를 중요시하였기 때문에 그의 이기론을 가리켜 '주리론(主理論)'이라고 부른다.

이황의 4단 7정론

성리학의 기본 개념인 '이'와 '기'는 중국에서는 주로 우주의 근원을 해명하고자 하는 관심사에서 비롯되었는데, 우리나라에서 성리학의 주된 관심사는 인간의 심성을 해명하고자 하는 데에 맞추어졌다. 특히 우리나라 성리학자들 사이에서 관심이 집중되고 연구의 성과가 집적된 인성에 관한 이론은 '4단 7정론'이라는 것이다. 이 이론은 이황과 기대승(奇大升 1527~1572) 사이의 7년간(1559~1566년)에 걸친 논쟁 과정에서 발전했다. 그리고 이 인성론은 이후 조선시대를 관통하면서 많은 철학자들에게 열띤 논쟁의 대상이 되어, 마침내는 우리나라 성리학의 빛나는 업적으로 남게 되었으며, 한국 성리학에서 주리론과 주기론을 심화시키는 계기가 되었다.

4단(四端)이란 맹자가 말한 것으로, 측은하게 여기는 마음, 잘못을 부끄러워하고 불의를 미워하는 마음, 사양하는 마음, 옳고 그름을 분별하는 마음 등 네 가지를 말한다. 이 네 가지의 마음은 인의예지(仁義禮智)의 본성에서 싹트는 것이다. 그리고 7정(七情)이란 『예기(禮記)』에 나오는 것으로, 기쁨[喜], 노여움[怒], 슬픔[哀], 두려움[懼], 사랑[愛], 미움[惡], 욕심[慾] 등 일곱 가지 감정이다. 4단은 모두 선한 마음인 반면, 7정은 인간의 모든 감정으로서 선하게 될 수도 있고 악하게 될 수도 있다.

이 '4단 7정'을 둘러싼 논쟁은, 정추만의 『천명도(天命圖)』에 기술되어 있는 "4단은 '이'에서 발동하여 나오며, 7정은 '기'에서 발동하여 나온다."는 대목에 대한 해석의 차이에서 비롯되었다. 즉 이황은 이에 대해 "4단의 발동은 '순수한 이치[純理]'이므로 선하지 않음이 없고, 7정의 발동은 기를 겸하므로 선악이 있다."는 의견을 내놓은 것인데 이것이 논쟁을 촉발시킨 것이다. 정추만의 입장은 곧 주희의 견해이기도 한데, 이황은 이를 보다 부연하여 설명을 붙인 것이다.

이에 대하여 기대승은 "4단과 7정은 같은 성정(性情)으로서, 7정 가운데에서 선한 것을 가려 4단이라고 한다."고 하였고, "'이'와 '기'가 따로 발동하는 것은 아니다."라고 답했다. 기대승의 견해는 이기론에서 "'이'와 '기'가 떨어져 있는 것은 아니다[不相離]."는 측면을 강조한 것이었다.

기대승의 견해에 대해 이황은 4단과 7정이 같은 성정이라고는 하지만, 4단은 순전히 선하며, 7정은 선악이 있으므로 그것이 각기 어디에서 발동하였는지를 가려야 한다는 입장을 견지했다. 그는 이기론에서 여전히 "'이'와 '기'는 서로 섞일 수 없다[不相雜]."는 측면을 강조하였던 것이다.

4단과 7정은 '이'와 '기'가 각기 발동함으로써 나오는 것이라는 이황의 견해를 가리켜 '이기호발설(理氣互發說)'이라고 하는데, 논쟁을 거치면서 이황도 자신의 견해를 수정하게 된다. 즉, 인간의 마음이나 감정은 '이'나 '기'의 어느 하나만으로 나오는 것이 아니라,

그 둘이 서로 함께 작용함으로써 나온다고 본 것이다. 그래서 그는 최종적인 결론으로서, 4단은 '이'가 발동하되 '기'가 따르는 것[理發而氣隨之]이며, 7정은 '기'가 발동하되 '이'가 그 위에 타는 것[氣發而理承之]이라고 했다.

학문과 실천의 일치

주희는 인간의 마음을 '도심(道心)'과 '인심(人心)'으로 구별한 바 있다. 도심이란 진리와 정의를 실현하고자 하는 마음이며, 인심은 인간의 욕망과 감정에 이끌리는 마음이다. 마음에 대한 두 가지의 구분은 4단과 7정을 나누어 사고하는 데도 같이 적용되어, 4단은 바로 도심과 같은 내용이며, 7정은 인심과 같은 내용이라 할 수 있다.

인심 가운데서 사사로운 욕망에 사로잡히는 것을 경계해야 하는데, 이를 위해 주희는 거경(居敬)과 격물치지(格物致知)를 강조한

도산서원 (경북 안동)

바 있다. 이황은 주희의 사상을 따라서 실천하려고 노력하면서, 실천의 덕목으로 경(敬)과 의(義)를 강조한다. '경'이란 마음이 흐트러짐 없이 바르게 하는 것이며, '의'는 밖으로 올바르게 하는 것이다. 이 두 가지는 모두 놓쳐서는 안 되는 것이지만, '이'를 우선시하는 그의 사상은 '경'의 중요성을 강조하게 되었다.

마음의 평정을 이루는 것은 주자학의 중요한 내용으로서, 이황은 '이'가 주가 되어 '기'를 통제할 때 마음이 고요해진다고 믿었기 때문에 '경'을 중시하게 된 것이다. 이와 같은 이황의 실천관은 학문에 대한 열정과 함께 그대로 구현되어, 그는 평생토록 구도하는 자세로 독서를 하고 검소한 생활을 했던 것이다. 이황이 남긴 위대한 학문 업적은 이처럼 올바른 마음가짐을 항시 실천하고자 한 정신 위에서 이룩된 것이다.

29

이이

李珥, 호 율곡, 1536~1584
실제적인 것에 힘써 세상을 다스린다

이이는 중종 31년, 1536년에 오늘날 지명으로 강원도 강릉시 죽헌동에서 태어났다. 아버지는 사헌부 감찰인 이원수이며, 어머니는 신사임당이다.

이이가 태어난 곳은 오죽헌이라는 외가댁으로, 그는 다섯 살 때까지 이곳에서 살았다. 어머니인 신사임당의 고매한 인품과 뛰어난 문필은 잘 알려져 있거니와, 이이는 어린 시절에 어머니로부터 많은 감화를 받으며 성장했다. 이러한 교육 환경에다가 이이 자신의 타고난 재능이 결부되어, 세 살 무렵이 되었을 때 이이는 말은 물론이고 글도 깨우쳤다.

이이는 5세가 되어 어머니와 함께 서울로 올라갔다. 그리고 2년

후 선친의 고향인 경기도 파주의 율곡으로 가서 어머니로부터 계속 교육을 받았다. 명종 3년인 1548년에 이이는 약관 12세의 나이로 진사 초시에 급제했다.

17세가 되었을 때 어머니가 병환으로 세상을 떴다. 이에 당시 유교의 풍습에 따라 그는 어머니의 산소 곁에서 3년을 지냈다. 어린 시절부터 이이의 삶에 절대적인 존재였던 어머니의 죽음은 그에게 큰 충격을 주었고, 그의 뇌리는 큰 혼란에 빠져들었다. 생로병사란 과연 무엇인가를 곰곰이 생각하게 되면서 점차 그는 불교에 심취하게 되었다.

그리하여 19세에는 금강산에 들어가기로 작정했다. 유교를 숭상하던 조선 사회에서 불교는 금기의 대상이었고, 더구나 선비의 신분으로서는 더더욱 생각하기 어려운 일이었는데, 이를 무릅쓰고 입산하기로 마음먹은 것은 그로서는 엄청난 결심이 아닐 수 없었다. 그는 금강산의 한 도량을 찾아가 세속의 모든 관계를 잊고 진리를 깨치기 위해 노력했다. 그렇지만 불교의 가르침에도 다시 회의를 느껴 입산한 지 1년이 채 되지 않아 속세로 내려오고 말았다. 비록 짧은 기간이기는 했지만, 이 시기의 정신적 방황은 그의 철학적 사색의 깊이를 더하는 계기가 되었다.

강릉의 외가로 돌아온 이이는 자신이 힘써 나아갈 길과 자세를 바로잡기 위해 좌우명을 지었다. '자경문(自警文)'이라고 제목을 붙인 좌우명에는, "먼저 뜻을 크게 가지자. 마음을 안정시키자. 혼자를 삼가자. 언제나 실제로 할 일을 생각하자. 참된 뜻을 다하도록 하자. 방심하지 말고 서둘지 말자."는 요지로 되어 있었다. 이러한 마음 다짐은 그의 삶에서 '입지(立志)'에 해당하는 것이었고, 이로써 그는 흔들림 없는 인생을 꾸려갈 수 있었다. 그는 훗날에 어린이들을 가르치기 위해 쓴 『격몽요결』(1577)에서도 '입지'의 중요성을 강조했다.

강릉의 외가에서 학문에 정진한 지 1년이 되던 명종 11년(1556년)에 이이는 서울로 돌아와서 한성시에 응시하여 장원을 차지했다. 그리고 22세가 되던 이듬해(1557년) 성주 목사(목사는 오늘날 군수에 해당)인 노경린의 딸과 결혼했다.

1558년에 이이는 성주 처가로부터 강릉 외가로 가는 길에 예안에 있던 이황을 만났다. 이때 이이의 나이는 23세로 패기에 찬 촉망받는 청년이었고, 이황의 나이는 58세로 학문에서 원숙의 단계에 접어든 상태였다. 비록 두 사람 사이에는 한 세대가 넘는 연배의 차이가 있었지만, 학문에 대한 열정은 짧지 않은 세월의 간격을 뛰어넘고 있었다. 이이는 그곳에서 이틀을 묵으며 노대가의 인품과 학문의 깊이를 느낄 수 있었고, 이황 또한 이이의 사람됨과 비범한 재기를 발견할 수 있었다. 두 사람은 그 후로 서신 왕래를 통해 계속 각자의 학문에 관해서 대화를 주고받았다.

외가를 거쳐 서울로 돌아와서 이이는 별시(別試)에서 장원을 차지했다. 이 시험에서 그는 '천도책(天道策)'이라는 글을 제출했는데, 이 글은 '이'와 '기'의 관계를 설명한 것으로서 그의 철학적 견해를 압축적으로 표현한 것이었다. 이 글은 곧 중국에까지 알려지면서 그의 학문적 명성은 널리 퍼져나갔다.

26세가 되던 해(1561년)에 그는 아버지를 여의었다. 어머니를 여의었을 때와 마찬가지로 3년간 산소를 지키고 난 뒤, 이이는 여러 차례 과거에 응시하여 장원을 거듭했다. 13세 때 진사시 초시에 급제한 것을 시작으로 29세 때까지 모두 아홉 번의 장원을 차지하여 '구도장원공'이라는 별명을 얻었다.

이와 함께 조정의 정치에도 본격적으로 참여하여 임금에게 간언을 하는 사간원의 최고 책임자인 대사간을 비롯, 홍문관에서 직책을 맡아 임금을 보좌했고, 호조·이조·형조·병조 등의 판서를 역임했다.

그리고 이이는 활발한 정치활동 못지 않게 자신의 사색을 담은 유명한 글과 책을 속속 펴냈다. 『동호문답(東湖問答)』(1569), 『만언봉사(萬言封事)』(1574) 등은 임금이 시무를 어떻게 해야 하는가를 밝힌 글이며, 『성학집요(聖學輯要)』(1575)는 학문과 정사에 긴요한 말을 옛 글에서 뽑아 정리한 글로서 그의 철학적 진수가 담겨져 있

이이의 생가 오죽헌 (강릉)

다. 1583년에는 「시무육조(時務六條)」를 지어서 선조 임금에게 올렸다.

이이는 서경덕과 이황의 철학을 깊이 연구하여 독자적인 철학 체계를 수립했다. 그의 철학은 조헌, 김장생 등으로 이어지면서 이황의 '영남학파'와 대비되는 '기호학파'를 형성했다.

이이는 1584년(선조 17년)에 49세의 아까운 나이에 서울에서 숨을 거두었다. 대학자들이 흔히 그러하듯이 이이는 높은 관직을 두루 거쳤음에도 아무런 유산을 남기지 않았다. 장례비도 없어서 그를 흠모하던 친구와 제자들이 비용을 거두었고, 또 유족을 위해 서울에 집을 마련해 주었다. 1624년에 인조는 그에게 문성(文成)이라는 시호를 내렸다.

주기론적 이기론

이이는 주희의 성리학을 따라서 우주 만물의 근원을 '이'와 '기'로 보았다. 이 점은 이황의 견해이기도 했지만, '이'와 '기'의 성격 규명에서 이이는 이황과 다른 입장에 섰다. 그리고 서경덕의 극단적인 기일원론(氣一元論) 이론도 함께 비판하면서 이이는 독창적인 이기론(理氣論)을 수립했다.

이황은 태극, 즉 '이'에서 음양의 '기'가 나온다고 했는데, 이이는 이에 대하여 음양과 태극은 동시에 존재한다고 하면서 이황의 주장을 부정했다. 이이는 또, '이'는 형태도 없고 운동도 없으나, '기'는 형태가 있고 운동을 하며 '이'를 담는 그릇[器]이라고 생각했다. 이것은 이황의 '이'가 스스로 운동한다는 견해와 대비되는 것이다.

그리고 '이'와 '기'를 엄격히 구분하는 이황과는 달리, 이이는 이 둘을 밀착된 관계로 파악한다. 그에 따르면, 태극의 '이'와 음양의 '기'는 서로 다른 둘이긴 하지만, 이 둘의 관계는 매우 밀착되어 있다. '이'는 '기'를 주재(主宰)하며, '기'는 '이'를 태우고 있다[乘]. 즉, '이'는 '기'의 근거가 되며, '기'는 '이'에 의존한다. 이렇게 '이'와 '기'는 둘이면서 하나이고, 하나이면서 둘이다.

또, '이'는 형체가 없고 앞과 뒤, 시작과 끝이 없기 때문에 두루 통하지만[理通], '기'는 형체가 있고 앞과 뒤, 시작과 끝이 있어 시간과 공간에서 국한된다[氣局]. 이는 마치 형체가 없는 물이나 공기가 형체가 있는 그릇이나 병에 담기는 것과 같다.

한편 이이는 "발동하는 것은 '기'이며, 발동하도록 하는 것은 '이'이다. '기'가 아니면 발동할 수 없고, '이'가 아니면 발동하게 되지 못한다."라고 말한다. '기'가 발동하고, '이'가 그 위에 탄다는 그의 주장은 '기발이승(氣發理乘)'이라고 한다. 이렇게 이이는 '기발이승'의 논리로 우주 만물의 생성과 변화를 설명한다.

이렇게 '이기'에 대한 이이의 설명에서는 '이통기국', '기발이승'이 특징이라고 할 수 있다. 이이의 이기론은, 이황이 '이'와 '기'의 관계를 엄격하게 구분하고 '이'를 우위에 둔 것과 달리, 이이는 이 둘의 관계는 밀착된 것으로 파악하고 '기'의 역할도 적극적으로 두고 있다. 그래서 이이의 철학에서는 이황과 같이 '이'를 절대적으로 존엄시하는 것도 부정된다.

이와 같은 이이의 이기론을 가리켜 이황의 주리론과 대비하여 '주기론'이라고 부르는 경우가 많은데, 그렇다고 하여 이황이 '이'를

'기'에 비해 절대적으로 우위에 놓은 것처럼 이이가 '기'를 '이'보다 우위에 놓고 파악한 것은 아니다. 다만 주리론의 입장과 대비하여 주기론이라는 명칭이 붙었을 따름이다. 그리고 이이의 이기론은 서경덕의 '기일원론'과도 분명히 차이가 있는 것이다.

이이의 4단 7정론

이이는 이황과 기대승의 4단 7정(四端七情)에 관한 논쟁에 영향을 받아 자신의 인성론을 수립했다. 먼저 이이는 마음이 아직 발동하지 않은 것은 성품[性]이며, 마음이 발동한 것은 정(情)이라 했다. 이것은 발동하는 것은 '기'이고, 발동하도록 하는 것은 '이'라는 이이의 '기발이승론'에 따를 때, 정은 곧 '기'에서 나온 것이다. 이 점은 4단 7정이 각기 '이'와 '기'에서 비롯되었다는 이황의 이론과 달리, 4단 7정은 모두 '기'에서 비롯되었다는 것을 뜻하게 된다.

따라서 이이는 4단과 7정의 구분을 엄격하게 하지 않는다. 즉, 인간의 감정이란 7정뿐이며, 4단은 7정 가운데 선한 감정을 가리키는 것이라고 주장하는 것이다. 도심(道心)과 인심(人心) 역시 다른 근원에서 나오는 것이 아니다. 그런데 이이는 도심과 인심이란 단순한 마음이 아니라 의지도 함께 깃들여 있는 것이므로, 의지에 따라서 도심이 될 수도 있고 인심이 될 수도 있다고 한다. 바른 이치를 따라 바른 마음을 가지면 인심도 도심이 될 수가 있으며, 반대로 처음에 도심이던 것도 바른 길로 가지 않으면 인심으로 바뀐다는 것이다. 이이의 인심과 도심에 관한 이론은 인심과 도심의 경계를 분명히 하였던 이황의 이론과 대비되는 것이다.

이이에게서 인심을 도심으로 바꾸는 의지는 성실한 의지이며, 이 의지를 바탕으로 바른 마음을 가지고 실천함으로써 기질을 변화시킨다. 성실한 의지와 바른 마음을 가리켜 성의정심(誠意正心)이라고 한다. 그런데 기질을 변화시키는 하나의 수단으로는 학문이 있다. 학문의 목적은 자신을 수양하는 것이며, 성인이 되는 길이다. 학문의 기능을 이렇게 이해하는 것은 유학의 일반적인 태도라 할 수 있는데, 이이는 성(誠)을 강조하여 기질을 변화시키고, 도심에까지 이를 수 있다고 강조한 점에서 특징이 있다.

이이의 인성론은 근원적으로는 기대승의 인성론을 이어받은 것으로서, 그는 이황의 인성론을 이어받은 성혼(成渾 1535~1598)과 4·7논전을 벌이게 된다. 성혼은 주희의 인심 도심론과 이기론을 근거로 이황을 지지하였고, 이이는 자신의 논리를 전개하면서 논쟁이

성학집요

계속되었다. 이렇게 4단 7정의 논쟁은 우리나라 성리학에서 주리론과 주기론의 학파를 형성하는 데 중요한 역할을 했고, 그 과정에서 우리나라의 성리학은 더욱 독창적으로 발전해 갔다.

실제적인 것에 힘써 세상을 다스린다

본래 유학은 도덕과 정치의 두 가지를 학문의 본령으로 삼아왔다. 즉, 유학에서 강조하는 수기(修己)와 치인(治人)이란 바로 그것이다. 성현인 공자가 수레를 타고 많은 나라를 찾아서 방랑한 것도 그가 생각하는 이상적인 정치를 실현하기 위한 것이었는데, 이러한 노력은 역대의 수많은 유학자들 사이에서 흔히 찾아볼 수 있는 것이다.

우리나라에서도 유명한 유학자들 중에는 정치적으로도 영향력을 끼친 경우가 많은데, 그 대표적인 예가 바로 이이라고 할 수 있다. 이이는 『동호문답』에서 "참된 유생은 조정에 나아가면 일시에 도를 행하여 백성이 태평을 누리게 하고, 물러나면 후세에 배움을 베풀어 학자의 큰 꿈을 펼치는 것이다."라고 했는데, 그의 학문과 정치에 대한 이상을 말해 주는 대목이다.

이이는 실리(實理), 실심(實心), 실의(實意), 실공(實功), 실사(實事) 등과 같은 말을 많이 쓴다. 그가 강조하는 '실(實)'이란 성실(誠實)의 의미이자 '실제(實際)'의 의미이다. 즉, 그는 실제적인 것을 추구하면서 성실한 마음으로 실행할 것을 강조하는 것이다. 이는 곧 무실(務實)의 사상이라 할 수 있다.

그는 무실사상에 근거해서 자신의 정치철학을 실현하고자 했는데, 특히 시의 적절하게 제도를 만들어서 백성을 구할 것을 강조했다. 즉, 그는 맹자 이래 유학에서 내려오는 왕도정치의 이념을 기본으로 하면서, 법과 제도를 실제적인 필요에 따라 변경해야만 진정으로 백성을 평안하게 하고 사회를 발전시킬 수 있다는 것이다. 이를 사회경장론(社會更張論)이라고 하는데, 이이는 당쟁과 사화, 부패로 얼룩진 당시의 어수선한 사회를 일대 개혁할 것을 주장한 것이다. 이이는 그래서 이렇게 말한다.

"무릇 때에 따라서 변해야 하는 것은 법과 제도이며, 고금을 통해 변해서는 안 되는 것은 왕도(王道)와 인정(人政)과 삼강(三綱)과 오상(五常)이다. 그런데 도술(道術)이 밝지 못하여 변해서는 안 되는 것을 바꾼 일이 있고, 변해야 할 것이 때로는 고수된 것이 있다. 그래서 나라를 다스리는 날은 항상 적고 어지러운 날이 항상 많았던 것이다."

이이는 또 임금과 백성의 관계를 이렇게 말한다.

"임금은 나라에 의지하고, 나라는 백성에 의지한다. 왕은 백성을 하늘로 삼고, 백성은 먹을 것을 하늘로 삼는다. 백성이 하늘로 삼는 바를 잃으면 곧 나라는 의지할 바를 잃는다. 이는 변함이 없는 이치이다."

백성을 위한 그의 정치사상은 곧 민권을 강조한 사상이다. 이어서 그는 공론, 즉 여론의 중요성을 강조한다. 공론은 국가의 원기로서 공론을 막으면 나라는 망한다고 말한다. 이러한 그의 정치사상은 바로 민주주의의 이념과 합치되는 것으로서, 봉건적인 조선의 당시 사회상을 고려한다면 이이의 정치사상은 매우 진보적인 것이었다고 평할 수 있다. 실제적인 것에 힘써 세상을 다스린다는 '무실적 경세론'은 이후에 등장하는 실학의 이념과도 합치하는 것으로서, 그는 실학사상의 효시로 평가되기도 한다.

30

정약용

丁若鏞, 호 다산, 1762~1836
현실에 적용하여 실천으로 옮긴다

정약용은 영조 38년인 1762년에 오늘날 경기도 남양주군 조안면 능내리에 해당하는 광주군 초부면 마재에서 태어났다. 정약용의 아버지는 정재원으로 진주 목사를 지냈고, 어머니는 윤선도의 후손으로 해남 윤씨이다. 정약용의 집안은 남인파의 양반이었지만, 그가 태어날 무렵에는 그다지 권세가 있지는 않았다.

정약용은 어려서부터 공부에 재능이 있었다. 네 살 때 천자문을 배우기 시작했으며, 7세에 역법과 산술을, 9세에는 관직에서 물러난 아버지로부터 경서(經書)와 역사책을 배웠다. 그래서 13세 무렵에 정약용은 4서 3경은 물론이고 제자 백가의 많은 책을 읽었다.

어머니를 9세에 여의고 14세에 홍화보의 딸과 결혼했고, 곧 이어 아버지가 관직에 복직하자 함께 서울로 올라갔다. 그곳에서 정약용은 여러 명사들을 만날 수 있었는데, 실학사상가인 이익의 유고를 보고 많은 감명을 받았다. 그리고 박지원, 박제가 등과도 이때 접촉했다.

21세에 정약용은 회시(會試)에 합격하여 진사가 되어 태학(성균관)에 들어갔다. 태학에 들어가자 그는 임금인 정조로부터 총애를 받았다. 정조가 그의 학문적 자질을 높이 평가했기 때문이다. 그 계기가 되었던 것은, 정조가 태학으로 '4·7이기론(四七理氣論)에 있어서 퇴계와 율곡의 이론적 차이'를 답하도록 했던 것이다. 이에 대하여 정약용은 많은 학자들이 퇴계의 이론을 지지하였던 것과는 달리 율곡의 이론을 지지했는데, 이것이 정조의 마음에 들어 칭찬을 받았던 것이다. 그리하여 정약용은 정조에게 『중용』을 강의할 수 있게 되었으며, 계속해서 두터운 신임을 받을 수 있었다.

이 무렵 정약용은 큰형의 처남인 이벽을 자주 만나게 되는데, 그를 통해 서양 문물과 천주교를 알게 된다. 그래서 그 자신도 나중에 천주교 신자가 되었고, 또 배교(背敎)를 하기도 했다. 천주교와의 만남은 그의 인생에서 엄청난 시련과 곡절을 맞게 되는 계기가 되었다.

27세에 그는 대과에 합격했다. 이로써 그는 예문관 검열, 사헌부 지평, 홍문관 수찬, 경기 암행어사, 사간원 사간, 동부승지, 좌부승지, 병조참지, 부호군, 형조참의 등 여러 관직을 약 10년에 걸쳐 지냈다. 그리고 여러 관직을 거치는 동안 지방 농민의 비참한 생활상과 탐관오리의 횡포를 직접 목격하고 이들을 처벌하기 위해 많은 노력을 기울였다.

　1800년, 그의 나이 38세에 정조가 세상을 떠나고 순조가 즉위하면서 정약용은 큰 시련을 맞는다. 노론과 남인 간의 당쟁 과정에서 천주교에 대한 탄압이 격화되면서 마침내 신유사옥이 발생하여 남인계의 그는 천주교 교인이라 해서 투옥되었다. 곧 그는 경상도의 장기로 유배되었고, 아울러 둘째형 정약전은 전라도 신지도로 유배를 갔으며, 셋째형 정약종은 이가환과 함께 옥중에서 죽었다. 얼마 후 유배에서 돌아왔다가 다시 '황사영 백서' 사건이 터져 정약용은 반대파들에 의해 죽임에 처할 뻔했으나 그간의 공적 때문에 겨우 면하고 전라도 강진으로 이배되고, 정약전은 흑산도로 이배되었다.

　투옥에서 강진으로의 이배까지 일련의 사건이 벌어진 것은 1801년의 일이었다. 이로부터 1818년까지 정약용의 유배생활은 18년간 계속된다. 이 기간은 그로서는 암흑과도 같은 세월이었지만, 우리의 사상사에서는 참으로 소중한 시간이 되었다. 그는 각고의 노력으로 학문과 저술에 전념하여 실로 엄청난 업적을 남겼다. 『논어고금주(論語古今註)』, 『중용자잠(中庸自箴)』, 『대학공의(大學公議)』, 『맹자요의(孟子要議)』, 『경세유표(經世遺表)』, 『목민심서(牧民心書)』 등 대부분의 명저들은 그의 유배기에 탄생했다. 그리고 유배에서 돌아온 후 『흠흠심서(欽欽心書)』, 『아언각비(雅言覺非)』 등을 지었다. 그는 평생을 통해 무려 500여 권에 달하는 책을 지었는데, 그 분야는 철학에서부터 정치, 경제, 법률, 지리, 역사 및 의약, 기계 설계에 이르기까지 미치지 않은 곳이 없었다.

　정약용은 1836년, 헌종 2년에 74세를 일기로 세상을 떠났다.

1883년에 고종은 그의 『여유당전서(與猶堂全書)』를 베끼게 하여 내각에 보관하도록 했다. 그리고 1910년에 정헌대부 규장각제학이라는 직위를 추증하고 '문도공(文度公)'이라는 시호를 내렸다.

조선 후기의 사상적 혼돈과 실학의 발생

정약용이 태어나서 활동하던 시대는 조선 시대 후기의 혼란기였다. 영조와 정조 시대에는 형식적인 당쟁은 진정되는 듯했으나, 파벌간의 내부 암투는 치열하게 이어졌다. 특히 순조 이후에는 왕권이 기능을 상실하고 김씨와 조씨 등 외척의 세도정치가 판을 쳐서 백성을 위한 정치는 도외시되었다.

경제적으로는 생산력의 발전에도 불구하고 삼정이 문란해지고 지방관과 서리의 부정이 극에 달하여 농민들은 아사 상태에 이르렀다. 지방 도처에서 유민이 발생하고 도적이 활개를 쳤다. 신분 측면에서는 매관매직이 성행하고, 비대해진 양반층 내에서도 실제 양반의 신분을 유지할 수 있었던 이는 소수에 지나지 않았다. 민심의 이반은 마침내 홍경래의 난과 같은 민중봉기를 불러일으키게 되었다.

사상적으로는 지배적인 사상인 유학에서 주자학 외에 양명학이 유입되었으며, 새로이 서구에서 천주교와 서학이, 그리고 청나라에서 훈고학이 전래되었다. 그리고 내부에서는 실사구시를 표방하는 실학이 일어나고 있었다. 실학은 이러한 시대적 사회상에서 특히 형식적인 교조주의에서 벗어나지 못하고 있던 성리학의 한계를 비판하면서 대두되고 발전했다. 실학은 서학의 영향을 많이 받았기 때문에 기존의 세계관과는 전혀 다른 새로운 주장들이 많았다.

이수광은 지구가 둥글다는 주장을 했으며, 유형원은 성리학의 '이기(理氣)'와 관련하여 이치란 형이상학적인 것이 아니라 만물을 통해서 나타난다는 주장을 했다. 이익은 자구의 자전설을 받아들였고, 지구의 인력에 의해 사람이 지구의 둥근 표면에 살 수 있다고 설명했다. 또한 자연과학에 밝았던 홍대용은 우주 공간에는 '기'가 가득 차 있으며, 이 '기'가 응고되어 천체가 만들어지고, 이어서 나무와 쇠와 같은 것이 생겨났다고 주장했다. 그리고 그는 우주의 무한함을 주장하고, 사계절과 일식, 월식의 원리와 같은 자연현상을 체계적으로 설명했다. 이러한 실학자들의 업적을 이으면서 당시의 학문을 체계적으로 연구하고 집대성하여 실학을 완성한 이는 정약용이었다.

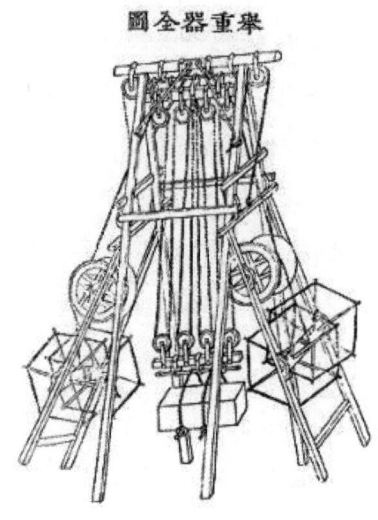

정약용이 고안한 거중기

수기와 치인의 학문관과 세계관

정약용의 학문은 매우 방대하지만, 집약하자면 '수기(修己)'와 '치인(治人)'의 정신에 따라 진행되었다. 이러한 정신은 공자 이래 유학이 표방하는 기본 정신이기도 하다. 그런데 정약용의 시대에는 사회가 혼탁하고 학문이 제구실을 하지 못한다 하여 이렇게 개탄했다.

"공자의 도(道)는 수기와 치인일 뿐이다. 오늘의 학자들이 아침저녁마다 강론하는 것은 다만 이기사칠(理氣四七)의 논변이거나 하도락서(河圖洛書)의 수이거나 태극원회(太極元會)의 설뿐이니, 이러한 것들이 수기에 해당되는지 치인에 해당되는지 모를 일이다."

이 말 속에는 형이상학에 매몰되어 있는 성리학에 대한 반감이 드러나 있다. 그렇지만 그가 성리학을 도외시하였던 것은 아니다. 그 역시 성리학에 대해 많은 연구를 하였고 그 나름대로의 이론을 정립했던 것이다. 다만 이전의 학자들과는 이론에서 상당한 차이를 보이는 것이다. 그의 세계관을 살펴보자.

정약용은 세계의 궁극적인 시원을 '태극'이라고 보았다. 그런데 성리학에서는 보통 태극을 '이(理)'와 같은 것으로 간주하지만, 그가 말하는 태극은 무형의 '이'가 아니라 물질적인 실체이다.

그에 따르면, 태극은 '양의(兩儀)'를 낳는다. 양의란 하늘과 땅이다. 양의는 다시 사상(四相)으로 나뉘어, 하늘, 땅, 물, 불을 낳는다. 그리고 사상은 여덟으로 분화된다. 즉, 하늘과 불이 작용하여 새로이 번개와 바람을 낳고, 땅과 물이 작용하여 새로이 산과 연못을 낳는다. 정약용은 이렇게 우주 만물은 태극에서 분화작용 과정에서 만들어진다고 주장하여 종래의 음양오행설을 부정했다.

정약용은 이처럼 '이'를 궁극적인 실재로 인정하지 않는다. 그에게서 '이'란 법칙으로서의 이치에 지나지 않는다. 대신 그는 우주만물을 주재하는 절대자가 있다고 보고, 그것을 '상제(上帝)'라고 했다. '상제'란 고대 중국에서부터 내려온 개념인데, 정약용은 이를 보다 부연하여 다른 각도로 사용했다. 즉, 그에게서 상제란 곧 초월적인 유일신으로까지 이해되었다. 그의 이러한 사상은 사상적인 차원을 넘어 종교적 색채를 보여준다.

한편 유학에서 신비화되어 있는 하늘에 대해 말하면서, 그는 하늘이 인간에게 자주적 권능을 부여했다고 보았다. 이러한 사상은 인간은 태어나면서 '이'를 보유하기 때문에 '이'의 필연적 원리에 따라 살아간다는 종래의 성리학적 사고와는 배치되는 것이다. 그가 말하는 인간의 자주적 권능은 결국 인간이 스스로 실천할 수 있으며, 그에 따라 자신의 모습도 바꿀 수 있음을 말하는 것이다.

성기호설의 인성론

정약용의 인성론은 이전의 성리학자들과는 전혀 다른 차원을 보여준다. 그는 '인·의·예·지'와 같은 도덕성이 인간의 성품 속에 내재해 있는 것이 아니라 행위를 함으로써 비로소 그러한 이름이 붙은 것이라고 한다. 따라서 실천을 통해 도덕적인 덕목을 키워 나가야 한다고 주장한다.

그는 '인'에 대해 언급하면서 "헛되게 태극이나 공경하고 이를 하늘이라 생각하면 '인'을 이룰 수 없다."고 말한다. 그에게서 성품

[性]이란, 그 자체로서 선한 어떤 것도 아니며, 다만 구체적 대상에 대해 좋아하고 싫어하는 성향이다. 즉, 성품은 곧 '기호'이다. 이러한 주장을 성기호설(性嗜好設)이라고 한다.

그런데, 그에 따르면 인간에게는 두 가지의 기호가 있다. 하나는 영지(靈知)의 기호로서 선을 즐기고 악을 미워하는 마음이다. 이 기호의 마음은 도의(道義)의 성품이며 도심(道心)으로서, 인간만이 가지고 있는 것이다. 다른 하나는 형구(形軀)의 기호로서, 육체적이고 감각적인 것을 좋아하는 마음이다. 이 기호의 마음은 동물도 가지고 있는 마음으로서 기질의 성품이며, 인심(人心)이다.

그에 따르면, 인간은 도의와 기질의 성품을 모두 가지고 있는 존재인데, 기질에만 이끌리지 않고 스스로 자율적인 판단을 하고 행동할 수 있는 것은 도의의 성품이 있기 때문이다. 그래서 그는, 도의의 성품을 잘 보존하고 이에 따라 행동하는 것이 중요하다고 말한다.

민본주의적 사회 정치사상

정약용이 학문에서 많은 노력을 기울인 것은 '수기'와 '치인'이라는 목표를 실현하기 위해서인데, 그는 자신의 저술의 기능을 밝혀 이렇게 말한다.

"6경 4서(六經四書)로는 수기(修己)를 하고, 1표 2서(一表二書 : 『경세유표』,『목민심서』,『흠흠심서』)로는 천하 국가를 위한 것이니, 본(本)과 말(末)을 다 갖추기 위함이다."

따라서 그의 학문에서는 '수기' 외에 '치인'의 실현을 위해 많은 노력을 기울였다. 그것은 바로 사회사상과 정치사상이다.

정약용은 백성을 나라의 근본으로 삼는 민본주의 정치론을 폈다. 그에 따르면, 군주는 하늘의 명[天命]을 대행하는 자이지만, 그 하늘의 명은 한 사람에게 고정된 것이 아니라 유덕한 사람에게 옮겨지는 것이다. 따라서 덕을 잃으면 천명이 옮겨져 군주가 바뀌어야 하는데, 덕이 있고 없음은 민심을 얻느냐 얻지 못하느냐를 말한다. 만일 군주가 덕을 잃으면 백성의 힘으로 군주를 바꿔야 한다고 했는데, 이는 맹자의 역성 혁명론과 같은 논리라고 할 수 있다.

여기서 정약용은 권력의 기원을 설명하면서 권력이 백성으로부터 나왔음을 강조한다. 그는, 태고 시절에는 백성만이 있었을 뿐 통치자는 존재하지 않았으나, 사회가 발전하면서 백성들의 필요에 의해 군주를 추대하고 관직이 만들어졌다고 말한다. 따라서 백성의 뜻에 반하는 군주는 바꾸는 것이 당연하다. 이런 점에서 정약용의 정치 사상은 맹자의 왕도정치보다 더욱 진보적인 것이라 할 수 있

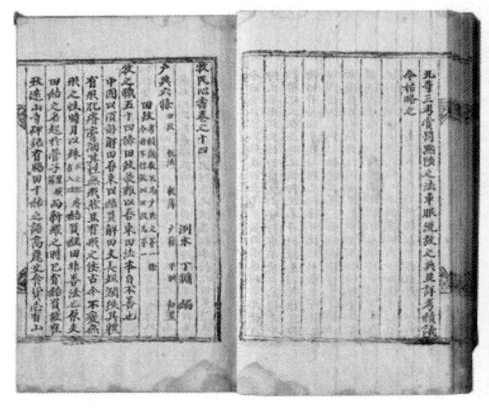
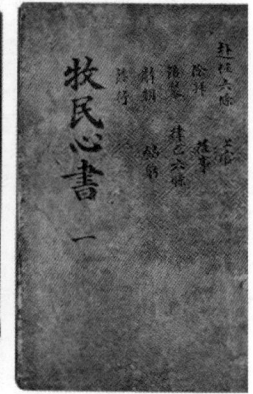

목민심서

으며, 서양의 사회계약설과도 유사한 모습을 보인다.

정약용은 경제의 근간이 되는 토지에 대해서도 새로운 제도를 창안하여 '여전제(閭田制)'를 주장했다. '여(閭)'란 약 30호로 이루어진 마을을 뜻하는데, 여기서 토지는 공동으로 소유하고 공동 경작하여, 수확량을 일한 노동량에 따라 분배하는 공동 영농 제도이다.

정약용은 이밖에 관직에 있는 사람의 올바른 태도를 조목조목 지적하고, 형법제도의 잘못을 개선할 수 있는 방법을 제시하는 등, 그의 사회사상은 어느 한 분야에 국한되지 않고 방대한 영역에 걸쳐 펼쳐져 있다. 그 넓은 범위는 그의 관심사가 방대했음을 보여주는 것이기도 하지만, 학문이란 모름지기 공론에 머무르지 말고 현실 속에서 실제로 적용해서 실천으로 옮기도록 해야 한다는 그의 실학정신에서 비롯된 것이다.

교양을 위한 철학산책

지은이 | 안재훈
발행처 | 문리사
주소 | 경기도 안산시 단원구 예술1길 14
초판1쇄 발행 2023.5.22.
전화 | (031) 413-6640
팩스 | (031) 413-6681
이메일 | munrisa@naver.com

ISBN 979-11-977850-1-6

· 잘못된 책은 바꾸어드립니다.